幼儿教师必备基本功丛书

赵晓丹 主编

YOU'ER JIAOSHI DE
GOUTONG YU BIAODA

幼儿教师的沟通与表达

北京师范大学出版集团
BEIJING NORMAL UNIVERSITY PUBLISHING GROUP
北京师范大学出版社

图书在版编目(CIP)数据

幼儿教师的沟通与表达 / 赵晓丹主编. —北京：北京师范大学出版社，2013.1(2023.5重印)

(幼儿教师必备基本功丛书)

ISBN 978-7-303-15637-5

Ⅰ. ①幼⋯　Ⅱ. ①赵⋯　Ⅲ. ①幼教人员－人间关系　Ⅳ. ①G615

中国版本图书馆 CIP 数据核字(2012)第 269264 号

图书意见反馈：gaozhifk@bnupg.com　010-58805079
营销中心电话：010-58802181　58805532

出版发行：北京师范大学出版社　www.bnup.com
　　　　　北京市西城区新街口外大街 12-3 号
　　　　　邮政编码：100088
印　　刷：天津中印联印务有限公司
经　　销：全国新华书店
开　　本：710 mm×1000 mm　1/16
印　　张：16.25
字　　数：295 千字
版　　次：2013 年 1 月第 1 版
印　　次：2023 年 5 月第 6 次印刷
定　　价：32.00 元

策划编辑：罗佩珍　　　　责任编辑：罗佩珍
美术编辑：袁　麟　　　　装帧设计：李尘工作室
责任校对：李　菡　　　　责任印制：马　洁

编 委 会

前　言

　　当下，世界信息化的飞速发展，全球文化的广泛交流以及科技、人才的激烈竞争，对国民的语言水平提出了较高的要求。在幼儿教育中，幼儿教师的沟通与表达能力在实施教育的过程中起着重要的作用。幼儿教师的职业用语，作为教书育人的主要工具，是沟通教师与幼儿的重要桥梁，是展示幼儿教师言语行为规范、实现教育教学目标的有效手段。优秀的表达能力是幼儿教师开展教育教学各环节的必备条件，教师与幼儿的相识、沟通等都需要规范的口语作为保障。语言蕴涵着丰富的文化底蕴和感人的艺术魅力，力求深刻、严谨、通俗、优美。

　　作为幼儿教师必备基本功丛书之一的《幼儿教师的沟通与表达》一书，旨在提高幼儿教师的人文素养和口语交际能力，力求让幼儿教师通过阅读本书，能比较全面、系统地掌握幼儿教师口语的基本理论，了解我国幼教政策法规，认识幼儿园教育教学的特点，切实提高口语交际能力和教育教学口语表达能力，在具有高尚的职业道德和良好的职业素质的同时，掌握系统、实用的知识和熟练的职业技能，具备可持续发展的职业能力。本书最大的特点是理论与实践相结合，用理论指导实践，突显幼儿园教育教学等工作中语言运用的实践性、可操作性。在本书中，我们从幼儿园精心选编具有典型性、代表性、普遍性且可借鉴的幼儿园教育教学过程案例，通过这些案例展现幼儿园教育教学的全过程，实现理论学习与实践运用的完美结合。内容的选择和安排以个人知识、直接经验和现实世界作为出发点及源泉，把获得的抽象理论知识在现实生活或者模拟职业情境中具体化，引导幼儿教师通过演绎的思维方式，运用理论知识去分析幼儿园教育教学现象，解决实际问题。

　　本书编写成员包括黑龙江幼儿师范高等专科学校及其附属幼儿园的一线教师，均具有多年的教育教学实践经验，不仅在教育教学研究方面能够站在学术的前沿，而且能够把握幼儿教师认知情感的发展规律；既熟悉高等师范院校对于学前教育专业学生的培养目标，也熟谙幼儿园教育教学活动的特点。

本书由四章组成，其中第一章和第三章第三节、第四节、第五节由赵晓丹编写，第二章由于磊编写，第三章第一节、第二节由吕小婉编写，第四章由高珊编写。高敏、范丽娜为本书提供了大量实际案例。此外，在编写过程中，编者参考了大量有关幼儿教师口语方面的著作、教材、论文，从网络上寻找了许多关于幼儿教师教育教学口语的宝贵案例，从中汲取了有益的经验，在此一并表示感谢。在本书的编写过程中，编者由于经验有限，难免会出现疏漏，敬请专家、同仁批评指正。

编　者
2012 年 9 月

目 录

目
录

第一章　沟通与表达概述

第一节　沟通与表达的内涵及作用

一、沟通与表达的内涵

语言是人与人交流中不可缺少的重要工具。语言的沟通与表达既是一门学问，也是一门艺术。诸葛亮曾经在赤壁战争中以"三寸之舌"达到了"强于百万之兵"的效果，足以说明语言沟通与表达的重要作用。在人类的生存活动中，没有一样是离得开语言的。在人际交往的过程中，语言总是能给人留下第一印象，会说话的人会让人感到春日般的温暖，而不会说话的人则会让人感到冬日般的严寒。

一位演讲家在一次演讲中言辞恳切地向在座的职场青年建议：要注意工作场合中的一言一行，因为语言具有无穷的力量。但在座的青年举手表示反对，认为语言只是使用得很普遍的工具。"笨蛋！笨蛋一个！"演讲家突然在台上大声地斥骂发言的青年，该青年先被震得目瞪口呆，怒不可遏地反击："谁是笨蛋？你才是笨蛋呢……"演讲家没有接茬，而是语气诚恳地说："对不起，我刚才情绪失控，希望你能接受我最真诚的道歉。"听演讲家这么一说，青年怒气渐消。演讲家停顿几秒后微笑着继续演讲："大家看到了吧，刚才我只不过说了一句'笨蛋'，这位青年就要和我拼命；后来，我又只不过说了几句道歉话，他的怒气也就消了。这说明了什么呢？这不正说明了语言的力量是无穷的吗？"

任何一种语言，除了具有表情达意的功能以外，还可以起到沟通思想、互通有无、表达尊重、消除误会、拉近距离、增进了解的作用。美国成人教育家戴尔·卡耐基认为一个人的成功，只有15%归结于他的专业知识，还有85%归结于他表达思想、领导他人及唤起他人热情的能力。可见，在社会生活中，一个人如何运用语言与他人沟通、交流以及如何表达主观的意识和思想尤为重要，这关系到个人的成功与成才。

1

（一）沟通

沟通，从概念上讲，是指交往双方在共同的活动中为了一个设定的目标彼此交流，把信息、观念、思想和情感向特定个人或群体传递，并且达成共识的过程。通过沟通，可以达到一定的交际目的，传递信息，赞赏、激励成员，分享情感，控制成员的行为，贯彻意志。

沟通包括三大要素：沟通的内容、沟通的方法、沟通的媒介（语言、肢体动作、文字、音乐、图画、戏剧、舞蹈等）。就其影响力来说，沟通的内容占7%，影响力最小；沟通的媒介占55%，影响力最大；沟通的方法占38%，居于两者之间。在日常生活中，人际沟通是不可或缺的活动，良好的人际沟通与交流一方面可以使自身的沟通能力不断提高，另一方面可以促使人际关系获得有效的改善。

1. 沟通的特点。

（1）随时性——人们所做的每一件事情都需要沟通。

（2）双向性——沟通过程中的双方既要收集信息，又要给予信息。

（3）情绪性——信息的收集会受到传递信息的方式的影响。

（4）互赖性——沟通的结果是由双方决定的。

2. 沟通的基本模式。

（1）语言沟通。

语言是人类特有的一种非常直接、有效的沟通方式。语言沟通包括口头语言、书面语言、图片或者图形。口头语言包括面对面的谈话、报告、演讲、谈判、电话联络、开会等，具有形式灵活生动、反馈迅速等特点。书面语言包括信函、广告、传真、通知、报告、文件、备忘录、会谈纪要、协议，甚至现在用得很多的 E-mail 等，这种形式具有权威性，能够保证信息沟通的准确性和保存的长期性等。图片则包括幻灯片、照片、电影等。

（2）非语言沟通。

在人际沟通与交往中，人与人之间所传递与交流的信息只有很少一部分是以语言为传递媒介的，绝大部分信息是通过非语言媒介传递的。非语言行为在人际沟通中不但起到支持、修饰或否定语言的作用，而且有时可以直接替代语言，甚至反映出语言难以表达的思想情感。但是，非语言行为很难独立担当信息传递与人际沟通的功能，它们往往起着配合、辅助和强化语言沟通的作用。但是，脱离了非语言行为的配合，仅仅依靠语言媒介的信息传播，难免会使人感到僵硬呆板、缺乏生动性。因此，语言与非语言相互配合，共同承担着信息传递和人际沟通的重要职责。

非语言沟通具有以下六个方面的特点。

①普遍性。在成长过程中，几乎每个人从小就自觉不自觉地在学习运用非语言沟通的能力。据考证，这种沟通能力的获得是人类有史以来就有的一种本能。人类产生以后，就开始了人与自然界及人与人之间的沟通活动，这种非言语沟通是在语言符号产生之前人们最重要的沟通形式。随着人们的实践活动的发展、社会的进步和人际交往范围的扩大，人们的非语言沟通能力也不断得到丰富和发展。

②民族性。不同的民族有不同的文化和风俗习惯，这种不同的文化传统和风俗习惯决定了其特有的非语言沟通符号。例如，在一些欧洲国家，亲吻、亲鼻是一种礼节，是友好、热情的表示，尤其是对女性而言；但中国人往往不太习惯亲吻、亲鼻等，而更习惯以握手的方式来表达同样的感情。

③社会性。人与人之间的关系是一种社会关系。人们的年龄、性别、文化程度、伦理道德、价值取向、生活环境、宗教信仰等社会因素都对非语言沟通产生影响。

④审美性。非语言沟通所表现出来的行为举止是一种美的体现。对此类行为的认同的基础是人们的审美观念。人们审美观念的形成与年龄、经历有着很大的关系，例如，人的仪表美就是一个有争议的话题。如果沟通的参与者意见不一致，对外在美所体现出来的心灵美的看法不同，也会在一定程度上影响人际沟通。

⑤规范性。这种规范性是指一个社会群体或一个民族受着特定文化传统的影响，长期以来对非语言沟通所产生的社会认同。每种社会角色都有着被大家认同的行为举止准则，在运用非语言符号时，要考虑沟通对象的文化因素、民族因素、环境因素、年龄因素、心理因素、社会道德因素等。

⑥情境性。非语言沟通一般不能够单独使用，不能脱离当时和当地的条件、环境背景，还应考虑与相应语言情境的配合。

非语言沟通常借助于人的动作、表情、眼神、体姿等肢体语言进行信息的交流。其实，在人际沟通中，人们往往将几种非语言行为组合起来、伴随着语言行为共同完成信息交流任务，以快速、有效地达到人际沟通的目的。此外，在我们的声音里也包含着非常丰富的肢体语言。根据分析调查，人与人之间的沟通，有38％的影响力来自沟通的方法，语气或音调就是其中很重要的因素。人们在说每一句话的时候，用什么样的音色、音调去说，用什么样的语气去说等，都是其中的一部分。

在人际沟通的过程中，占据最重要的 55% 影响力的部分，就是沟通的媒介，如肢体语言。一个人的举止动作、呼吸、表情在沟通时所代表和传达的讯息，往往超出口中所言。但一般人在沟通的过程中，却时常会忽略掉这个占了 55% 影响力的部分。在语言和肢体语言这两种沟通的模式中，语言更擅长沟通的是信息，肢体语言更善于沟通的是人与人之间的思想和情感。实际上，在人际沟通的过程中，我们要结合不同的社交风格来进行沟通，以语言和非语言相结合的方式来表达思想情感，通过多种因素的结合使得沟通的过程更加顺利，同时也建立一个良好的交际网。

3. 沟通的基本类型。

（1）从沟通的表达形式上，可以分为直接沟通和间接沟通。

①直接沟通。直接沟通直观、真切，表现形式就是直接交谈或电话交谈，具有便捷、快速的优点，不但能够直接听到语意，还能感知多方面体现出的情感；比较适合于熟悉的人之间对分歧不大、比较简单的问题的快速交流，同时也适合用来对实际情况摸底调研；缺点是有时受个人情绪影响较大，常常会受善谈者的影响，难以体现信息的对等。

②间接沟通。间接沟通为非面谈式沟通，常见的形式为书信类、文件报告式沟通。此种形式沟通的优点是一般比较冷静、理智，沟通和交流观点比较系统、比较委婉，不太容易受感情和氛围因素的影响；缺点是缺少情感交流，适合用于正式方案类、决策类的沟通。

（2）从沟通的场合选择上，可以分为正式沟通和非正式沟通。

①正式沟通。正式沟通一般有明确的任务，气氛严肃，时间、地点选择严格，形成的选择一般以文字或者公开的面谈为主，一般双方都有较好的沟通准备。比如，各种形式的会议、正式的宴会以及领导和下属之间约见式的谈话等。

②非正式沟通。非正式沟通一般不确定明确的主题，主要是以双方情感分享和交流为主，即使涉及彼此关注的问题，一般也采取谦让和回避的态度，选择的时间和地点一般都比较随意，氛围轻松。常见的有一起娱乐、一起运动等。对于一个难以快速解决的问题，时常需要正式和非正式沟通形式结合，一步步慢慢解决。

（二）表达

表达是将思维所得的成果用语音、语调、表情、行为等方式反映出来的一种行为。表达以交际、传播为目的，以物、事、情、理为内容，以语言为工具，以听者、读者为接收对象，是观察、记忆、思维、创造和阅读的综合运用，是各种学习能力、智力的尖端反映。表达几乎包括一切高级行为、一切艺术、一切表露出来的情绪。表达方式是运用语言、艺术、音乐、行动把思想感情表示出来时所采取的方法和形式，包括记叙、说明、议论、描写、抒情等。

1. 表达的分类。

（1）口头表达。

口头表达在现代社会中的应用十分广泛，我们平时的说话、转述、交谈、答问、演讲都是口头表达的具体形式。只有弄清楚口头表达的形式与特点，才能有人手点，从而提高自身的口头表达能力。

①说话。说话最基本的要求是让别人听得清、听得懂。尽量使用普通话，口齿清楚、音量适宜、语速适当，态度自然大方。

②转述。转述是把某人或某些人的话转告给另外的人听，这也是一种运用广泛的说话形式。转述的具体要求是要准确、及时、重点明确、忠于原意、适当反复、加深印象。

③交谈。交谈是指两个人或几个人之间的谈话。人们通过交谈交流思想、沟通信息、增进感情，探讨问题。交谈的具体要求是细心倾听、注意反应、紧扣话题。

④答问。答问就是回答他人的询问。答问的具体要求是明确问题、突出重点、言之有序、区分对象、针对性强。

⑤演讲。演讲是就某个问题或事件在公开场合向群众发表自己见解的一种口头表达形式。演讲通常分为专题演讲、即兴演讲两种。演讲一般由导言、主体、结尾三部分组成。导言要能一下子调动听众的情绪；主体部分要全面阐述和论证自己的观点；结尾部分应该给人留下深刻的印象和思考的余地。演讲的具体要求是观点鲜明、重点突出、感情充沛、语言明快、情绪感染。

（2）书面表达。

书面表达涉及写作时所运用的多种方法，是一个人对于语言、文字、文学知识的多方面调配，体现了个人的修养和学识。书面表达因人而异，总体要求是立意明确、重点突出、有情有理、文采修饰。

在人际沟通与交流的过程中，语言表达能力是确保人际和谐的一种有力保障。语言表达能力是指在使用口头语言及书面语言的过程中灵活运用字、词、句、段的能力。语言表达能力的具体要求是用词准确、语意明白、结构妥帖、语句简洁、文理贯通、语言平易、合乎规范，能把客观概念表述得清晰、准确、连贯、得体，没有语病。

2. 口语表达的特点。

（1）同步性。

在交流与交际的过程中，人类的大脑通过思维将收集到的信息分析之后产生相应的回应，语言将人脑中思维的结果传递出来，外部语言表达与内部语言思维同步进行，口语只是将思维外化了。

（2）简散性。

语言常常伴随着非语言行为共同演绎，即常使用的是一些短句、散句，有时可以使用体态语言来表达，它的结构是松散的。

（3）暂留性。

我们讲话是通过声波传播的，而声波瞬间即逝。有心理学家做过一次测试：我们听话的过程中能够精确留在记忆中的大概不超过 7～8 秒。既然是短暂的，那么怎么去评价一个人的口才呢？就是从整体上把握、从语流上把握。语速给我们的启示之一是想好了再说；启示之二是说话速度不可太快。一般的发言速度为 280 字/分钟，每次发言最好不超过 2 分 10 秒，否则被吸收的信息量将大大削弱。

（4）临场性。

①时空是特定的，说话必须符合时间和空间场合，并受其制约。如讲课，不同于演讲，也不同于讲故事，因此受到特定场合的约束。

②表达的对象是特定的，听众是特定的。

③现场的氛围是相对特定的。

了解了这些给我们的启示有两点：第一，由于表达的临场性，说出去的话要想收回来是不可能的，这就要求必须想好了再说；第二，说话要受现场氛围的影响，要考虑"现场反应"，适时调整语言及语速，这就要求必须提高表达者本身的素质。

（5）综合性。

①系统的综合。说话时语言、声调、态势语要综合考虑。如果语调没

有变化，语言就是枯燥的；如果没有加一点体态语，语言就是不生动的。系统的综合，要求表达者在说话时必须调动各方面来完成说话内容，且各部分、各系统要有整体感和协调感。

②调动的综合。口语表达有一个过程，就是从生活到思维，再由思维外化为口语。在这个过程中，每个人所说的话包含了这个人的生活体验、文化素质、道德水准等。同样的话每个人说出来的效果都不尽相同，就是因为个人的生活阅历不同，对生活的理解不同。所以，要调动知识素养、能力素养，要调动生活经验。

③手段的综合。口语表达是传声的、有感情的，同时手段是多样的。传声包括声音的高低、快慢、强弱、长短；表情包括面部神情、眼神等，说话者应该调动语言表达的各种手段，以达到最佳的语言表达效果。

二、沟通与表达的作用

（一）沟通的作用

成功始于合作，合作始于信任，信任始于理解，理解始于沟通。有效沟通具有明确的目的性，有利于与他人团结合作、解决问题，有利于整体目标的实现，这种整体目标一定要符合个人发展与社会发展的基本要求。现代社会良好的人际关系与个人的成才要求我们必须学会沟通，如果沟通的方式不当，可能会给个人生活带来巨大的损失与发展的障碍：

——事业遭受损失。

——家庭不和睦。

——个人信誉降低。

——缺乏知心的朋友。

——失去热情和活力。

——产生错误和浪费时间。

——自尊和自信降低。

——团体合作性弱。

——失去创造力。

——没有和谐的人际关系。

可见，在个人的生活活动与交际活动中，具备良好的沟通能力至关重要。个人无法脱离社会与群体而独立生存，融入集体、统一思想、共同协作，无一能脱离个人与他人之间有效的沟通和交流。在求职过程中与在职岗位上，沟通仍然发挥着举足轻重的作用。研究表明，在教育工作中有70％的错误是由于教师不善于沟通而造成的。因此，每个人必须要培养自身的沟通能力，为个人的生存与发展创造和谐的环境。

常人理想的沟通境界为：

——不批评，不责备，不抱怨。

——主动用爱心去关心与关怀别人。

——引发别人的渴望。

——真诚地赞美别人。

——保持愉快的心情。

——记住别人的姓名。

——倾听别人。

——说别人感兴趣的话。

——让别人觉得自己重要。

但是，良好的沟通能力的养成并不是一蹴而就的。只有清楚地认识到自身在沟通方面存在的问题，才能对症下药，克服沟通障碍，促进和谐人际关系的形成。研究表明，造成沟通困难的因素主要有：

——缺乏自信，主要由于知识和信息掌握不够。

——记忆力有限。

——对于重点内容强调不足或条理不清晰。

——不能做到积极倾听，存在个人偏见，先入为主。

——按自己的思路去思考，而忽略别人的需求。

——准备不足，没有慎重思考就发表意见。

——失去耐心，造成争执。

——时间不足。

——情绪不好。

——判断错误。

——语言不通。

认识到造成人际沟通不畅的因素之后，需要个人努力调节，认真改善，积极发展自身的沟通能力，正确理解沟通的重要作用，正确认识沟通的目的和意义。沟通的作用主要包括以下四个方面。

1. 传递信息与满足个体需求。

在实际生活中，每个人都不可能与世隔绝，人们总是不可避免地与他人进行必要的沟通和交流。心理学中认为人是一种社会动物，与他人相处如同人类对于食物、水、住所等需求一样同等重要。人与人之间通过与他人的沟通，得以传递信息，并能达成一定共识，有效解决问题和矛盾。甚至，在平时与他人无目的的闲谈时，沟通也能满足彼此交往的需求，使双方感受到沟通的愉悦。由于沟通，个体可以从他人口中获得自身的评价、获得认可，与他人沟通后所得的结果往往是自我肯定的来源，个体在沟通中得到肯定后，会促使个体沟通的信心增强，与他人的交流更为顺畅。

2. 促使人际关系的和谐。

人际关系与人际沟通，彼此影响，相互补充，也能够相克。人际关系良好，沟通就比较顺畅；沟通良好，也能够促进人际关系的和谐。反之，人际关系不良，就会增加沟通的困难；沟通不良，就会促使人际关系变坏。好的沟通能力可以建立良好的人际关系，获得更多人的支持、协助与认可，促进个体人际关系的和谐。养成良好的沟通能力，必须用心体会、虚心谦和，切忌逢迎拍马、趋炎附势。与其讨好别人，不如用心保持互动、互助的良好状态，一方面使自己的沟通能力不断提高，另一方面促使自己的人际关系获得改善。

3. 利于矛盾、问题的解决。

善于交谈不等于善于有效沟通，评价有效沟通的标准应该取决于矛盾、问题是否得到了合理的解决，沟通的结果是否实现了大多数人的利益，个体、群体与社会是否获得了和谐共赢。通过沟通，彼此交换对某一问题的观点和看法，思维和眼界得以开阔，对矛盾与问题的理解逐步加深，解决问题的手段与方法大大增加，认识和思想得以交流，意见逐步统一，情感得到共鸣，矛盾和问题因此得到妥善的解决。即使仍存在无法解决的问题，通过思想上和感情上的沟通也可以达到增进彼此了解，消除误解、隔阂、猜忌，取得谅解，营造和谐人际氛围的良好作用。

4. 增强团体的凝聚力。

沟通不仅仅是人际交往的有效工具，而且还是一种技能，是个体对自身的知识能力、表达能力、行为能力综合运用的体现。对一个群体来说，沟通顺畅是人际关系和谐、各项工作顺利进行的有力保证。一个眼神、一句诙谐的话语、抱一下肩膀、一个真诚的微笑，都会让个体在群体中获得他人的友爱、信任与尊重。任何一个团体都需要内部成员之间的和谐交流，沟通可以增强团体的凝聚力。一个讲团结、有凝聚力的团体，才是有生命力的团体，因此，团体内部的各个成员都应该进行积极的沟通与交流，抱着对事不对人的原则来解决问题，相互理解、相互团结、紧密合作。个人应该意识到自身是整个团体不可或缺的一部分，积极发挥个人的能力与价值，实现团体的整体利益与目标，发挥团体凝聚力的巨大作用。

【拓展阅读】

沟通十要

1. 语言文字要真挚动人，具有感染力。运用有利于对方在情感上容易接受的语言文字，多用陈述性语句，避免或尽量少用评论性、挑战性语句。

2. 使用语言文字的意义要明确，不要拖泥带水、模棱两可，以免接收者产生误会。

3. 使用语言时既不要滥用辞藻、花里胡哨，也不要干巴枯燥、平淡无味。

4. 努力做到措辞得当、通俗易懂，在一般非专业性的交谈情况下，尽量少用专业性术语，力戒陈词滥调、空话、套话。

5. 酌情使用图表，具有形象性，使对方容易理解与接受。在交谈中可借助手势、表情，以有助于思想感情的沟通。

6. 尽量使用短句。一般情况下少用或不用长句，否则使人产生累赘之感，不利于意见沟通。

7. 叙事说理，力求言之有据、条理清楚；力戒颠三倒四、文理不通。

8. 语言文字要净化，努力做到语言美，力戒脏话。

9. 交谈中涉及对方生疏的人名、地名等时，要谈得慢些，重要的人名、地名要重复。

10. 交谈中人称要明确，交代清楚是第一人称还是第三人称，否则容易造成接收者的误解。

资料来源：百度文库《跟单员的沟通技巧》

（二）表达的作用

现代社会中，人际交往尤为频繁，语言表达能力已被认为是现代人的必备能力之一。自信、顺畅、高效的表达是一种运用语言的魅力。

表达的作用是指语言在实际运用时产生的效果，对于口语交流来说，能够引起倾听者的理解和共鸣，就起到了表达的作用；对于手势语的运用来说，能够引起接收者的关注，就起到了表达的作用。语言表达主要有以下几个方面的作用。

1. 语言表达提升了个人的基本素质。

语言是人类最主要的交际工具。事实表明：语言在人的一生都占据重要地位，是人们发展智力和社交能力的核心因素。现代社会人们之间的交往日益频繁，语言表达能力的重要性也日益增强，语言表达成了人们迫切需求的一种能力，对个人素质的提升起到了不可或缺的作用。语言能力不是与生俱来的，这就需要我们在语言训练和语言交流中不断地积累、提升。

2. 语言表达是人际交往的需要。

美国人在 20 世纪 40 年代就把"会说话、金钱、原子弹"看做在世界上生存和发展的三大法宝；60 年代以后，又把"会说话、金钱、电脑"看做最有力的三大法宝[①]。而"会说话"一直独冠三大法宝之首，足以看出它的作用和价值。现代社会各个方面都需要沟通、需要交流，而人与人之间交流思想和沟通感情最直接、最方便的途径就是语言。人际交往中，善于表达的人能轻松地与他人融洽相处，打开人与人之间沟通的大门，让彼此的心灵产生碰撞，从而产生共鸣。善于表达可以使相互熟识的人之间产生浓厚的情意，爱之更深；使陌生人产生好感，结成友谊；使意见分歧的人互相理解，消除矛盾；使彼此怨恨的人化干戈为玉帛，友好相处。由此可见，语言表达在人际交往中占据着一席之地，并为人际沟通与交流打开了一扇光明之门。

3. 语言表达是职业需求的体现。

无论从事何种职业，都需要与人交流，而交流必须要使用语言来达成。对政治家和外交家来说，口齿伶俐、能言善辩可以兴邦兴国、树立尊严；对商业工作者来说，敢说敢唱、声音洪亮可以推销商品、招徕顾客；对企业家来说，一诺千金、一言九鼎可以经营管理、振兴企业；而对于人们的日常交往来说，好的口才能把平淡的话题表达得声情并茂，而口笨嘴拙的人就算他讲的话题内容再好，人们听起来也是索然无味。因此，语言表达能力已然成了提高素质、开发潜力的主要途径，成了改造生活、追求事业成功的无价之宝，成了通往成功之路的必要条件。所以，应该努力培养语言表达能力，在职场中通过语言让别人进入我们的脑海和心灵，也使我们

---

① 丹尼·冯. 哈佛商训：美国商业精英是如何炼成的 [M]. 北京：北京理工大学出版社，2011

能够在人群中、在大众面前清晰地把自己的思想和意念传递给他人。

不善于表达有以下几种表现：

——说话完整性差，重点不明确，表述不清。

——说话逻辑性差，颠三倒四，东拉西扯。

——说话时语病较多、发音不清、说话啰嗦、跑题、走神。

——对提问反应迟钝，答非所问，回答问题也结结巴巴，有时轻度口吃。

——性格孤僻、不合群、自信心差、害怕交往。

提高表达能力的方法主要有：

——愉快、轻松、平等的社会环境和人际氛围可对提升个人的表达能力起到良好的促进作用。应积极参与到人际交往的过程中来，多结交朋友，增加与人沟通、交流的机会，消减自身的紧张、疑惧心理，大胆表达自身的想法和意见，但要注意说话的分寸，在交流的过程中发现自身的问题，努力改善。

——多读好书，切忌浅薄无知、词不达意、无话可说。读一本好书就是在和一个作家倾心交流，即使是伟大的演说家，也要借助阅读的灵感。

——有张有弛、把握分寸，切忌夸夸其谈。说话贵真不贵多，真挚热情、言简意赅的语言会给交流带来便捷；话多不止、夸夸其谈，则适得其反，给人华而不实之感。因此，说话时要严格掌握分寸，语言朴素、质朴、真诚自然就不会夸张做作、难辨虚实。

——不说假话、大话、空话、套话。交流也是一个交心的过程，在语言表达中一定要秉持真诚、真心交流。如果冠冕堂皇、肆意吹嘘，他人对自身的印象就会大打折扣。

——因人而异、因人而语。每个人看问题的眼光与理解问题的方式不尽相同，因此表达也要根据每个人的地位、身份、文化程度、性格特点、语言习惯等因人而语。

此外，在人际交流的过程中还要尊重他人的语言表达。在倾听的过程中可以采取三种状态——理解状、思考状、绅士状或淑女状，保持礼节，认真倾听并给予适当的回应，互动交流，有来有往，增进情谊。

表达与交流时应注意以下细节：

——不要叩桌子，叩即表示不耐烦。

——不要摸扶手，摸扶手表示要站起来。

——不要抖腿。

——不要搓鼻子。

——不要摸茶杯。

——不要交叉双手。

——男人不要双臂相抱。

——不要把手放在裤袋里。

倾听他人表达时应注意以下细节：

——专心致志。

——保持目光接触。

——提问题。

——不要说话。

——不要打断、不要插话、不要补充、不要纠正。

——不要搞一些小动作：东张西望、翻报纸、看手表等。

——不要接手机。

——站在对方立场（切乎实际，替他去解决实际问题）。

——让对方感觉放松。

——控制自己的情绪。

【思考与练习】

1. 目标解读：在与人交往的过程中，调整自己的心态，理解与正视沟通及表达的重要性。

2. 情境假设：在实际生活中，与他人交往时，个人应秉持何种心态？如何看待沟通与表达？

3. 知识要点：沟通与表达的内涵及作用。

4. 案例解读。

没有高学历和丰富的工作经验，可能难以找到理想的工作。但据记者调查发现，不善交际与言谈的沟通障碍，更有可能将求职者挡在成功的大门之外。有调查发现，认为自己"交际能力一般化"的被调查者为 49.4%；认为自己"口才一般化"的被调查者为 53.4%，分别占到被调查者的一半左右。当问及"平时与人交往有没有障碍"时，53.4% 的被调查者说"有"。而在这些人当中，29.8% 的回答者认为自己最大的交际障碍是心理上的，31.9% 的回答者认为是缺乏实际的交际技巧，38.3% 的人觉得自己心理和技巧两方面都存在障碍。求职者中的大部分人对自己的交际与口才能力不满意，甚至缺乏信心。

资料来源：交际能力左右求职成败. 中国海峡人才网

5. 拓展阅读。

语商测试（1）

①你觉得会说话对人一生的影响：

　　A. 重要。

　　B. 一般。

　　C. 不重要。

②你和很多人在一起交谈时，你会：

　　A. 有时插上几句。

　　B. 让别人说，自己只是旁听者。

　　C. 善用言谈来增加别人对你的好感。

③在公共场合，你的表现是：

　　A. 很善于言辞。

　　B. 不善言辞。

　　C. 羞于言谈。

④假如一个依赖性很强的朋友，打电话与你聊天，而你没有时间陪他的时候，你会：

　　A. 问他是否有重要事，如没有，回头再打给他。

　　B. 告诉他你很忙，不能和他聊天。

　　C. 不接电话。

⑤因为一次语言失误，在同事间产生了不好的影响，你会：

　　A. 一样的多说话。

　　B. 以良好言行尽力寻找机会挽回影响。

　　C. 害怕说话。

⑥有人告诉你某某说过你的坏话，你会：

　　A. 处处提防他。

　　B. 也说他的坏话。

　　C. 主动与他交谈。

⑦在朋友的生日宴会上，你结识了朋友的同学，当你再次看见他时：

　　A. 匆匆打个招呼就过去了。

B. 一张口就叫出他的名字，并热情地与之交谈。

C. 聊了几句，并留下新的联系方式。

⑧说话被别人误解后，你会：

A. 多给予谅解。

B. 忽略这个问题。

C. 不再搭理人。

计分标准

①选A，2分；选B，1分；选C，0分。

②选A，1分；选B，0分；选C，2分。

③选A，2分；选B，1分；选C，0分。

④选A，2分；选B，1分；选C，0分。

⑤选A，0分；选B，2分；选C，1分。

⑥选A，1分；选B，0分；选C，2分。

⑦选A，0分；选B，2分；选C，1分。

⑧选A，2分；选B，1分；选C，0分。

测试分析

得分在0～5分之间，表明你的语商较低，语言表达能力和语言沟通能力还很欠缺。如果你的性格太内向，就会阻碍你的语言能力的提高，你应该尽力改变这种状况，跳出自己的小圈子，多与外界人接触，寻找一些与别人言语交流的机会，努力培养自己的说话能力。只有这样，你才有希望成为一个受欢迎的人。

得分在6～11分之间，表明你的语商良好，语言表达能力和语言沟通能力一般，如果再加把劲儿，你就可以很自如地与人交流了。提高你的语言能力的法宝是主动出击，这样可以使你在语言交流中赢得主动权，你的语商能力自然会迈上一个新的台阶。

得分在12～16分之间，表明你的语商很高，你清楚怎样表达自己的情感和思想，能够很好地理解和支持别人，不论是同事还是朋友、是上级还是下级，你都能和他们保持良好的言谈关系。值得注意的是：千万不要炫耀自己的这种沟通和交流能力，那样，会被人认为你是故意讨好别人，是十分虚伪的表现。尤其是对那种不善于与人沟通的人，更要十分注意，要做到用真诚去打动他人，只有这样，才能长久地维持好人缘，语商才能表现得更高。

语商测试（2）

如果你的话说到一半，有人打断你的话，并转移话题，你会：

A. 不说了。

B. 跟对方抢着说。

C. 请对方不要插话。

D. 等他（她）说完，再接下去说。

测试结果：

选 A。

表明你的语商能力太低。当说到一半就被人打断，可能会让你觉得这是非常不尊重你的表现。你感到受这样的"待遇"很没面子，但是，你也不会立刻与他争执，你会尽可能地把没有说完的话吞下去，并且希望大家不要注意到你，就当做你没讲。你此时的语商指数：*

选 B。

表明你的语商能力偏低。你的性格比较急躁，不能容忍别人在这个时候打断你的话，一旦受到不公正的待遇，你会马上"以牙还牙"。这种个性在人际交往中似乎不会吃亏，但是总会给人锋芒毕露的感觉，让别人对你敬而远之。另外，这种个性在与人交谈中也容易引发不必要的争执。建议你加强训练，迅速提高你的语商。你此时的语商指数：* *

选 C。

表明你的语商能力良好。但是不足之处是你说话时表现出来的气势凌人，不允许别人插嘴或打断，否则你绝对不会坐视不管，你会当面警告对方，让对方尊重你的发言权。你是一个以自我为中心的人；你会按照自己的意志去做任何事情，不许别人干涉。一旦有人干涉你，你会毫不客气地纠正。这种语言行为表明你很自信，也有十足的勇气和实力，但是却很容易和对方发生冲突，你不妨对此多加留意。你此时的语商指数：* * *

选 D。

表明你的语商能力很高，而且你也会很好地处理你与别人之间的任何冲突。你属于那种话不说完、心里就不舒服的人。如果有人不尊重你，并打断你的话，你也不会生气，你会耐心地等对方把话说完，再接下去说。看得出，你是一个很沉得住气的人，既可以避免话没讲完的尴尬，又能给对方一个教训。你此时的语商指数：* * * *

资料来源：佚名. 语文教学研究（读写天地），2007（4）

第二节　沟通与表达的原则及内容

一、沟通与表达的原则

在人际交往的过程中，沟通与表达已成为传递信息、疏通情感、表露内心的重要工具。但沟通与表达也有着自身的原则与要求，并不是所有的表达内容与沟通方式都能达到良好的交际效果。因此，只有遵循沟通与表达的基本原则，根据不同场合表达不同的内容、采取不同的沟通方式，才能有效地沟通、顺畅地表达。

沟通与表达的原则主要有以下几点：

——信任是有效沟通与表达的基础。

——合作是有效沟通与表达的目标。在沟通与表达的过程中应有明确的目标，双方须积极合作，对事不对人，不揭短、不指责，适应主观和客观环境的突然变化，共同研究解决问题的方案，达到双赢的目的。

——真诚。心理学家马斯洛指出，当人际关系缺乏真诚的时候，就不可避免地会产生疾病。真诚即诚实可靠、真心诚意，良好的人际关系取决于真诚。

——尊重。尊重他人的人格、个性和自尊心。

——礼貌。礼貌而得体的语言、姿态和表情能够在沟通与表达中给对方良好的第一印象，甚至可产生移情作用，有利于沟通目标的实现。

——清晰。沟通与表达的信息结构完整、顺序有致，能够被信息受众所理解。

——简明。沟通与表达的信息要尽可能占用较少的信息载体容量。

——准确。准确首先是信息发出者头脑中的信息要准确；其次是信息的表达方式要准确，不能出现重大的歧义。

——有建设性。这是对沟通的目的性的强调。沟通中不仅要考虑所表达的信息应清晰、简明、准确、完整，还要考虑信息接收方的态度和接受程度，力求通过沟通与表达使对方的态度有所改变。

——方式多样。沟通与表达的方式不能一成不变，要根据沟通与表达的场合、对象和内容选用最为恰当的方式。

【拓展阅读】

识别接受与抗拒

在沟通时，如何识别对方是否接受你呢？以下是沟通中可能出现的一些接受与抗拒的讯号。

接受的讯号：

1. 足够的眼神接触（50%）。

2. 眼神接触时，你点头及微笑，对方跟从、配合。

3. 相近的身体姿势，包括一同坐或站立。

4. 声调相近，包括节奏快慢、声音大小等。

5. 对你说的感兴趣（至少部分如此）。

6. 话中带有支持性的文字。

7. 邀请你分享食物或饮料。

抗拒的讯号：

1. 没有足够的眼神接触（30%）。

2. 眼神接触时，你点头及微笑，对方不跟从、配合。

3. 不协调的身体姿势，包括坐立，或者突然改变身体姿势而没有明显的理由。

4. 声调不协调，包括节奏快慢、声音大小等，或者越说声音越大。

5. 否定或质疑你所说的。

6. 多次说题外话。

7. 频频看表或做其他无关的事。

资料来源：李中莹. 重塑心灵——有效沟通技巧. 中国劳动咨询网

二、沟通与表达的内容

人们进行口语交际，主要采用双向或多向互动的方式来交流思想、传递信息、沟通情感。因此，在利用口语进行沟通与交流时，应突出口语交际的基本特征，在常规管理、工作交际及教育教学等多个方面遵循沟通与表达的原则，从而增强沟通与表达的效果。

（一）常规管理中的沟通与表达

沟通与表达在常规管理中所具有的功能包括：信息传递、情感交流、控制功能。口头语言的沟通与表达是管理者思想观点、学识理念的直接体现。管理者要有效地开展常规管理工作，必须善于运用语言来表达思想、交流情感、传播信息。在常规管理中的语言沟通与表达必须遵循以下原则：得体、清晰、连贯；概括、简洁、精练；准确、贴切、犀利；生动、含蓄、明快；观点鲜明、是非清晰、褒贬明确。

此外，管理者的语言沟通与表达还应具有针对性、多样性、恰当性和情感性。常规管理中的语言使用也应当根据不同的场合、对象、目的有针对性地选择。语言技巧的具体方法多种多样，如幽默法、委婉法、暗示法、模糊法等。还需要注意口头语言措辞的恰当性、语言的情感性和感染力，真诚、质朴，切忌渲染和夸张。

（二）工作交际中的沟通与表达

人际交往中较普遍的一种交往形式即职场中的交际与交流。在职场工作中沟通与表达所具有的功能包括：促进人际和谐，共建合作关系，完成工作任务，解决工作问题，促使个人发展。在工作交际中的语言沟通与表达必须遵循以下原则：合作、自信、友善、助人、热忱、关切等。

工作交际中的语言应具有简洁性、明晰性、丰富性和亲切性。工作交际中的语言沟通与表达力求运用准确生动、富有表现力的词汇，娴熟使用专业词汇、成语、俗语，语言真诚、热情，力求获得他人的信赖。在论说与讲述某一事件时，应注意句式的变化，熟练掌握和运用各种修辞方法，增强语言的形象性，并启发他人的联想，适时反复和强调，以加深他人的印象。在与他人对话或发表个人意见时，应当注意音量、音质、音色的变化，抑扬顿挫、高低起伏、节奏丰富的语音能给他人以美的享受。

（三）教育教学中的沟通与表达

在学校与幼儿园中，沟通与表达的主体包括教师与学生、教师与教师、教师与社区、教师与领导、教师与家长。而在教育教学这一特殊的层面下，沟通与交流主要的施受双方则是教师与学生。语言是教师传道、授业、解惑的工具，是教师开展教育教学的重要手段。教师通过言传与身教两种途径以达到教育教学的目的与功能：传授知识、培养品德、发展能力、提升素质。教育教学中的语言沟通与表达必须遵循以下原则：尊重、信任、理解、关爱、宽容、公正等。

在教育教学活动中，语言沟通与表达的技巧是非常重要的，具体要求如下：

1. 语言清晰、鲜明、表达准确。

2. 语言形象生动、富有感情。

3. 用词准确，切忌词不达意、说教、啰嗦。

4. 语言严肃而不失尊重。

5. 创设语言情境，适当运用激励语言。

【思考与练习】

1. 目标解读：在不同的交际环境中，与不同身份、地位的人保持和谐的沟通与交流。

2. 情境假设：作为一名刚参加工作的幼儿教师，与领导、同事沟通交流时应遵循什么原则？

3. 知识要点：沟通与表达的原则及内容。

4. 案例解读。

沟通是最好的"润滑剂"

人与人之间借着沟通传达信息，在企业里，企业犹如一部大机器，良好的沟通就像润滑剂，确保企业这部大机器能快速运转。主管与部属之间如果缺乏良好的沟通，轻者打击士气，造成部门效率低下；重者相互之间形成敌意。

（1）管理人员应塑造自己的管理威信。一个值得依赖与尊重的管理者，无疑在沟通的过程中，已排除了先天的障碍。

（2）尊重组织伦理。一个企业犹如一个人的身体，各部门各就其位、各司其职，不越权、不滥权、不推责，沟通困难时以大局利益为考量。

（3）布建沟通管道。很多中小企业是由小型起家，在人数有限时，企业老板可以用感情在日常工作中与员工建立联系，但是等到企业规模日益扩大、员工越多时，上级领导人员与所属员工的距离就会越远，此时应用组织外沟通渠道。

（4）建立工作感情。部门内和部门间平时互相关怀、互相协助，自会建立工作感情，遇有事情须直接沟通时，一沟即通。

资料来源：郑传斌. 人才瞭望，2003（4）

5. 拓展阅读。

受人尊重的30种人

（1）仪容整洁但不追求时髦之人。

（2）对于服务员、清洁工、司机、警卫、门房、接线员等都客气有礼之人。

（3）待人谦虚、办事有分寸之人。

（4）不听信谣传、不为他人议论所动之人。

（5）赞扬他人功绩之人。

（6）聪明但不炫耀之人。

（7）与上司、部属经常保持联络之人。

（8）能够牺牲小我、完成大我之人。

（9）勇于认错之人。

（10）欣然承认他人优点之人。

（11）对所有人都平等看待之人。

（12）不骄傲、乐于教人之人。

（13）光明磊落、不矫揉造作之人。

（14）如生意人般的精明能干、又富有同情心的人。

（15）具有工作热忱、又虚心学习之人。

（16）不以自己的兴趣去勉强他人之人。

（17）注意健康、深切关怀家庭之人。

（18）陈述意见、不掺杂自我感情因素之人。

（19）遇到困难时镇定而不慌张之人。

（20）责任感强烈而不炫耀自己地位之人。

（21）没有特权意识之人。

（22）严守时间之人。

（23）性格豪放开朗之人。

（24）能专注、虚心听人说话之人。

（25）公私分明之人。

（26）不失女性娇媚的女性、不失男性气概的男性。

（27）尊重女性的男性、尊重男性的女性。

（28）不轻易向人借钱之人。

（29）说话有条理而简明扼要之人。

（30）亲切照顾后辈之人。

资料来源：受人尊重的30种人．深圳房地产信息网论坛

第三节 沟通与表达中的常见问题及解决办法

人际沟通与表达是一个信息传递与交换的过程。在单向与双向交流的过程中，常常会出现一些问题阻碍信息沟通的有效性，了解这些问题出现的原因及纠正方法，有利于提高语言运用能力。

一、单向交流中的常见问题及解决办法

（一）语境不当

1. 语境的内涵。

语境即言语环境，它包括语言因素，也包括非语言因素。这一概念最早由波兰人类学家 B. Malinowski 在 1923 年提出来的。他区分出两类语境，一是情景语境，二是文化语境。也可以分为语言性语境和非语言性语境。语言性语境指的是交际过程中某一话语结构表达某种特定意义时所依赖的各种表现为言辞的上下文，它既包括书面语中的上下文，也包括口语中的前言后语；非语言性语境指的是交流过程中某一话语结构表达某种特定意义时所依赖的各种主客观因素，包括时间、地点、场合、话题以及交际者的身份、地位、心理背景、文化背景、交际目的、交际方式、交际内容所涉及的对象，还有各种与话语结构同时出现的非语言符号（如姿势、手势）等。

2. 语境不当。

沟通与表达离不开语言交流的具体环境，这一具体环境既包括语言交流双方的身份、地位、性格、文化背景，也包括语言交流的时间、地点、场合及交流的内容和交流方式。以上任何一个因素都制约着交流双方的语言交际效果，因此，忽视语境而进行的语言交流，必定会给交流带来负面的影响。

3. 如何克服语境不当的问题？

（1）善于选择情景语境。

了解语境的重要作用，善于选择情景语境，可以为人际沟通与表达提供便利条件。主动选择适宜的语言交流场合，因地制宜、有的放矢，使语言交流在适当的环境中达到自然、顺畅地沟通。

（2）提升自身文化语境。

谦逊、恭顺的品格在人际交往中往往会博得他人的好感与青睐，而高

尚的品德与清雅的人格正是自身文化语境的重要组成部分。这就要求我们在日常生活中加强自身的文化修养，并积累丰富的为人处世经验，自身文化语境的提升可为人际交流打下良好的基础。

（二）忽视交流对象

1. 忽视交流对象的内涵。

语言交流是一个双向互动的过程，与人交谈应该充分考虑到交流对象的身份职业、文化水平、性格特点和语言习惯，切忌以自我为中心确定交流内容和方式而忽视对方，致使信息的传递和交换大打折扣，从而影响沟通与表达的效果。

2. 如何克服忽视交流对象的问题？

（1）尊重交流对象。

人际交往的基本原则即尊重，只有学会尊重，才能达到真正意义上的平等沟通。既要尊重对方的人格，也要尊重他人的语言表达过程，做一个耐心的倾听者，细心观察对方的非语言信息，以期达到最佳的交流效果。

（2）重视交流对象的文化程度和年龄特点。

交流双方的文化程度与年龄特点对于交流内容、方式的选用和交流效果有很大的影响。交流对象的文化程度和年龄特点不同，对于沟通内容的理解水平也会有所不同。因此，针对不同文化程度和不同年龄的交流对象，要采取适合的交流内容和恰当的语言表达方式。

（3）了解交流对象的性格和兴趣。

不同性格的人语言沟通与表达的方式各有不同，因此，在交流的过程中要根据交流对象的性格特点采取相应的沟通方式。此外，还要了解对方的兴趣、爱好，寻找共同的话题，使交谈顺利进行，达到交际目的和效果。

二、双向交流中的常见问题及解决办法

（一）超前判断

1. 超前判断的内涵。

语言沟通是一个双向的过程，一方是语言信息的发出者，另一方则是语言信息的接收者。接收者并不单纯地接收信息，而是要对信息作出分析、判断，从而了解信息发出者的真正意图。但大多数时候，信息的接收者往往忽略了对信息的分析、判断，而单纯地根据自身经验和理解提前判断接收到的信息，揣测信息发出者的意图，这就是语言交流中的超前判断。

2. 导致超前判断的原因。

（1）倾听者缺乏倾听素质，没有带着理解和尊重倾听交流对象的谈话。

（2）双向交流的双方处在不平等的地位，也会导致超前判断情况的出现。

（3）沟通双方在知识、年龄、兴趣爱好等诸多方面存在不同，占据优势地位的一方以自我为中心，主观臆断谈话人的意图。

3. 如何克服超前判断的问题？

（1）善于倾听和观察。

一个良好的倾听者，会有足够的耐心去倾听对方的谈话，这是个人素质的体现，也是对他人的重视和尊重。善于倾听是一个重要的方面，另外还要善于观察。应观察交流对象传递出来的非语言因素，如语调、停顿、沉默、重音等，以此来判断谈话人的真实想法。

（2）加强了解，积累经验。

在交流的过程中，我们常常根据自己的经验对所看到的状况作出判断，因此，要想真正了解别人的想法和谈话意图，就要尽量避免这一看问题的方式。如果在沟通交流之前对交流对象有一个大体的了解，就会给交流过程带来便利，避免超前判断现象的发生。

（二）打断对方谈话

1. 打断对方谈话的内涵。

在双向交流的过程中，交流对象在阐述自身的观点和意见时，听者有意中断对方的语言表达，夺取对方的话语权，从听者变成说者，这就是打断对方谈话。

一般来说，打断对方谈话的原因有很多。感到对方所谈话题无聊而有意打断；认为对方所说的信息没有价值，主动转换话题；对方的谈话内容引发了自身的交流欲望；对方表达欠缺而主动帮忙；被指责时辩解；意见不一致时反驳；表现欲强、自我为中心的侃侃而谈等。

2. 如何克服打断对方谈话的问题？

（1）尊重是基础。

沟通与表达离不开尊重，即使对方口齿不清、表达不畅、存在偏见之时，都不要轻易打断对方的谈话。尊重不仅代表了一个人的品德修养，也是与他人交往的一种基本态度，在人际沟通的过程中，应时时把尊重放在首位，学会尊重他人，也学会尊重自己。

（2）情绪控制是关键。

在沟通与交流的过程中，不同的人对于同一事物的认识有所分歧在所难免。当对方表达出和自己不同的想法时，不要马上插话反驳或打断他人，而要克制自身的情绪波动，以免不良情绪给沟通带来障碍。

（三）心理因素

语言的交际过程是一个由内到外的动态过程，也是一个复杂的信息输出与输入过程。在信息输出的过程中，不管是语言贫乏、思维不畅还是心理紧张或情绪不佳，都会造成这样或那样的口语问题。

1. 因心理紧张导致思维短暂空白或内容遗忘。

一般情况下，人的语言表达会伴随着思维连续不断地输出。但受到外部环境的影响时，不同心理素质的人反应也会有所不同。例如，考试中的"晕场"、演讲比赛中的"怯场"，都是由于心理过度紧张而导致的"暂时性遗忘"。

引起人心理紧张的因素主要有以下几方面：

（1）自卑心理。

有自卑心理的人，虽然有强烈的交际欲望，但又不敢大大方方地与人平等交往，担心受到别人的冷落和嘲笑。在语言交际时，也常常会情不自禁地出现脸红心跳、语无伦次、手足无措等现象，如此多次反复，便逐渐强化了懦弱感与自卑心理。

（2）陌生感。

陌生感是由于到了陌生的环境，由于不熟悉环境而产生的紧张心理。

（3）性格内向。

性格内向的人平时不爱说话，不爱表现自己，失去了很多锻炼胆量的机会，遇到交流场合时难免心理紧张。

（4）过于关注效果。

在某些比赛及正式场合，由于过度关注效果而导致心理压力加大，致使心理紧张。

（5）惧怕权威。

在与专家、领导交流时，因为惧怕表达的内容或观点不妥、怕贻笑大方而心理紧张。

2. 因心理或生理状态不佳而导致的语言失控。

语言表达往往受情绪的影响，情绪往往受心理或生理状态的影响。情绪的变化会带来身体内脏器官机能的变化，如呼吸、脉搏的变化，还会引起身体外部的变化。在语言音调节奏的变化上：悲哀时，语调低沉、言语缓慢、语言时有间断，而且声音高低差别很小；喜悦时，语调高昂、说话语速快、语言高低差别大；愤怒时，声音高尖而有颤抖，有时声音沙哑。从情绪影响身体所发生的变化中，可以了解一个人当时的内心感受。但是人是可以自我支配的，当生理或心理状态不佳时要注意控制自己的情绪变化，因为情绪会影响人的口语表达。因此，要想保持良好的口语表达状态，就必须保持良好的情绪状态；要想保持良好的情绪状态，必须保持良好的生理和心理状态。

（四）肢体语言不当等

1. 身姿不当。

（1）不良站姿。

站立是人们生活中的一种基本举止。古人要求"站如松"，就是要求站立时像挺拔的青松一样端庄、伟岸，显示出一种自然美。站立时，应头正颈直，双眼平视前方，嘴唇微闭，下腹微收，挺胸直腰，双肩保持水平，两臂自然下垂，手指并拢自然微屈，左右手中指分别压在左右裤缝，腿膝伸直，下体自然挺拔，脚跟并拢，两脚尖张开夹角 45°，身体重心落在两脚之间。站立后，竖看要有直立感，即以鼻子为中线的人体应大体呈直线；横看要有开阔感，即肢体及身段应给人以舒展的感觉；侧看要有垂直感，即从耳与颈相接处至脚的踝骨前侧亦应大体呈直线，给人以一种挺、直、高的美感。站立姿态自然、优雅会给人一种舒适的感觉，为人际交往奠定良好的个人形象基础。不良的站姿，要么姿态不雅，要么缺乏敬人之意，给人以懒惰、轻薄、乏力、不健康的印象，有损交际形象。

不良站姿大致有如下七种，应当避免：

①身躯歪斜。如头偏、肩斜、身歪、腿曲，不但直接破坏人体的线条美，而且还会令人觉得萎靡不振、自由放纵。

②弯腰驼背。这是一个人身躯歪斜时的一种特殊表现。除去腰部弯曲、背部弓起之外，它大多还会同时伴有颈部弯缩、胸部凹陷、腹部挺出、臀部撅起等一些其他不良体态，对个人形象的损害很大。

③手位不当。在站立时不当的手位主要有：将手放在衣服的口袋之内；将双手抱在胸前；将两手抱在脑后；将双肘支于某处；将两手托住下巴等。

④脚位不当。在正常的情况下，双脚在站立之时呈现出"V"字式、丁

字式、平行式等脚位，通常都是允许的。但是，站立时两脚脚尖靠在一处，而脚后跟之间却大幅度地分开来，呈"内八字"；一只脚站在地上，另外一只脚踏在椅面上、蹬在窗台上、跷在桌面上等，都是不适宜的。

⑤趴伏倚靠。在工作岗位上，站立时不可自由散漫、随便偷懒。随随便便地趴在一个地方，倚着墙壁、货架而立，靠在桌、柜边上，都是不适宜的。

⑥双脚大叉。双腿在站立时分开的幅度，在一般情况下以越小越好，不可使二者之间的距离超过本人肩部的宽度。

⑦浑身乱动。在站立时是允许略做体位变动的。不过从总体上讲，站立乃是一种相对静止的体态，因此不宜在站立时频繁地变动体位，甚至浑身上下乱动不止。

（2）不良坐姿。

坐要有坐相，古人说的"坐如钟"，就是说坐姿要端正。落座应该挺胸直腰，落落大方，端庄稳重。人的正常坐姿，在其身后无依靠时，上身应正直而稍向前倾，头平正，两臂贴身自然，两手随意放在自己腿上，两腿间距和肩宽大致相等，双脚自然着地。背后有依靠时，背部轻挨靠背，但不要整个背部后仰。在正式社交场合或有尊长在场时，要"正襟危坐"，臀部只坐椅子的 2/3，上身与大腿之间、大腿与小腿之间均呈直角，不能随意把头靠在沙发背上，显出懒散的样子。就座以后，不能两腿摇晃抖动或者跷二郎腿。

不良坐姿主要有以下四种，应当避免：

①蜷缩一团。有的人坐下之后，喜欢弯腰曲背，佝偻成团，坐在沙发上摆出一副懒散的姿态，很不雅观。

②半坐半躺。不少男性喜欢坐在较靠椅前缘的位置，背再往后靠在靠背上，形成半坐半躺的姿势，前仰后倾、歪歪斜斜，给人轻浮且缺乏修养的印象。

③跷二郎腿。架起二郎腿，很多人以为这样坐显得"有型有款"，殊不知这却是"有姿势，无实际"的坐姿。两腿伸直跷起或双腿过于分开、跷二郎腿并颤抖摇腿、将两手夹在大腿中间或垫在大腿下、用脚钩着椅子腿、脚放在沙发的扶手上等，都是极为不雅和失礼的举动。

④单腿踩凳。有的人一坐下则喜欢缩起一腿，踩在椅子上，或坐得歪歪扭扭的。最不礼貌的姿态，就是弯腿坐下时把裤脚管提起来，暴露出一截腿肉来。

（3）不良行姿。

除了站和坐以外，古人还要求"行如风"，这是要求行姿要轻松优美。正确、优雅、轻捷，富有节奏感，是走姿的最基本要求。人的正常走姿应当是身体直立、昂首挺胸、收腹直腰，两眼平视前方，肩平不摇，双臂自然前后摆动，脚尖微向外或向正前方伸出，双腿有节奏地向前交替迈出，并大致走在一条等宽的直线上。走时步履轻捷，双臂随身体自然摆动。行走时，对男、女的要求还有一定区别：要求男子步履雄健有力、不慌不忙、展现雄姿英发、英武刚健的阳刚之美，要求女子步履轻捷优雅、步伐适中、不快不慢，展现出温柔、矫健的阴柔之美。不雅的走姿会破坏平衡、和谐的感觉，是有失风度的。

下面是行姿的 11 项禁忌，应当避免：

①低着头看着脚尖儿，这种姿态是在说"我心事重重，萎靡不振"。

②拖着脚走，给人一种未老先衰、暮气沉沉的感觉。

③跳着走，让人觉得你心浮气躁。

④走出"内八字"和"外八字"。

⑤摇头晃脑，晃臀扭腰：左顾右盼，瞻前顾后。这样的姿态会让人误解，特别是在公共场合很容易给自己招惹麻烦。

⑥走路时大半个身子向前倾，不但动作不美观，而且有损健康，尤其个子高的女性更是不宜这样。

⑦行走时与其他人相距过近，与他人发生身体碰撞。

⑧行走时尾随于其他人身后，甚至对其窥视、围观或指指点点，此举会被视为"侵犯人权"，或是"人身侮辱"。

⑨行走时速度过快或者过慢，以至对周围的人造成一定的不良影响。

⑩一边行走，一边连吃带喝。

⑪与早已成年的同性在行走时勾肩搭背、搂搂抱抱。若是在西方国家里，人们一定会对你侧目相视，因为只有同性恋者才会这么做。

2. 表情不适宜。

在人际沟通与交流中，语言、表情、动作、手势互相交融、相辅相成。语言、动作和表情的运用，必须自然、适度、讲求分寸。口头语言与动作语言协调统一，随着沟通与交流内容的变化而变化，为突出中心思想而服务。切忌夸张、搞怪、滥用表情，更不能板着面孔、毫无生气。

（1）巧用眼神。

许多社会学家和心理学家的实验早已证明，最能传达感情、进行交流的体态语言莫过于眼神。眼睛所传达的感情有时很深邃和玄妙，甚至为声音所不及。幼儿教师的眼睛应该是会说话的。幼儿常常能够在教师的眼神中找到某些答案，教师的眼神能够促使幼儿积极思维的发展，引起幼儿好与恶的情感。在无声的特殊教育环境中，教师的眼神能发挥出无声的特殊功能。在言语交际过程中，眼对眼可以激起感情和交流情绪作用，一方面，教师可以从幼儿的眼神变化来判定幼儿是否在听讲、是否已听懂了；另一方面，幼儿可以从教师的眼神中得到暗示和警示。

（2）微笑。

微笑是最好的表露信号系统，是具有强烈感染力的体态语言。幼儿教师面带笑容地组织教育活动，幼儿就会感到亲切，容易接受教师的教育，师幼关系融洽，教学活动气氛活跃，教学效果好。所以，在工作中，幼儿教师对待幼儿应面带微笑，对待家长应和蔼可亲；在开展各种教学活动时，教师更应该精神饱满，用有声的语言和无声的面部表情来吸引幼儿、感染幼儿，激发幼儿的学习兴趣，这样才能收到良好的教学效果，幼儿才会喜欢你，家长才会信任你。若教师面无表情，板着脸，任你讲得口干舌燥，幼儿却在下面又打又闹，则根本无法达到教学目的。

3. 手势不当。

手势又叫手部语言，即人手举止、动作所发射的意念和情感，它可以作用于外界，显示自己的意念和力量。人际交流与表达中离不开手势。手势具有强调、示范的作用。恰当的手势能吸引对方的注意力，起到辅助有声语言的理解效果。运用手势要讲究艺术性，即应明确、精练、自然、活泼。手部语言丰富多彩，每个动作都沉淀着不同的含义。因此，要根据沟通与表达的内容、语气、语调恰当选用手势，切忌频频乱动、手舞足蹈、矫揉造作。

（1）手势和语言的结合。

手势是语言的延伸，能够引导幼儿发展形象思维，对语言表达起到补充和强调的作用。如跷起大拇指或者鼓掌，表示赞叹或表扬；伸出食指靠近嘴唇表示"请安静""不要出声音"；教师将两个食指相对并拢放在嘴边，并发出"叽叽叽"的声音，幼儿一看就知道是小鸡。

（2）手势和神态的结合。

在教学活动过程中，首先要把幼儿的注意力集中在教师的面部神态上，用神态制造气氛，同时用手势指引幼儿，让他们在自己的指引下顺利进入角色。手势和神态的结合使用，可以使幼儿自然而然地进入教学活动之中，这是教师组织教育教学活动的重要途径。例如，讲《白雪公主》的故事时，讲到皇后妒忌白雪公主比她美丽一千倍时，教师脸上的神情是凶恶的，与此同时做出张牙舞爪的手势；讲到七个小矮人和白雪公主一起生活时，教师露出的神情是幸福的、快乐的，自然而然地抚摸幼儿的头，让幼儿通过教师的表情和手势，感受到故事里传达的各种情感。

（3）手势和情感的结合。

幼儿教师在工作中要善于运用自己的手部语言。如清晨，当天真可爱的幼儿从一个个温暖的家来到幼儿园时，蹲下来拥抱一下、轻轻抚摸一下幼儿或双手接过家长手中的孩子等，可让幼儿体会教师对他们的情感。通过这种行为，幼儿会意识到，"教师是喜欢我的、是爱我的，我也爱老师、听老师的话"，由此，家长与教师间的距离也会一下子拉近不少。所以，幼儿教师在使用手部语言时，要体现文明、坦诚，切忌讲话时"指手画脚"，批评幼儿时拍桌子、瞪眼睛，用手指点孩子的头，甚至打孩子，这样不仅会有损于教师的形象，而且严重的话可能会在心灵上给幼儿造成难以弥补的创伤。

第四节　非语言沟通的基本内容及技巧

沟通与表达，是一个人运用语言与非语言等多种手段促使人际和谐的一种综合能力。因此，为确保沟通的顺畅与表达的确切，必须善于运用语言与非语言。语言是人际交往的媒介与桥梁，是沟通与表达的重要手段；而非语言则作为一种不可或缺的交际方式伴随着语言行为的发生，能够弥补某些状态下语言交流的不足，提高双方沟通、交流的质量。关于非语言沟通在人际沟通中的重要性，有人总结过这样一个公式：交际双方的相互理解＝语调（占38％）＋表情（占55％）＋语言（占7％）。可见，在人际沟通的过程中，非语言沟通可以起到语言文字所不能替代的巨大作用。

非语言沟通的内涵十分丰富，常用的有身体语言沟通、副语言沟通和对物体的操纵等。其中，身体语言沟通是人际沟通与表达的催化剂，能够稳定对方的情绪，改善对方不良的心理状态，增强对方的信心，使交流的氛围更和谐，使对方感受到关爱、体贴，多一分理解和同情。身体语言沟通是通过动态无声的目光、表情、手势语言等身体运动，或者是静态无声的身体姿势、空间距离及衣着打扮等形式所进行的信息交流。在信息交流中，语言只起到了方向性和规定性的作用，而非语言才准确地表达了信息的真正内涵。非语言行为在人际沟通中不但起到支持、修饰或否定语言行为的作用，而且有时甚至可以直接替代语言，反映出语言难以表达的思想情感。

一、非语言沟通的基本内容

1. 副语言。

副语言是指说话音调的高低、节奏的快慢、语气的轻重，副语言是与有声语言联系得最为密切的一种非语言沟通方式。副语言能表现一个人的情绪状态和态度，影响人们对信息的理解以及交流双方的相互评价。

2. 面部表情。

面部表情的变化十分迅速、敏捷和细致，人类的各种情感都可非常灵敏地通过面部表情反映出来，借助数十块肌肉的运动真实、准确地反映感情，传递信息。嘴、颊、眉、额是表现愉悦的关键部位；鼻、颊、嘴是表现厌恶的关键部位；眉、额、眼睛、眼睑是表现哀伤的关键部位；眼睛和眼睑是表现恐惧的关键部位。

常见的面部表情有以下几种。

嘴部表情：

（1）舔唇，表示接受（同意）。

（2）嘴唇紧闭，下唇突出时，表示不同意。

（3）用力上下咬牙，使两颊肌肉颤动，面颊紧张，也表示不同意。

（4）撅嘴，表示不高兴、不愿意。

鼻子：

（1）把食指顶在鼻翼旁，表示怀疑。

（2）将食指放在鼻孔下，有告诉对方自己感到不愉快的意思。

笑：

在现实生活中，笑是礼貌待人的基本要求，是心理健康的一个标志。在社交场合中，笑是最具吸引力、最有价值的面部表情。笑的种类非常多，有微笑、大笑、含蓄的笑、欢快的笑、苦笑、嘲笑、忍俊不禁的笑等。笑容易增强人与人间的亲密程度，促进活泼的气氛，在谈话过程中保持笑脸，有助于形成和谐的关系。

3. 目光。

俗话说,"眼睛是心灵的窗户",眼睛可以反映人的情绪、态度和情感变化。在人际沟通中,许多信息都需要通过眼睛去搜集和接收,同时也通过眼睛向他人传递情感和信息。人们可以用目光接触准确地表达好感、接纳、喜欢、爱意、眷恋等各种不同的情感;可以交流愉快、高兴、兴奋、激动、幸福等感受;可以传达失落、挫伤、悲观、绝望等心情;还可以显示程度不同的惊奇、厌恶和恐惧等感觉。在人际沟通中,目光接触可以传达肯定或否定、提醒、鼓励、督促等信息。目光接触配合适当的点头,表示肯定或鼓励;相反,则表示否定或不赞同。另外,目光接触配合适当的停顿,表示提醒对方注意或确认对方有没有听懂。

4. 体姿。

姿势是另一种容易被觉察的身体语言沟通途径,虽然体姿不能完全表达个人的特定情绪,但它能反映一个人的紧张或放松程度。当某人对交流对象感到拘谨和恐惧、敌意或不满时,往往会呈现体姿僵硬、肌肉绷紧的情况;在需要表示对别人尊敬的时候,姿势往往较为规范,腰板挺直、身体前倾;如果对别人的谈话表示不耐烦,坐姿就会向后仰,全身肌肉放松。总之,不同的身体姿势,可以提供不同的信号。

5. 空间距离。

空间距离是指我们与他人之间保持的沟通距离。距离如果合适、恰当,会感到安全、舒适,否则就会感到焦虑不安。空间距离会随情境、单位空间内人员的密度、文化背景、民族、社会地位、性别及个人性格等因素而发生变化。因而,在人际沟通中,一定要分析沟通对象的特点、关系的密切程度及交往目的,注意与沟通对象间保持恰当的空间距离。

由于人们的关系不同,人际距离因而不同。美国学者霍尔根据对美国白人中产阶级的研究提出四种人际距离:

(1) 公众距离 3.657~7.62 米:在正式场合,演讲或其他公共事务中的人际距离,此时沟通往往是单向的。

(2) 社交距离 1.219~3.657 米:这是彼此认识的人们之间的交往距离,许多商业交往多发生在这个距离上。

(3) 个人距离 0.457~1.219 米:这是朋友之间的交往距离。此时,人们说话温柔,接收大量体语信息。

(4) 亲密距离 0~0.457 米:这是亲人、夫妻之间的交往距离。在此距离上，双方均可感受到对方的气味、呼吸、体温等私密性感觉刺激。

6. 肢体语言。

肢体语言是个体运用身体或肢体动作表达某种情感及态度的体语，也是常见的沟通方式，应用范围比较宽泛。

点头：

（1）当对方针对谈话内容，向你点头示意，表明他理解你的想法或表示赞同。

（2）如果对方还没听你把话讲完，就频繁地点头超过三次以上，则表示对你说的话不耐烦或不赞同。

（3）如果对方点头的动作与你谈话的节奏不相符，表示对方不专心或有事情隐瞒你。

手势：

（1）摆手：表示制止或否定。

（2）双手外推：表示拒绝。

（3）双手外摊：表示无可奈何。

（4）双臂外展：表示阻拦。

（5）搔头或搔颈：表示困惑。

（6）搓手、拽衣领：表示紧张。

（7）拍头：表示自责。

（8）双手举过头顶：表示暴怒。

（9）双手往上伸直：表示激动。

（10）双手枕在头下：表示舒展。

（11）一只手托着下巴：表示疑惑。

（12）耸肩、双手外摊：表示不感兴趣。

（13）颔首、双手放在胸前：表示害羞。

握手：

（1）规范式：用力适度、动作规范、握手时双目注视对方。这种人坚毅坦率、思维严谨，具有责任感和可信度。

（2）抓握式：双手抓住对方的手掌，并用力紧握，使对方有轻微的疼痛感。这种人精力充沛、自信心强，具有组织能力和领导能力。

（3）软弱式：握手时轻轻触摸对方，有漫不经心之感。这种人随和豁达、处世谦和，给人以洒脱之感，能与人友好相处。

（4）长久式：握住对方的手久久不放。这种人感情丰富，喜欢结交朋友，对朋友忠诚不渝。

（5）指尖式：用指间握对方的指尖，这是一种保持距离的不标准的握手。一般而言，这种人比较缺乏自信。

（6）抖动式：握手时上下抖动，是乐观、豁达的表现。

二、非语言沟通的技巧

（一）身体语言沟通的方式

1. 人们可以借助面部表情、手部动作等身体姿态来传达诸如攻击、恐惧、腼腆、傲慢、愉快、愤怒、悲伤等情绪或意图。

2. 人们还可以利用空间位置关系来影响彼此之间的沟通过程。

3. 人们还可以运用服饰来传递信息。

（二）身体语言沟通的改善

1. 理解别人的身体语言。

身体语言比有声语言能够表达更多的信息，因此，理解他人的身体语言是理解他人思想感情的一个重要途径，从目光、表情、身体运动、姿势与彼此间的空间距离中都能够感知到对方的心理状态，有利于人际沟通与交流的和谐、顺畅。如果想要提升自身非语言沟通的技巧，就应培养自身敏锐的观察能力，善于从对方不自觉的姿势、目光中发现对方内心的真实状态。

2. 恰当地运用自己的身体语言。

在人际沟通与交流的过程中，了解他人的身体语言是促进和谐沟通的一个方面，同时也要恰当地运用自己的身体语言，合理表达、顺畅交流。在运用身体语言的过程中，还应注意以下几点：有意识地运用身体语言；注意身体语言的运用情境；注意自己的角色与身体语言相称；注意言行一致；改掉不良的身体语言习惯。

【拓展阅读】
你的身体会说话——改善身姿的 18 种方式

改善你的身姿，可以使你的人际交往技能、魅力以及平日的情绪发生非常大的变化。首先，要想改变自己的身姿，你必须先了解自己当前的身姿。要留意自己在与他人交谈时是如何坐的、如何站立的、如何摆放自己的手和腿，以及还会做些其他什么动作。其次，闭上眼睛，设想一下自己该如何坐、如何站立，才能让人感到你的自信、开放、轻松，或其他任何你希望向他人传达的信息。在脑海中看着自己做出你所期望的动作，然后试着实际做出来。

1. 不要让你的双臂或双腿交叉——你很可能听说过不应该交叉双臂，以免使自己看起来在小心翼翼地防范着别人。这其实也适用于你的腿。所以，请把双臂和双腿分开。

2. 与对方保持眼神接触，但不要紧盯着别人——如果你正在与几个人同时交谈，要与他们所有人都有眼神接触，以营造良好的沟通氛围，并知道他们是否都在专心听你讲话。长时间盯着他人看，会使对方感到不自在；而躲避对方的眼神，又会使你看起来心虚或不自信。如果你还不习惯在交流时有意保持眼神接触，在开始实践时就会感到有些困难，甚至有些紧张害怕。但只要坚持练习，就一定会习惯成自然的。

3. 不要害怕你的姿势占据了太多的空间——占据一些空间，如在坐着或站立时分开双腿等，代表着自信，而且你自己也会感觉轻松自在。

4. 放松你的肩膀——当你感觉紧张时，很容易会不自觉地收紧肩膀。你的双肩可能会向上、向前收缩一点。尽量放松。试着摇一摇肩膀，或者让肩膀略微向后一点，以使双肩松弛下来。

5. 当别人讲话时要注意点点头——偶尔点点头，可向他人表明你正在注意倾听。但千万不要像啄木鸟那样点个不停。

6. 切忌懒散的姿态，坐直坐正——但以轻松的方式，而不是紧绷的姿态。

7. 身体可以略微倾斜，但不要过度——如果你想表现得对某人的讲话很感兴趣，可以向讲话者的方向略微倾斜身体。如果你想表现出自信或者轻松，则把身体略微向后倾斜。但要注意倾斜的程度。身体过于倾向他人，会使你看起来渴望或乞求某种认可；而过度向后靠，则会显得傲慢或有意疏远他人。

8. 保持笑容，发出笑声——保持轻松的态度，不要让自己显得过于严肃。放松一些，当别人说了什么有意思的事情时，报以微笑或笑声。如果你看上去是个非常积极、开朗的人，人们会非常乐于倾听你的讲话。但是如果你自己讲了一个笑话，注意不要首先发笑，这会使你显得紧张而急迫。当你被介绍给其他人时，保持微笑，但笑容要自然，而不能像石膏一样僵硬，那会让你显得很虚伪。

9. 不要摸自己的脸——这会使你看起来紧张，而且会使听你讲话的人或谈话中的其他人分心。

10. 抬起头来——不要盯着地面，这会使你显得不安甚至不知所措。抬起头，让目光与他人平视。

11. 放缓节奏——这适用于很多事情。走得慢一点，不仅使你显得更平静和自信，而且还会减轻你自己的压力。如果他人提到了你，不要表现得急于呼应对方，缓一步再说。

12. 不要惊慌失措和急于躲开，戒除或改变那些会显得烦躁、紧张的动作和毛病。比如，不住地摇晃双腿或快速地用手指敲打桌面，会显得你紧张而慌乱，当你试图越过或结束某些事情时，这些动作会分散注意力。如果你心里觉得忐忑不安，要控制住自己的动作。试着放松下来，放慢节奏，集中注意力。

13. 自信而慎重地利用你的手。不要显得手足无措，也不要用以手抓脸的方式表达你想说的话。用手去说明事物，或者突出那些你想突出的重点即可。但不要过于频繁地使用手，否则会造成不必要的干扰。同时，也注意不要胡乱地挥手，控制住它们。

14. 如果你拿着饮料，把它放低一些，不要把饮料端在胸前。实际上，不要把任何东西举在胸前，因为这会使你显得谨慎并与他人保持距离。把饮料放低一些，或者干脆拎在腿边。

15. 弄清脊柱的末端在哪里——许多人相信保持脊柱的笔直是良好的姿势，他们也会保持这样的姿势坐着或站着。然而，他们误以为脊柱的末端就在脖子的位置，因此只是挺直了脊背，而以滑稽的样子向前伸着脖子。这是错误的。脊柱的末端在头的后部。注意要让整个脊柱保持笔直，这是更好的姿势。

16. 不要站得太近——我们从搞笑的电视剧《宋飞传》中学到的事情之一，就是当与讲话者站得太近时，所有人都会感觉很别扭。与别人保持一段距离，给别人保留一定的空间，不要贴身而立。

17. 模仿——通常，当你与另一个人单独相处时，如果你们两人有着良好的关系，就会开始不自觉地模仿对方。这意味着，在你身上会反射出一些对方的姿态。为了使双方的关系更进一步，你可以有意识地主动模仿对方。如果他向前倾身，你也可以向前倾身。如果他把手放在大腿上，你也可以同样如此。但不要立即模仿对方动作的变化。那绝对是最古怪的事情了。

18. 保持良好的态度——最后，但绝非最不重要的一点是，保持积极、开放、放松的态度。你的感觉会通过你的身体表现出来，不同的感受会使身体姿态产生非常大的变化。你能够改变你的身姿，但就像所有新习惯的养成一样，它需要一段时间。特别像某些事，如保持抬头的姿势，如果你经年累月地习惯了盯着自己的脚，那么纠正起来会需要很长时间。而且，如果你想尝试立即做出改变，则可能会使你自己陷入混乱和巨大的压力之中。

资料来源：服装人才网——职业生涯

第二章　幼儿园常规活动中的沟通与表达

第一节　幼儿园常规活动概述

一、幼儿园常规活动的内涵及特点

常规是指幼儿在园一日生活的各种活动中应该遵守的基本准则，是保证幼儿园的教育教学活动健康、有序进行的规则。从幼儿的个体发展来看，良好的常规能使幼儿积极、愉快地参加各项活动，能使幼儿较好地适应集体生活，同时帮助幼儿改正不良的习惯，使幼儿的生活有节奏，对其身心健康发展发挥重要的作用。

幼儿园常规教育是根据社会的要求、幼儿发展的特点和需要，以幼儿园常规为教育内容对幼儿施行教育的过程。常规教育是每个幼儿园必不可少的，它有三方面的含义：

①遵守作息时间及其顺序的规定。

②遵守一日生活各环节集体制度的规定。

③遵守幼儿的一般行为规则的规定。

在幼儿园一日生活中，常规教育通过生活活动、运动活动、游戏活动、学习活动四大类基本的幼儿园常规活动得以开展和实行。各类活动在幼儿的成长与发展中都具有特殊的价值和意义。明确幼儿园常规活动的内容及特点，有利于提高一日生活的质量，促使保教工作形成一个有机、统一的教育整体。

（一）生活活动

幼儿园生活活动是指满足幼儿基本生活需要的活动，主要通过此类活动达到培养幼儿生活自理、与人交往、自我保护等多种生存能力和遵守集体生活规则的意识，并帮助幼儿养成健康的生活方式和良好的卫生习惯。幼儿园生活活动主要包括入园、饮水、盥洗、餐点、如厕、睡眠、离园等。

幼儿园生活活动应注意以下问题：

1. 幼儿园应根据幼儿生理和心理发展的需要规划并建立科学的一日生活常规，既有利于帮助幼儿形成集体生活的秩序，又能够满足幼儿合理的个别需要，引导、支持和鼓励幼儿参与生活规则的建立。幼儿园在生活活动方面，主要着力于培养幼儿良好的作息习惯、睡眠习惯、排泄习惯、盥洗习惯、整理习惯等；帮助幼儿了解初步的卫生常识和遵守有规律的生活秩序的重要意义；帮助幼儿学会多种讲究卫生的技能，逐步提高幼儿的生活自理能力；帮助幼儿学会用餐方法，培养幼儿良好的饮食习惯。

2. 幼儿教师在组织和指导幼儿生活活动时，要进行充分的预设和准备，减少不必要的等待，避免时间的浪费，尽量满足幼儿受保护的需要。重视生活活动，精心设计，充分挖掘生活活动中潜在的教育功能。"教养结合，养中有教，教中有养，教养并重"，积极培养幼儿独立生活的能力。从幼儿的实际水平和年龄出发，注意区别对待、个别照顾，并争取家庭教育的配合，使幼儿的良好行为得到巩固和强化。

3. 为确保幼儿生活活动的安全进行，幼儿教师应具有高度的防范意识及处理突发事件的应对措施。

（二）运动活动

幼儿园运动活动是指在幼儿园一日生活中，采用早操、器械运动、自然因素锻炼等形式，培养幼儿对运动的兴趣、增强幼儿运动和适应环境的能力、提高幼儿身体素质的日常运动。幼儿园运动活动主要包括早操、体育活动等。

幼儿园运动活动应注意以下问题：

1. 应有目的、有计划地根据幼儿的运动兴趣、动作能力、运动卫生常识设计和组织幼儿的活动。活动内容丰富、形式多样，通过各种体育游戏、球类活动、各种体育器械活动、体操及单项基本动作练习等运动活动，训练幼儿的基本动作和运动能力。

2. 重视采取让幼儿自主探究、合作等学习方式练习和体验，发展运动能力。教师不擅自离开活动场地，根据气温、幼儿的活动量及体质，提醒幼儿增减衣服，注意幼儿活动中的身体反应，关注体弱幼儿。

3. 提供安全的场地及类多量足的活动器械，保证活动时间，开展丰富多样的体育运动。每天户外活动时间不少于2个小时，其中体育活动不少于1个小时，且分段进行。

4. 掌握运动时间，注意运动量的适度，循序渐进。观察幼儿运动的情况，随机进行安全、卫生及自我保护教育，注意幼儿安全。让每个幼儿在教师视野以内，不离开集体太远，不到危险的地方玩，不使用危险器具。教育幼儿遵守规则，玩大型户外运动玩具时不争抢，能互相谦让，有秩序地活动，巩固和提高动作技能。活动结束后，视情况给幼儿增减衣服。

（三）游戏活动

幼儿园游戏活动是指能满足幼儿个体需要，发展幼儿想象力、创造力和交往合作能力，促进幼儿情感和个性健康发展的自发、自主、自由的活动。幼儿园游戏活动主要包括区域游戏活动、自由游戏活动、集体游戏活动等。

幼儿园游戏活动应注意以下问题特点：

1. 根据幼儿的年龄特点、实际经验和兴趣选择幼儿游戏内容，保证充足的游戏时间（幼儿在园游戏时间每天不少于 3 个小时）。游戏内容的安排注意动静交替，形式可分为集体活动、分组活动、自由活动等。

2. 因地制宜，就地取材，创设良好的游戏环境，提供安全、卫生、多功能、有教育性的游戏材料。注重让幼儿自主选择、自主建构，满足幼儿的活动需要，鼓励幼儿大胆操作与探究，促进幼儿主动发展。

3. 保证一周内创造性游戏和规则性游戏之间的平衡。各个生活过渡环节可穿插一些简单的游戏，游戏内容的选择和安排做到有目的、有计划，动静交替。在游戏的过程中，指导幼儿遵守规则，爱护玩具、材料等。

4. 教师必须陪同幼儿一同参与游戏，并重视对幼儿游戏活动的组织与领导。加强游戏过程中的观察，做到观察在前、指导在后，指导方式恰当，便于有针对性地进行教育和训练，但不干扰幼儿的游戏活动。尊重幼儿的意愿，鼓励想象，引导交往，使幼儿在游戏中习得对同伴友爱、谦让以及合作、互相帮助等美德。

（四）学习活动

幼儿园学习活动是指教师有目的、有计划地采用个体、小组或集体形式组织的教育教学活动，在教师指导幼儿主动探索的基础上，促进每个幼儿在不同水平上得到智力的发展。幼儿园学习活动主要包括幼儿园根据语言、科学、艺术、健康、社会五大领域创设的相关课程。

幼儿园学习活动应注意以下问题：

1. 集体教学活动是幼儿园教育活动中的一种重要形式。集体教学活动是由教师组织全班幼儿或多数幼儿（分几次完成同一个活动）进行的有目的、有计划的学习活动。目前，集体教学活动仍是幼儿园课程教育价值与目标实现的基本活动形式，组织有效的集体教学活动可以低耗、高效地促进幼儿积极而主动地发展。

2. 根据教育目的、幼儿的实际水平和兴趣，可循序渐进地采用相应的教学方法，均衡安排幼儿园五大领域的学习内容。

3. 应充分利用周围环境的有利条件，提供充足的动手操作材料，保证幼儿有充分的活动机会。

4. 遵循幼儿的学习特点，注重活动过程与实践操作，采用合作、交流、探索等活动方式引导幼儿多感官参与活动。

5. 灵活地运用集体联合、小组合作、结伴活动等组织形式，为幼儿提供交流和表现的机会与条件。

6. 集体形式的学习活动次数严格执行国家相关规定，每天活动次数不超过2次；每次活动时间小班15～20分钟；中班20～25分钟；大班25～30分钟。

二、幼儿园一日生活的基本要求

幼儿园一日生活是全面落实幼儿园保教任务的重要途径。幼儿园一日生活应从实际出发，遵循教育规律和幼儿身心发展特点，立足于为幼儿一生发展打好坚实的基础，因地制宜地实施素质教育；应秉承"一切为了孩子，为了孩子的一切"的教育宗旨，以爱为核心，规范一日常规要求；应为幼儿提供健康、丰富的生活和活动环境，满足幼儿的发展需要，最大限度地促进幼儿身心全面发展。

幼儿园一日作息时间和活动内容参考表

时间	活动内容
7：30～8：00	幼儿入园、晨检及晨间活动（区域活动、自由活动）
8：00～8：45	早操、早餐、如厕
8：45～9：15	教育活动（大班：25～30分钟；中班：20～25分钟；小班：15～20分钟）
9：15～9：30	生活活动（饮水、如厕）等
9：30～10：00	教育活动（同上）
10：00～11：30	户外游戏活动、餐前准备、午餐
11：30～14：00	午睡

41

14：00～14：45	起床（学习整理床铺、穿衣、穿鞋、喝水、梳洗、吃水果、如厕）
14：45～15：15	午后教育活动
15：15～16：15	户外游戏活动
16：15～17：00	晚餐、餐后活动与离园

（一）入园及晨间活动

1．入园。

（1）幼儿能够衣着整洁、情绪愉快地入园，不带无关物品特别是危险物品到幼儿园，有礼貌地和教师、小朋友见面问好。

（2）幼儿能够有礼貌地和家长告别，向爸爸妈妈或长辈说"再见"。

（3）幼儿能够情绪放松地接受晨检，并学会告诉教师自己的身体有无不舒服的感觉。

（4）幼儿能够积极地参与到晨间活动中。

2．晨间接待。

（1）幼儿入园前，教师应做好活动室内外的清洁工作，开窗通风。

（2）教师以热情、亲切的态度接待幼儿和家长，与幼儿互相问好，指导幼儿使用礼貌用语，并以简洁的语言向家长询问幼儿在家情况，听取家长的意见和要求，做好个别幼儿情绪安抚及必要的交接工作。

（3）教师应利用晨间接待的机会与幼儿进行情感交流，观察幼儿的情绪及健康、安全状况，有计划地进行个别教育。

（4）观察幼儿的衣着是否整洁，及时整理好幼儿的服装，提醒并督促幼儿将脱下的外衣折叠整齐，放在指定地点。

（5）指导中、大班幼儿做好值日生工作，如收拾和整理室内环境、玩具柜、活动角等。

（6）清点人数，做好点名记录。

3．晨间检查。

幼儿每日入园按要求进行晨检，保教人员一定不可疏忽晨检环节，晨检用品应配备齐全、符合要求，并要做好晨检记录。

（1）晨间检查：由保健老师进行，其他教师配合。

（2）晨检内容：一摸，摸是否发热；二看，看咽部、皮肤、精神状态；

幼儿教师的沟通与表达

三问，问饮食、睡眠及大小便情况；四查，查有无传染病，并仔细观察幼儿有无携带危险物品。如检查出幼儿带有危险物品时，先帮幼儿妥善管理，随后告知幼儿家长，引起家长注意。

（3）检查记录：发现异常及时记录，特别是对有疾病的幼儿要全日观察并详细记录。

（4）晨检物品：盘内放置酒精棉球、体温表、压舌板、手电筒、消毒巾、笔和本子等。

（5）喂药：由保健人员喂药，不允许带保健药品到幼儿园吃。

4．晨间活动。

（1）晨间室内自选活动。

①组织幼儿室内活动，准备好玩具、材料，引导幼儿按自己意愿参加喜欢的各种活动，激发幼儿的兴趣，为幼儿创造人人参与活动的机会。

②一般以分散活动、自由活动为主，方便幼儿随时自主加入活动。教师应参与到幼儿的活动中来，并注意对幼儿的观察与引导，注重个别教育，使每名幼儿在自己原有水平上得到提高。

③培养幼儿良好的行为习惯，爱护玩具，爱护活动材料，活动结束时，教师和幼儿一起收拾、整理玩具等。

（2）晨间户外锻炼活动。

①晨间户外锻炼活动应尽量将所有的运动区域同时向幼儿开放，幼儿可按自己的意愿、爱好选择运动区自由结伴，在积极的、自主活动的基础上积累运动经验，增强体质，提高对环境的适应能力，体验运动的快乐并建立团结友爱的伙伴关系。

②活动中，教师必须给予幼儿必要的指导与提醒，重视运动器械、活动场地的安全性，加强对幼儿安全意识的培养和自我保护方法的指导，使幼儿获得自我保护的经验。

③活动结束时，教师和幼儿一起收拾、整理好材料器具。

（二）早操及晨间谈话

1．早操。

（1）早操前十分钟让幼儿做好参加早操活动的准备，操前检查幼儿穿戴，帮助幼儿整理衣裤、鞋带。

（2）早操内容要丰富，编排要科学、合理，音乐选取恰当、旋律清晰，能够调动幼儿情绪，让幼儿体验到运动的快乐。

（3）教师领操要穿着得体，并做到精神饱满地组织早操活动，口令规范、响亮有力，示范动作准确到位。

（4）幼儿能按音乐节律做操，动作整齐，教师要注重个别指导，发展幼儿基本动作，纠正幼儿不正确姿势，不断提高动作质量。

（5）幼儿在做操过程中所使用的器械要安全、卫生，引导幼儿爱护器械，轻拿轻放。

（6）教育幼儿坚持做完操，排好队列返回教室，不推挤、不打闹，注意安全。

2. 晨间谈话。

早操结束后，教师要面向全体幼儿进行谈话，谈话的内容主要是对晨间活动的小结和对下一步活动的要求。谈话要在亲切、自然的气氛中进行，要有明确的目的性，能及时发现并解决出现的问题，又能调动起幼儿参加集体活动的积极性。谈话要简短，应允许幼儿发表自己的意见，注意随机教育。

（三）教育活动

1. 对幼儿的要求。

（1）活动前逐渐转入安静状态，看教师的手势迅速回到座位，保持安静。

（2）能积极、愉快地参加各种集体活动，勇于探索，快乐学习。

（3）在教师的指导、启发下，逐渐养成动手、动脑和手脑并用的习惯。

（4）在活动过程中，积极思考，踊跃发言或提问。不干扰别人，不和小朋友发生争执，不影响活动秩序。能够运用已获得的简单知识与技能解答问题。

2. 对教师的要求。

（1）教师要做好教育活动前的准备工作。如教学场地的安排与卫生，教学预案与活动计划的设计，教具与学习材料、活动材料的准备。教学内容应富有科学性、教育性、艺术性、安全性，适合幼儿的实际需要，容量适当，能引发幼儿的学习兴趣和探究欲望，提高教学活动效果。

（2）教育过程既有知识传授，又重视兴趣培养、智能发展和思想品德教育。面向全体，尊重差异，注意教育过程中的启发性指导和随机教育、个别教育。教学形式要灵活多样，活动以游戏形式为主，尽量让幼儿人人有亲身体验、操作的机会，充分运用感官，动脑、动口、动手，启发幼儿学习的积极性、主动性和创造性，保教并重，寓教于乐。

（3）教师教态亲切自然、情感真挚，坚持运用普通话教学。教学用语要准确、规范、清晰、生动形象、富有童趣，注重和幼儿的对话与情感交流。注重培养幼儿良好的学习习惯，活动中注意指导幼儿握笔及书写姿势的规范。

（4）引导幼儿养成上课认真听讲、积极举手发言、大胆大声回答的良好习惯。关注幼儿在活动中的表现和反应，鼓励幼儿大胆探索与表达，并给予幼儿积极性的应答。教育教学评价要以过程性评价和鼓励性评价为主，能真诚赏识，并及时地指导和给予肯定。活动结束后，要记录和分析幼儿的学习情况和活动成败的原因，以总结经验、积累资料，不断地改进教育方法、提高教育水平。

（5）教学活动后，保证幼儿有不少于 10 分钟的自由活动时间，提醒幼儿喝水、如厕、便后洗手，并检查幼儿服装，脱去过多的衣裤。教师在课间要加强防范安全事故的发生。

（四）饮水

1. 保温桶应始终有适宜温度的开水。根据幼儿活动情况及气候变化及时提醒幼儿饮水，随时关注班级饮水桶内水量和水温，注意幼儿接水时的安全。水杯要在幼儿使用之前消毒，每名幼儿的口杯应放在水杯柜中固定的地方。

2. 组织和提醒幼儿喝水，培养幼儿良好的饮水卫生习惯：用自己的水杯喝水，喝水时不说笑，不浪费开水，水杯用后放回原处。

（五）如厕

1. 指导幼儿正确使用便纸，便后洗手并整理好衣裤，对幼儿进行卫生常识及环境卫生的教育。

2. 不限制幼儿如厕。如厕管理不能松懈，避免幼儿碰到桌角、暖气以及掉入便池、滑倒摔伤。

（六）盥洗

1. 做好盥洗前的准备工作，备好盥洗用品，教给幼儿正确的盥洗方法，认真观察、指导幼儿的盥洗。

2. 教育幼儿遵守盥洗规则，盥洗时不拥挤，不玩水、不浪费水，不浸湿衣服和地面，培养自觉盥洗的良好习惯。

3. 幼儿集中洗手时，盥洗室一定要有教师，盥洗结束后教师逐一检查，带领幼儿离开盥洗室。

（七）进餐

1. 餐前准备。

（1）进餐前半小时安排幼儿安静地活动，防止幼儿过度兴奋，影响食欲。组织幼儿有秩序地排队洗手，回到教室后安静地坐在座位上等候吃午餐，做好幼儿进餐的准备工作。

（2）指导值日生工作，擦净餐桌，准备餐具，创设整洁、愉快的进餐环境，按时进餐。

（3）领取和分发食物。掌握与登记每餐主、副食的领取量以及幼儿实际进食量和剩余量。

2. 就餐管理。

（1）就餐中，教师应精心照顾幼儿，轻声、和蔼地指导幼儿正确地使用餐具，逐步掌握独立进餐的技能。

（2）培养幼儿不挑食、不用手抓食物、不剩饭菜、细嚼慢咽、安静进餐的习惯。注意保持餐桌、地面、衣服的洁净和卫生。

（3）多用鼓励、表扬的语言督促幼儿情绪愉快地进餐，严禁教师在进餐过程中训斥幼儿、议论与进餐无关的问题。一般情况下，不要催促幼儿快吃；特殊情况下，允许幼儿剩饭。

（4）使幼儿养成不剩饭菜的文明就餐习惯。进餐结束时，应教会幼儿有礼貌地离开餐桌，送回餐具，清扫地面。饭后及时漱口、擦嘴、洗手。

3. 餐后活动。

（1）餐后可组织幼儿进行5～10分钟的安静活动，如看图书、玩玩具等，禁止幼儿在走廊上追逐、打闹。还可以安排5～10分钟的散步，要求幼儿跟着教师有秩序地散步。利用散步引导幼儿观察自然，培养幼儿的观察兴趣，教给幼儿观察方法，让幼儿学会观察。

（2）做好睡前准备工作。

（八）午睡

1. 入寝。

（1）创设安静的睡眠环境。教师在幼儿午睡前首先应做好准备工作，如睡眠室的通风，拉好窗帘，为小班幼儿铺好床铺等，为幼儿营造舒适的睡眠环境。教育幼儿午睡前应先如厕，进入寝室保持安静，不高声讲话或嬉笑、喧闹，脚步放轻。上床前，教师应严格检查幼儿口袋里是否有小玩具、危险物品等。

（2）督促幼儿将鞋子的方向摆放一致，摆好之后轻轻上床，在教师的指导和帮助下有顺序地脱衣裤、袜子，并规定幼儿将衣服折叠好放在指定地方。

（3）引导幼儿整理好床铺，迅速盖好被子，不东张西望，闭上眼睛，安静入睡。幼儿躺下后，教师要指导幼儿采取正确的睡眠姿势，引导幼儿尽快入睡。

2. 睡眠。

（1）教师应督促幼儿按时入睡，入睡率达 95% 以上。午睡时，教师应留在幼儿身边，观察他们的睡眠情况，及时、细致地为每名幼儿盖好被子，纠正不良睡姿，培养幼儿右侧卧或仰卧、不蒙头睡觉的好习惯。

（2）看睡教师不能随意延长或缩短睡眠时间，保持寝室内空气的流通，并加强午睡中的巡视。注意增加对体弱幼儿及个别幼儿的照顾和关注，可让需要睡眠多一些的幼儿和入睡晚的幼儿多睡一会儿。在巡视过程中，一旦发现幼儿神色异常应及时报告、处理。

（3）看睡教师要坚守岗位，不得擅自离岗，不聊天、不看书、不睡觉。注意使难以入睡和醒得较早的幼儿进行安静活动，不出声响，不影响他人。午睡后，可以让小班幼儿逐个起床，让体弱、需要睡眠多一些的幼儿和入睡晚的幼儿多睡一会儿。对于年龄较大幼儿，可以让他们在规定的时间内同时起床，共同整理好床铺。寄宿制幼儿园的幼儿在睡觉前和夜间醒来时，常会想念亲人，教师应对他们倍加关注，走近他们，爱抚他们，给他们盖被子、道晚安。还应该按幼儿的习惯提醒其小便，并逐渐减少次数。

3. 起床。

（1）按时请幼儿起床，认真询问幼儿的睡眠情况。

（2）指导并帮助幼儿整理床铺、按顺序穿衣服：上衣—袜子—裤子—鞋。教师要巡回检查并及时给予帮助，帮助幼儿梳理头发，提醒收拾整齐的幼儿如厕。

（3）注意观察幼儿的外部表现，发现异常情况及时与医务人员联系。

（4）教师做好交接班工作。

（九）离园

1. 在幼儿离园前，指导幼儿整理好活动室的环境、个人的仪表。教师要逐个检查并帮助幼儿整理好衣物、用具，教育幼儿不要私自将玩具带回家，培养幼儿勤劳、整洁、生活有条理等良好的行为习惯。

2. 离园前，教师与幼儿进行简短谈话，同他们一起回顾一天生活，巩固学习收获，表扬、鼓励幼儿的进步，指导幼儿回家后的活动。对幼儿进行安全教育和礼貌教育，引导幼儿安静地等候家长，并能主动与老师、小朋友说再见。

3. 认真与家长做好幼儿交接工作，要严格确认接孩子的家长，陌生人接必须打电话联系家长确认，杜绝幼儿自己回家，对未及时接走的幼儿应组织适应活动等待家长来接。与家长进行必要的沟通，及时将当日幼儿的有关情况告诉家长，以取得家长配合，从而达到家园配合、共同教育好幼儿的目的。

4. 做好物品清理及第二天各项活动的准备。关好门窗，检查水、电阀门开关。做好交接记录，如当日到班幼儿人数、幼儿健康状况、家长反映的有关情况、其他需要衔接的工作内容。

三、幼儿园一日生活中的语言交流要求

语言是人类重要的交际工具。教师语言作为一种职业语言，承载着传道、授业、解惑以及与学生情感交流的重要职责。在幼儿园这个相对特殊的环境里，教师伴随着幼儿的一日生活，语言是师幼之间沟通的最直接途径。幼儿的模仿性非常强，教师的一言一行都在潜移默化地影响着幼儿。因此，教师与幼儿进行语言交流时应符合特定的要求、规范及标准。一名幼儿教师只有具备了良好的语言素养，才能充分发挥语言艺术的魅力，使幼儿在优美、健康的语言环境中学习和成长。

在幼儿园一日生活中，教师与幼儿进行语言交流时应符合下列要求：规范性、针对性、启发性、情感性、激励性、形象性和趣味性。

（一）规范性

规范性，指教师的语言应当符合国家有关教师规范的要求。教师只有使用规范的语言，才有可能对幼儿产生正面的示范效应。国内外心理学家一致认为，2～6岁是幼儿智力发展和语言学习的最佳时期。他们的语言大部分是通过没有外界压力的自然观察和模仿而习得的，缺乏语言识别能力。在幼儿园，教师无疑是幼儿模仿的主要对象。因此，教师只有使用正确、标准、规范的语言，才能抓住幼儿学习语言的关键时期，对幼儿语言发展产生正面的示范效应。

教师语言的规范包括语音、词汇和语法等要符合全国通用的普通话的规范。在语音方面，做到发音清楚、吐字准确，不使用方言，不念错字；要让幼儿听懂、听清教师在说什么，幼儿只有听得清楚，才能逐渐理解。在语法方面，力求避免搭配不当、语句不通、口头禅泛滥等不规范现象。在修辞方面，避免用词不当、前后矛盾等。总之，教师应当加强语言的基本功训练，尽量做到顺畅、准确地使用普通话。只有规范的语言才能言简意赅地把要表达的意思讲得清楚、明白，只有规范的语言才能具有语言的美感，提升幼儿对于祖国语言文化的热爱之情。

【思考与练习】

1. 目标解读：规范幼儿语言，矫正字音。

2. 情境假设：一些幼儿父母工作较忙，平时爷爷奶奶、姥姥姥爷对幼儿的照顾较多，幼儿在不知不觉中模仿学习了一些方言与方言词汇，教师应该如何纠正幼儿的不规范语言？

3. 知识要点：教师与幼儿语言交流的规范性要求。

4. 案例解读。

有一些幼儿因为家庭的原因，普通话并不是十分标准。班上有一个来自四川的琪琪，把鞋子叫成"孩子"、把哥哥叫成"哲哲"，班里其他幼儿觉得有趣，都学她说话，结果全班幼儿南腔北调。教师发现这个问题后，每天增加了和琪琪聊天的时间，让她在和老师的交流中慢慢学习普通话，既保护了她的自尊心，也让她学到了标准的普通话。

资料来源：黑龙江幼儿师范高等专科学校附属幼儿园教师高敏

点评：针对琪琪普通话不规范的现象，幼儿教师使用正确、标准、规范的普通话，对幼儿语言的形成和规范起到了正面示范的作用。

5. 拓展阅读。

普通话语音训练材料

（1）声母训练。

①分清 zh、ch、sh、z、c、s 和 j、q、x。

札记——杂技	摘花——栽花	找到——早稻	照旧——造就
正品——赠品	支援——资源	志愿——自愿	主力——阻力
战术——剑术	智慧——忌讳	标志——标记	质量——计量
资本——基本	字母——继母	字号——记号	滋味——机位
木柴——木材	推迟——推辞	重来——从来	新春——新村

长度——强度　程序——情绪　池子——棋子　迟到——齐到
磁盘——棋盘　磁石——其实　刺猬——气味　名词——名气
闪光——散光　商业——桑叶　诗人——私人　师长——司长
少数——小数　师生——牺牲　诗词——稀奇　舒心——虚心

②分清 n 和 l。

浓重——隆重　廉价——年假　恼怒——老路　流连——流年
男女——褴褛　南宁——兰陵　一年——一连　连连——年年

③分清 f，h，k，t。

花市——发誓　荤菜——分菜　欢欣——翻新　开荒——开方（粤）
会址——废纸　下回——下肥　华丽——乏力　缓冲——反冲（客）
方糖——荒唐　发生——花生　舅父——救护　分辨——婚变（闽）
苦头——斧头　衣裤——依附　国库——国父　宽心——翻新（粤）
考试——好事　烤鸭——好鸭　空洞——轰动　大口——大吼（粤）

④注意 r 的读法。

燃料——颜料——蓝料　染色——眼色——览色　仍旧——营救——棱旧

干扰——干咬——干老　热饭——夜饭——乐饭　日本——译本——乐本

（2）韵母训练。

①注意 ü、er 的读法。

如果——雨果　儒家——渔家　长处——常去　主持——举旗
拒绝——季节　严峻——严禁　旅程——里程　全面——前面
权力——潜力　健全——见前　学会——协会　名誉——名义
而、儿、尔、耳、二

②前鼻音和后鼻音。

担心——当心　反问——访问　烂漫——浪漫　山口——伤口
陈旧——成就　瓜分——刮风　申明——声明　审视——省市
人民——人名　辛勤——心情　信服——幸福　金星——精心
减法——讲法　签名——枪名　美慕——项目　延长——扬长
船头——床头　感官——感光　环球——黄球　机关——激光
春联——冲凉　混蛋——红蛋　轮船——龙船

(3) 声调训练。

①变调。

上声变调：摆脱　火车　祖国　旅行　土地　感谢

　　　　　首长　粉笔　减少　领导　母语　旅馆

　　　　　奶奶　姐姐　耳朵　马虎　伙计　口袋　瞧瞧　想想

　　　　　展览馆　水彩笔　党小组　纸老虎

"一""不"的变调：一般　一边　一天　一些

　　　　　　　　一连　一时　一同　一直

　　　　　　　　一起　一体　一早　一手

　　　　　　　　一定　一度　一半　一共

　　　　　　　　不黑　不白　不想　不去

　　　　　　　　不必　不错　不要　不但

②轻声。

妈妈　爷爷　奶奶　爸爸

③儿化。

直接加儿化：那儿　一下儿　山坡儿　干活儿　弹壳儿　小猫儿　土豆儿　小妞儿

去掉韵尾 i 和 n、ng 后儿化：瓶盖儿　名牌儿　一块儿　小孩儿

　　　　　　　　　　　　　腰板儿　脸蛋儿　好玩儿　饭馆儿

（后鼻音韵尾去掉后，元音鼻化再儿化）帮忙儿　像样儿　赶趟儿　蛋黄儿

i 和 ü 后面加 er：小鸡儿　玩意儿　底儿　豆腐皮儿　有趣儿　金鱼儿

　　　　　　　　毛驴儿　有劲儿　花瓶儿　眼镜儿　一个劲儿　合群儿　围裙儿

zi、ci、si、zhi、chi、shi 儿化时主要元音变 [ə] 再儿化：台词儿　枪子儿、果汁儿、有事儿

④词语的轻重音。

中—重　中—次轻—重　中—次轻—中—重　重—轻

儿童　　现代化　　　　轻描淡写　　　　窗户

资料来源：赵保顺. 普通话语音训练材料（普通话水平测试辅导课用）. 人人网"人人分享"

51

（二）针对性

针对性，指的是幼儿教师在一日教育活动中，应当根据不同的教育内容、学习材料或学习环境以及不同水平、不同特点或不同年龄的幼儿，运用不同的语言，即因材施教。教师语言的选择和运用必须考虑幼儿现有的语言接受能力，力求"因人用语"。例如，面对不同年龄、不同接受能力的幼儿时，教师使用的语言就应该体现出特定的差异性。对刚入园和小班的幼儿使用温和、儿童化的语言，对中班和大班的幼儿使用亲切、规范化的语言；对接受能力较强的幼儿多使用肯定性、褒奖性的语言，对接受能力较差的幼儿则多使用鼓励性、包容性的语言等。总之，对不同的幼儿，教师应采用具有有针对性的语言表达形式，力求使每名幼儿在其原有水平的基础上得到发展。

【思考与练习】

1. 目标解读：针对不同幼儿、不同情境，运用教师语言。

2. 情境假设：淘淘是个顽皮的孩子，上课注意力不集中，针对这种情况，教师应该运用怎样的语言使淘淘集中注意力？

3. 知识要点：教师与幼儿语言交流的针对性要求。

4. 案例解读。

文文是一名刚入园不久的小朋友，每次来园的时候都会哭闹。教师拿出一只玩具熊，对哭泣的文文说："看我的小熊可爱吗？它还会翻跟头，不过它只表演给不哭的孩子看噢！"教师模仿小熊说话："小朋友，你好啊，你不哭我就翻跟头了，我还会跳舞呢，你想看吗？"

资料来源：黑龙江幼儿师范高等专科学校附属幼儿园教师高敏

点评：面对年龄幼小、入园时间短、对幼儿园生活陌生的文文，教师采用了具有针对性的语言，转移了幼儿的注意力，使幼儿不再哭闹。

5. 拓展阅读。

比较内向、较为敏感、心理承受能力较差的幼儿，教师应更多地采用亲切的语调、关怀的语气对他们说话，以消除幼儿紧张的心理，如："没关系，我和你一起来做这件事，不会的话我教你！"对反应较慢的幼儿，教师要有耐心，在语速上要适当地放慢一些，如："你能听清我的要求吗？如果能的话，请点一点头。"对脾气较急的幼儿，教师的语调要显得沉稳，语速适中，使幼儿的急躁情绪得以缓和，如："别着急，后面的小朋友还没有跟上来，我们等一等他们好吗？"对刚入园的小班幼儿要多使用些儿童化、拟人化的语言，将一些无生命的东西赋予生命来吸引幼儿的注意。而对于略大一些的中、大班幼儿则要注意语言的坚定和亲切，使幼儿感到教师的话是经过思考的，不是随随便便说的，是值得听的，如："我觉得我们大班的小朋友越来越能干了，能帮老师做很多事情，我真为你们感到骄傲，那你能回家帮助妈妈做事吗？我希望你们的妈妈也为你感到骄傲！"

资料来源：幼儿教师语言9技巧要牢记. 中国婴幼儿教育网，有删改

（三）启发性

启发性，指教师的语言能够诱发幼儿思考并让他们有所领悟。高明的教师并不直接把知识灌输给学生，而是用诱导性的教学语言启发学生求知的欲望，充分调动学生学习的自觉性、积极性，使得学生能够主动地学习，以达成对所学知识的理解和掌握。有针对性的提问、机智的点拨、诱发联想的讲述，都是教师运用语言启发和诱导幼儿自主学习的有效方式，体现了"幼儿是学习主体"的教育要求。教师口语的启发性建立在幼儿学习、反馈的基础上，教师从幼儿的一举一动中透视他们的理解程度，审时度势地循循善诱，从而开阔幼儿的思维，发展幼儿的智力。在实际教学中，教师应作为教学的主导随时注意开启幼儿的思路，启发幼儿开动脑筋、积极思考、发现问题，逐步提高幼儿分析问题、解决问题的能力，使幼儿获得掌握知识、发展能力、提升创造力的全面发展。

【思考与练习】

1. 目标解读：教师以启发性的语言引导幼儿思考，使教学活动顺利开展。

2. 情境假设：在教学活动"会变的影子"中，教师如何使用语言启发幼儿思考影子是怎样产生的、影子有什么特点？

3. 知识要点：教师与幼儿语言交流的启发性要求。

4. 案例解读。

在活动中，教师提供装有水的大盆子、积木、铁制品、玻璃球、树叶、空瓶、海绵等材料，让幼儿通过操作、观察，探索物体的沉浮。教师说："这是一个很有趣的实验，你们把它们一个一个放到水里，就会知道哪些是浮在水面上、哪些是沉下去的。"当幼儿把这些材料一一放进盆里后，开始叫："老师，玻璃球沉下去了。""瓶子浮在水面上，积木也是浮在水面上。"

教师又提出疑问："想一想，怎样让瓶子和积木也沉下去呢？又怎样让玻璃球浮在水面上呢？"幼儿马上开始想办法操作，有的用手按空瓶子，空瓶子就沉下去了，但一松手，发现空瓶子又浮起来。有的用铁压住瓶子，反复几次后，寻求教师的帮助，教师说："为什么它会浮起来呢？"幼儿回答："因为它太轻了。"教师又问："怎么让它变重呢？"幼儿马上想到在瓶子里装水，再放进盆里，看到瓶子时沉时浮，幼儿显得特别开心。幼儿又继续往里面装满水，瓶子慢慢地沉下去。整个过程中，幼儿反复地、专心致志地在操作，从中发现了道理。

资料来源：浅谈幼儿教师的语言引导. 中国学前教育研究会网站

点评：教师的语言诱发幼儿思考并让他们有所领悟，幼儿在教师的启发引导下，顺着教师的语言逻辑和思维顺序，一步步地操作探索，寻求答案，获得经验，从而既增长了知识、又发展了智力。

5. 拓展阅读。

教师常用启发性语言示例

（1）你们看到的××是什么样子的？

（2）你发现了什么问题呢？

（3）你真棒！已经找到了一种办法，再试试，还有其他办法吗？

（4）××给我们带来了一些不便，那××有好处吗？它能帮我们做什么呢？

（5）请你想一想，还可以怎么唱让这首歌变得更好听呢？

（6）请你们用每种材料都试一试，看看哪种材料做出的效果最好？

（7）这是什么？它是用来做什么的？

资料来源：用启发性语言帮幼儿学会提问. 九叶网

（四）情感性

情感性，指教师的语言应当充满情感的色彩。在幼儿教育过程中，教师的主要任务不是传授知识，而是通过与幼儿之间的接触达到心灵和情感方面的沟通、交流。教师要发挥好主导地位，就要学会在教学过程中合理地运用情感性教学语言来感染幼儿，引起他们内心世界的共鸣，使他们对幼儿园生活、学习产生浓厚的兴趣。教师语言的情感性主要表现在两个方面：一方面，教师通过语言将活动内容、活动过程中的情感因素传达给幼儿，让幼儿充分体会这些情感，从而在活动中获得乐趣和情感的满足；另一方面，教师在与幼儿的交流中，所使用的语言直接体现出情感的色彩，以表达教师对幼儿的尊重、关爱等。教育教学语言，是一门要求教师善于选择和使用富有审美价值的语言与幼儿进行各种交流沟通的艺术。教师只有真正地把情感融入教育教学活动中，才能使幼儿保持旺盛、好学的情绪，在轻松、愉快的氛围中学习和成长。

【思考与练习】

1. 目标解读：教师使用情感性语言感染幼儿。

2. 情境假设：小班的文文每次吃饭都把衣服和桌面、地面弄脏，教师应该使用怎样的语言使文文做到卫生就餐？

3. 知识要点：教师与幼儿语言交流的情感性要求。

4. 案例解读。

小班幼儿偶尔尿裤子是很正常的，但有些幼儿尿了裤子不愿意告诉老师，怕老师说"你怎么会尿裤子"，班上的其他小朋友笑话自己，被大家笑话多没"面子"呀，所以只有自己忍着。如果我们能多为幼儿考虑一下，照顾幼儿的感受，蹲下来亲切地、轻声地说一句"没关系，我们悄悄地去休息室换上干净的裤子。放心吧，我会替你保密的，小朋友们不会发现的"，我想这样幼儿就不会有顾虑了，不仅如此，他们还会对老师产生亲切感和信任感。

资料来源：黑龙江幼儿师范高等专科学校附属幼儿园教师范丽娜

点评：教师的语言中透露出对幼儿浓浓的关爱，这是情感性语言的突出特点，严厉的责骂只会让幼儿心里蒙上阴影，教育作用也无法实现了。

5. 拓展阅读。

教师情感性语言示例

在以往的教学中，我们常常会说这样的话，"请坐好""请你跟我这样做"等。在这里，教师是作为指挥者的身份出现的。而作为幼儿学习活动的支持者、合作者、引导者的教师，应视幼儿为平等的合作伙伴，应常以商量的口吻和讨论的方式指导幼儿的活动，支持幼儿的探索。比如，当幼儿不愿意帮老师收玩具时，我们可以说："你可以帮我一下吗？"以此来得到幼儿的帮助，锻炼幼儿，而不能以命令的口气说："快点，帮老师收玩具！"当幼儿在美工角活动时，为了防止幼儿乱扔纸屑，我们可以委婉地提醒幼儿："你们需要一个垃圾筐吗？"这样幼儿就会清楚地意识到要把纸屑扔到垃圾筐里，而不能扔在地上，但如果直接说"不许把纸扔在地上"则很难达到预想的效果。所以，我们应常说"你好""请""没关系""能不能""我们一起来好吗""你说应该怎样呢""你先试试看，如果需要帮忙就叫我""你可以帮我一下吗"等。

资料来源：幼儿教师语言9技巧要牢记．中国婴幼儿教育网，有删改

（五）激励性

激励，是根据人的需要激发人的动机的心理过程。教师语言的激励性指的是通过肯定、赞许、表扬等方式，激发、鼓励幼儿不断进取的特性。在幼儿教育的过程中，很多时候教师的语言往往带有严厉、命令的意味，幼儿只是被动地接受，好奇好问的天性被压制、打击。实际上，教师语言的艺术不仅仅在于知识、本领的传授，激发、唤醒幼儿求知的欲望和奋发向上的激情才是幼儿教育的关键。激励和赞赏是幼儿学习、发展的重要前提，当幼儿遇到问题不能正确解决、遇到困难信心不足时，教师应当大力发挥语言的激励作用，用积极的语言引导、鼓励并帮助幼儿面对问题、解决问题。幼儿处在快速成长的阶段，可塑性极强，教师要注意了解幼儿的每一个优点，发现幼儿的每一点进步，加以语言上的肯定和赞扬，激发、鼓励幼儿不断进步，这样，幼儿的自信心就会在不断激励、不断成功的过程中树立起来。教师语言的激励性对幼儿来说是一种积极、正面的支持性力量，是幼儿身心发展的强大动力。在教师的言语激励下，幼儿将不断进步、健康成长。

【思考与练习】

1. 目标解读：教师使用激励性的语言鼓励幼儿、促进幼儿成长。

2. 情境假设：淘淘刚学会系鞋带，但是鞋带总是系得很松，有几次走路还绊倒了，教师应该使用什么样的语言来安抚淘淘、鼓励淘淘？

3. 知识要点：教师与幼儿语言交流的激励性要求。

4. 案例解读。

在进行科学活动时，经常会有幼儿不敢自己动手操作，总想依赖教师，这时教师就可以说"你去尝试一下，失败了也没关系呀""你试试看""再想想，就能想出来了""这件事应该难不倒你的"等这样的语言来激励幼儿，这些语言对即将失去信心的幼儿来说，无疑是一种支持性的力量，可以成为幼儿解决问题的动力，坚定完成任务的信心。当幼儿拥有了自己的发现和看法时，教师也应及时鼓励，不要吝啬"嗯，真不错""你真行""你的想法很特别"等语言。

资料来源：黑龙江幼儿师范高等专科学校附属幼儿园教师范丽娜

点评：鼓励、支持幼儿是幼儿学习和发展的重要前提，当幼儿遇到问题不能正确解决、感到灰心与无望时，教师就要帮助幼儿，用积极的语言引导幼儿去探索。激励性语言能给幼儿极大的鼓舞，并能激发他们进一步表现的欲望。

5. 拓展阅读。

教师激励性语言30则

(1) 你想得真好，为大家开了一个好头！

(2) 你真聪明，想得又快又好。

(3) 别紧张，你的想法挺好，能把想法说清楚吗？

(4) 你理解对了，要是声音再大一些就更好了。

(5) 别着急，再想想，你会想起来的。

(6) 别灰心，下次还有机会，咱们再争取。

(7) 你的想法真好，能不能告诉大家你是怎样想出来的？

(8) 你说得这么好，老师真高兴，当小老师教教小朋友，行吗？

(9) 你读得真好听，再读一遍给大家听，好吗？

(10) 没关系，老师相信你会改正的。

(11) 上次你错了四道题，今天只错了两道题，有进步，再努力一下，下次会全对的。

(12) 谢谢你们，给我出了这么多题目，有的问题让我想想，再告诉你们，行吗？

(13) 学习的核心是思考，小朋友们都学会了思考，老师真是太高兴了。

(14) 这个故事小朋友们想不想表演一下？

(15) ××小朋友说得非常好，请坐。

(16) 小朋友们真聪明，学得这么快！

(17) ××小朋友请坐，大家还有不同意见吗？

(18) 刚才小朋友们讨论得非常认真，大家学会了交流，老师真高兴。

(19) ××小朋友真了不起，能提出这样有创意的问题！

(20) ××小朋友真了不起，这是一个重大发现。

(21) 这个问题比较难回答，××小朋友请坐，谁来帮帮他？

(22) 在这个问题上，你可以当老师了！

(23) 我们班的小朋友知识真丰富。

(24) 你真棒，老师真希望每次活动都能听到你的发言。

（25）找到答案的小朋友请举手，看谁最勇敢。

（26）老师还有一个问题，大家帮帮老师好吗？

（27）刚才的两个小朋友很勇敢，谁还敢挑战他们？

（28）小朋友们帮老师解决了这个难题，谢谢你们。

（29）××小朋友读音准确，声音洪亮。大家掌声鼓励。

（30）你这节课发言了好几次，看得出来你是个善于思考的好孩子。

资料来源：教师激励性语言30则．豆丁网

（六）形象性

形象性，是指表达要直观可感，通过生动的描绘或叙述引起听者的回忆或再造想象。幼儿教师所面对的是生活经验贫乏、语言水平较低的幼儿，幼儿思维的特点决定了他们更容易理解和接受直观、生动、具体的教育影响。这就要求教师的语言必须具有形象性，善于运用语言创造直观形象，帮助幼儿理解和感知各种抽象的事物、词语、概念等。巧妙地运用语言艺术，把深奥的道理形象化，把抽象的事物具体化，能够使幼儿的好奇心得到满足，思维能力和求知欲得以激发。在教学活动的过程中，教师可采用讲故事、举例子、编谜语、做游戏、模仿表演等方式增加教学语言的形象性。有趣的故事情节，鲜明、突出的人物形象，形象、生动的学习内容，教师丰富的面部表情，都能吸引幼儿的注意，唤起幼儿的求知欲望，创设生动的学习情境，使教学活动顺利开展并充满活力。

【思考与练习】

1．目标解读：教师语言形象，配合教学活动顺利开展。

2．情境假设：在语言领域教学活动"泥娃娃"中，教师如何模仿泥娃娃的声音与说话特点，使语言生动形象，教学活动顺利开展？

3．知识要点：教师与幼儿语言交流的形象性要求。

4．案例解读。

进行故事教学时，教师讲故事的语言就应该夸张、生动，富有趣味性，比如，用又粗又涩的声音扮演鸭爸爸，用恶狠狠的腔调演绎大灰狼，用阴郁沉闷的怪声表现老巫婆等，这样一个个活生生的角色就把幼儿带入了童话世界，之后的交流、教学也会进行得顺利且充满活力。

资料来源：黑龙江幼儿师范高等专科学校附属幼儿园教师范丽娜

点评：生动形象的语言能够激发幼儿的兴趣，把幼儿潜在的学习积极性充分调动起来，使他们在愉快的气氛中自觉、主动地学习。

5. 拓展阅读。

儿歌《泥娃娃》歌词

泥娃娃，泥娃娃，一个泥娃娃，

她有那鼻子，也有那眉毛，眼睛不会眨。

泥娃娃，泥娃娃，一个泥娃娃，

她有那鼻子，也有那眉毛，嘴巴不说话。

她是个假娃娃，不是个真娃娃，

她没有亲爱的爸爸，也没有妈妈。

泥娃娃，泥娃娃，一个泥娃娃，

我做她爸爸，也做她妈妈，永远爱着她。

资料来源：骆明道作词，梁弘志作曲. 泥娃娃. 搜搜百科网

（七）趣味性

兴趣是人对客观事物的一种积极的认识倾向，它能推动人去探索新的知识，发展新的能力。幼儿的年龄特点决定了他们喜欢生动、有趣的语言，这就要求幼儿教师必须善于运用语言，创造生动、富有趣味性的语言教学模式。新的教育观强调，幼儿教育不是教师教授幼儿学习的活动，而是教师在组织活动中观察了解幼儿，诱发幼儿的积极性、主动性和创造性，激发幼儿学习兴趣的过程。教师的作用不仅在于用语言有意识地提供信息、传递知识，而且还应有目的地影响幼儿的学习和认知活动。富有趣味性的语言能够激发幼儿的兴趣，把幼儿潜在的学习积极性充分调动起来，使他们在愉快的气氛中自觉、主动地学习。教学时，教师应从幼儿活动的实际出发，抓住幼儿的特点，使用生动、有趣、具有感染力、贴近幼儿生活的语言，使课堂充满活力，教学活动得以顺利开展。但在趣味性语言的使用过程中，还应该注意避免两种倾向：趣味性的语言既不能太过"儿童化"，也不能过于"成人化"。教师使用的语言应浅显易懂，但绝不能降低语言的水平，不可过于迁就幼儿语言的使用习惯，只有这样，才能真正发挥趣味性语言的魅力。

【思考与练习】

1. 目标解读：增强教师语言的趣味性，使幼儿在快乐中学习成长。

2. 情境假设：在教学活动"认识各种形状"中，教师在描述图形的过程中如何增强语言的趣味性，引发幼儿学习的兴趣？

3. 知识要点：教师与幼儿语言交流的趣味性要求。

4. 案例解读。

有一次午饭时，幼儿很吵，于是教师说："咦？我们教室里什么时候飞进来那么多小蜜蜂，嗡嗡嗡嗡的，多吵呀！我们快把它们请出去，别打扰我们吃饭了。"幼儿听了都笑了起来，笑过之后便安静吃饭了。

资料来源：黑龙江幼儿师范高等专科学校附属幼儿园教师范丽娜

点评：富有趣味性的语言不仅有助于提高幼儿的自理能力和审美能力，而且可以陶冶幼儿的情操。

5. 拓展阅读。

趣味性语言示例

小班幼儿自理能力比较差，经常将鞋子穿反，在教幼儿穿鞋子分清左右脚时，可以这样告诉幼儿："左边的鞋是鞋爸爸，右边的鞋是鞋妈妈，爸爸和妈妈是一对好朋友，永远不吵架。"在教幼儿叠衣服时，可以告诉幼儿："扣子找扣眼，袖子找袖子，衣服弯弯腰，帽儿点点头。"

资料来源：浅谈幼儿园教师的语言魅力. 育儿网

第二节　常规生活中的沟通与表达

一、迎送幼儿时的语言安抚技巧

迎送是幼儿教师主要的工作内容之一，"迎"是幼儿在幼儿园生活的开始，"送"是幼儿在幼儿园生活的结束。幼儿教师迎送时的语言是教师与幼儿之间重要的信息沟通桥梁、思想感情交流渠道。说话是幼儿生活和学习中最基本、最重要的与人沟通的途径。教师迎送的语言也能在潜移默化中对幼儿的社会交往及思维的发展带来很大的影响。幼儿在离开父母的身边、换了环境、接触不同的人和事物之后，都会有一些担心和恐慌。部分幼儿还会哭闹，有一段不适应期。教师每天适宜的迎送语言能更好地让幼儿适应幼儿园的集体生活，开开心心地来幼儿园，高高兴兴地回家。因此，迎送幼儿时的语言安抚技巧很关键。

（一）热情、真诚的语言

教师应用积极、良好的状态以及热情、真诚的语言把自己的爱表达出来，让幼儿一进入幼儿园就感觉到老师很喜欢自己，从而内心稳定、舒服。在送走幼儿的时候，幼儿教师使用的语言应让幼儿感觉这一天都是快乐的。

（二）亲切、温柔的语言

幼儿教师应从一天的开始就用敞开的怀抱和温柔的坚持来赢得幼儿的心。对于那些哭闹不止而哄劝又不起作用的幼儿，要倾听他的哭诉，不妨把他抱在怀里让他哭一阵儿，这样用不了多久幼儿就会平静下来。这种行为表示教师非常了解幼儿想回家的想法，可让幼儿相信教师会帮助他（她），从而建立对教师的依赖感。

（三）拟人的、富有爱心的语言

幼儿教师可用小鸡小鸭们上幼儿园、互相快乐问好的故事，暗示幼儿别人上幼儿园的时候是高高兴兴的，潜移默化地让幼儿模仿这样的行为模式。

（四）肢体语言安抚

教师与幼儿交流时，可用手轻轻抚摩幼儿的脸、手、头发等，通过肢体的接触让幼儿感觉教师的善意，从而接受教师的关心。教师应主动与幼儿打招呼，如果幼儿不愿意叫老师、打招呼，别强求；要经常抱抱、亲亲他们，消除他们的紧张心理。

【思考与练习】

1. 目标解读：请幼儿教师练习迎送幼儿时的语言安抚技巧，认识到幼儿教师的语言对幼儿的社会交往及思维发展的影响。

2. 情境假设：当幼儿来到幼儿园的时候或从幼儿园离开的时候，幼儿教师应怎样对幼儿进行迎送，有哪些迎送幼儿时的安抚语言技巧？例如，"早上好，××小朋友""看到你真开心"，给幼儿一个小拥抱，或者摸摸幼儿的脑袋，让幼儿感受到你的爱意。教师以和蔼的态度和笑脸迎接幼儿，亲切地摸摸幼儿的头、脸或者抱在怀里亲亲等，都可以使幼儿紧张的情绪得到放松。

3. 知识要点：幼儿教师用积极、良好的状态以及热情、真诚的语言把自己的爱表达出来，理解幼儿想回家的想法，让幼儿相信老师会帮助他，从而建立对老师的依赖感；用拟人化的、富于爱心的语言影响幼儿，适当做一些肢体语言进行安抚。

4. 案例解读。

雷雷刚上幼儿园没多长时间，还不太适应幼儿园的生活，每天家长送他到幼儿园，他都是闷闷不乐的，对于这种情况，作为幼儿教师该怎样处理？怎样才能让雷雷尽快适应幼儿园生活？

资料来源：黑龙江幼儿师范高等专科学校教师于磊

点评：幼儿教师应该给孩子一个很亲切、美好的印象，通过一系列的迎送上的语言安抚技巧，创设美好的迎送语言安抚情境，调动幼儿的积极性，让幼儿潜意识里觉得老师喜欢自己，觉得幼儿园是温暖的，不是令人害怕的、让人紧张的。多去关心每一名幼儿所想的，进入他们的内心，给他们精神上所需要的，让幼儿感受到幼儿园就是他们的家。

5. 拓展阅读。

如何安抚新入园幼儿的情绪

（1）在新生刚入园的时候，给他们找朋友，比如，住在一起的、认识的。如果不认识就让幼儿尽快熟悉认识，介绍他们的姓名，让他们成为朋友。接下来要让他们熟悉老师，告诉他们老师姓什么、是什么老师。每天早上微笑着站在门口接他们，给他们一种亲切感。

（2）熟悉幼儿园环境，了解幼儿园一日生活。带他们参观幼儿园，让他们看看幼儿园的新玩具，看中班和大班幼儿上课、游戏、活动、做操，引发他们的兴趣，吸引他们的注意力。告诉他们来幼儿园要干什么事情，什么时候吃饭、什么时候睡觉、什么时候放学。

（3）对幼儿进行常规训练。从座位、吃饭、上厕所等一些日常的生活习惯入手。新生幼儿由于年龄小，在家基本上生活都不能自理，来到幼儿园后许多事情要自己做容易导致他们哭闹。所以，训练他们简单的常规可以使他们有一种成就感、新鲜感。如给座位、毛巾、杯架贴上标记或照片，先让他们找到标记，然后让他们根据标记找到自己的座位、毛巾、杯子，最后让他们按标记取物品。这样吸引他们的注意力，既训练了常规，又让他们动静交替，转移了他们的视线，从而调动了他们的情绪，达到了稳定的效果。

（4）在生活方面多些耐心与细心。新入园幼儿很多事情都不会做，不会自己吃饭、上厕所、穿衣服、穿鞋子等，这就需要教师在引导他们的同时多些耐心与细心。比如，教他们上厕所，教他们吃饭要不厌其烦，多说多帮助。平时多留意观察适应力差、动手能力差的幼儿。让他们觉得老师与父母一样地关心他们、爱护他们，让他们从心里依赖老师、信任老师。

资料来源：王梦. 如何安抚新入园幼儿的情绪. 惠嘉早教网

二、餐点环节与幼儿的语言沟通技巧

《黄帝内经》云："食饮有节，起居有常，不妄作劳，故能形与神俱，而尽终其天年，度百岁乃去。起居无常，起居无节，故半百而衰也。"健康的生活习惯就是最好的养生方式。在幼儿园中要保证幼儿的健康发展，教师就必须对幼儿的身体发育加以照顾。进餐是幼儿一日生活中不可缺少的环节，培养幼儿良好的进餐习惯可以促进幼儿的身心健康。在餐点环节与幼儿的沟通，不仅是从身体健康角度考虑进餐问题，而且更多的是从促进幼儿身心和谐发展的角度重新认识进餐问题。

幼儿的身体稚嫩，却又处于重要而迅速的发育时期，尤其是神经系统，很多外界的刺激可以直接对幼儿的神经中枢起到相互影响、相互抑制的作用。恰当的餐点时语言沟通技巧，会让幼儿形成与之相应的良好的饮食卫生习惯和规则。目前，不少家长在对子女的教育中存在着重智力开发、轻行为习惯培养的现象，许多幼儿形成了吃饭挑剔、偏食、边吃边玩等不良饮食习惯，进而影响到幼儿的健康成长以及良好个性的培养。

既然幼儿的餐点环节这么重要，那么餐点环节幼儿教师与幼儿的语言沟通技巧需要注意哪些事项呢？

（一）充分尊重幼儿

幼儿虽然年龄小，但是经过后天的影响，已经初步形成了自己的用餐习惯，只不过他们的饮食习惯不一定是正确的。幼儿教师与幼儿进行语言沟通的前提，就是充分地尊重幼儿。教师在语言沟通时不接纳幼儿对食物的偏好，强求幼儿按照成人的进餐方式进食，会在幼儿心里形成潜移默化的心理障碍，不利于他们的健康成长。幼儿教师应先尊重幼儿及其饮食习惯，同时循序渐进地帮助他们改掉挑食、偏食等不良的习惯。

（二）温馨的用餐语言环境

进餐时幼儿的情绪愉快，支配消化腺分泌的神经兴奋就会占优势，消化液分泌增多，可促进食物的消化。因此，在进餐时让幼儿保持良好的情绪至关重要。据有关数据统计，65％的幼儿在进餐时的情绪常处于有时愉快、有时不愉快的状态。引起幼儿进餐时不愉快的原因是多种多样的，其中由于吃过多零食和食物不对胃口带来的影响分别占了 23％和 21％，这也反映了无节制吃零食和偏食对幼儿正常进餐造成的影响；有 13％的家长在孩子进餐时批评、责骂孩子，这是十分不科学的，这样会造成幼儿对用餐的反感。幼儿教师应该根据各个年龄班幼儿自身的特点，合理组织，通过语言的沟通交流使幼儿有良好的用餐情绪。语气温柔，表情自然，亲切地建议他们多吃些清淡可口的饭菜，不要强迫他们吃掉全部的食物。若幼儿长期饭量不大，但精神状态良好，应尊重幼儿本身的意愿，能吃多少就吃多少。

（三）激发幼儿食欲的语言技巧

食物的色、香、味、形等刺激可使人产生条件发射，分泌大量消化液，引发食欲。因此，在每次吃饭前，教师可温柔地向幼儿介绍当天的菜谱，告诉他们吃的是什么、哪些菜有营养，让幼儿闻一闻菜的香味，充分激发幼儿的食欲，同时耐心地讲解挑食的坏处，培养幼儿营养、卫生的用餐习惯。为了保证幼儿吃饭时的良好情绪，教师在幼儿进餐前后不要处理问题或批评幼儿。比如，有的幼儿打了人，做错了事，教师要等他吃完饭再做处理，以免影响幼儿的食欲。教师要保证幼儿进餐时的愉快心情。教师在日常谈话时与幼儿讨论、交流与食品有关的话题，有助于对幼儿进行良好的进餐习惯教育，潜移默化地影响幼儿，帮助他们养成良好的饮食习惯。

【思考与练习】

1. 目标解读：了解餐点环节与幼儿语言沟通的重要性；餐点环节幼儿教师与幼儿语言沟通技巧的注意事项。

2. 情境假设：雷雷吃饭的时候与小朋友打闹，老师批评了他，导致他吃饭时闷闷不乐。作为教师，应当怎么办？

3. 知识要点：幼儿教师学会在餐点环节与幼儿的语言沟通技巧，充分尊重幼儿，努力创设温馨、美好的用餐语言环境，潜移默化地引导幼儿养成正确的用餐习惯，用言语激发幼儿的食欲。

4. 案例解读。

案例（1）

雷雷吃饭时特别贪玩，需要老师不停地督促，教师就有意识地在他盘子里放上一片山楂片，说："山楂片在看你吃饭呢！吃完饭，山楂片奖给你。"结果很有效，他不再磨蹭了，在规定时间内吃完了饭。以后，对于挑食或不专心的孩子教师会用这种方法，有时在桌上放个宝葫芦、小奖品或在盘里放上小钙片、小馒头等，告诉他们吃完了就可以拿，效果真的不错。

资料来源：幼儿进餐习惯的培养. 亿童网"幼儿保育教师"频道

案例（2）

都都是个内向的小男孩，一到吃饭时就更没了激情，餐桌上的任何一种东西都会将他"吸引"，旁人的一些举动也会尽收他的眼底。而且他常常表现出一副自我世界、独自享受的姿态。无论教师在一旁如何劝说，甚至"利诱"都达不到想要的结果。一次"汽车"主题活动中，教师请幼儿将自己的爱车带到幼儿园，并利用一切空余时间尽可能地让幼儿相互交流、探讨。这下都都可被吸引住了，用餐和盥洗完毕的幼儿一个个来到阳台上捧着心爱的车开心地玩着，可都都还没吃完，嘴里含着饭，眼巴巴地望着伙伴们嬉戏的身影。似乎是一个好的教育契机了，教师轻轻地走到他身边，悄悄地问道："宝贝儿，你现在也想和他们一起玩，是吗?"都都看了教师一眼，很用力地点点头，随即眼光又瞟向了窗外。"我有一个好办法，可以让你和他们一起玩。"教师微笑着说。虽然都都的目光仍停留在窗外伙伴手中的车上，但教师的话似乎使他受到了某种触动。教师接着说："再请个朋友来和我一起帮你吧，这样你就可以更快地和小朋友一起去玩车了。这两个朋友都在你的嘴巴里，一个是牙齿，另外一个是你的喉咙哦。"教师趁势喂了他一口："先请牙齿帮帮忙，把这些饭菜都磨碎。"咦，都都的嘴巴竟然开始跟着动了起来。"磨碎了以后，再请你另外一个朋友喉咙帮一下忙，把饭菜都咽下去。"都都又一次照做了，效果似乎还不错。"太棒了，你的两个朋友真厉害，我请小朋友和你的汽车去说一下，让它等着你，你马上就可以陪它玩，对吗?"这下都都马上点了点头。教师和经过身边的一个小朋友耳语了一番后说道："我请小朋友帮你去和小汽车说了，你要继续加油哦。"接着，都都在教师的帮助下逐渐顺利地吃完了他的那份饭菜，虽然在他盥洗后几乎接近要结束活动的时间了，但两位教师沟通后决定再延长几分钟，这短短的几分钟并没有使都都满足，但教师还是捕捉到了他眼中流露出的愉悦之情。"小汽车好玩吗?"教师问。都都以点头表示了肯定。"那好，等下次吃饭的时候再请你的两个朋友来帮你，这样你就能比今天有更多的时间玩小汽车了。让它们早点来，好吗?""好!"这次都都的回答很干脆，教师也更直接地感受到了他的快乐。

资料来源：幼儿进餐习惯的培养. 亿童网"幼儿保育教师"频道

点评：案例一和案例二举出了关于幼儿吃饭耗时原因的具体情况及教师的应对方式，有些幼儿习惯把饭含在嘴巴里不肯吞下去，这也是让许多家长和教师困惑的问题，同样值得我们去关注、研究。

案例（3）

某幼儿园幼儿用餐统计表

现象 年龄班	边吃边玩	边吃边讲话	东张西望
小班	64%	39%	19%
中班	49%	38%	18%
大班	40%	50%	15%

资料来源：幼儿进餐习惯的培养. 亿童网"幼儿保育教师"频道

点评：由表可见，幼儿边吃边玩、东张西望现象到了大班略有好转，这与大班幼儿自我控制能力增强有关，而说话现象到了大班反而增多，这与大班幼儿言语交往的需求有关。小班幼儿中边吃边玩的现象较为突出，尤其是有些幼儿喜欢边吃边看电视，分析其原因，一方面是因为孩子好动的天性，另一方面与家长平时要求不严有关。调查表明，在幼儿园中幼儿出现以上各种表现的百分率都比在家中低，可见这方面行为习惯的培养恰恰是家长易忽视的环节。

案例（4）

现在的孩子们，大多有偏食的习惯，虽然幼儿园请家长注意幼儿饮食营养的全面和均衡等，但收效甚微。为此，我们幼儿园开展了"快乐进餐"活动，用各种方法引导幼儿爱上吃饭。又到了一月一次"自带盒饭"时间了，这次我对幼儿提出的要求是：请带来海的味道和山的味道。孩子们都很奇怪地问："山的味道是什么啊？海到底是什么味道的？"我微笑着看着议论纷纷的孩子们，问道："海里都有什么是能吃的啊？""鱼、螃蟹。""还有海带也是海里的。""我在大连吃过大虾、扇贝和大海螺，可好吃了！""对，大家说的都对，在水里生长的都可以叫海的味道。那山的味道呢？哪些是在陆地上生长的呢？"孩子们这次回答得更加热烈了，"蔬菜是长在地上的。""还有水果，果树不是都长在地上吗？""那牛啊、羊啊、猪啊都生活在地上，它们也是山的味道吗？"我点点头："大家说的都不错，那今天晚上回家和家长讨论一下，我很期待明天你们带来的盒饭，一定要带来山和海的味道啊。"孩子们比我还要兴奋，晚上离园时看见妈妈、爸爸就说起了这件事。我也和家长们说："不要太勉强，不要太奢侈。"家长们很高兴，也非常支持。

第二天，到了"快乐进餐"时间了，我问孩子们："你们带来海的味道和山的味道了吗?""带来了!"孩子们齐声说。我打开壮壮的饭盒，看到了饭盒里黄色的煎鸡蛋、绿色的西蓝花、茶色的鱼松，还有金黄金黄的大虾，五颜六色的，看上去就像一个美丽的花圃。我不禁赞叹地说"真漂亮啊"，看着小朋友们美慕的目光，壮壮自豪地说："我妈妈可会做菜了。"每个人都兴奋地盼着我去看自己的饭盒。我边看边说："呀，紫菜包饭啊，这是什么味道的?""海的味道。""蘑菇炒肉，这是哪里的?""山的味道。"每个被问到的孩子都大声地介绍自己的饭菜是什么，那种自信真是让人感动。

这时，我发现乐乐一个人一声不响地坐在角落里，生怕别人看到她。原来，乐乐的父母工作很忙，只给乐乐做了一个西红柿炒蛋。她见我望着她，委屈得快要哭出来了："高老师，我、我只带来山的味道。"我摸着她的头说："没关系，老师带了。"我把自己带的茄汁鱼夹给了乐乐，小朋友们见状，也都纷纷说："乐乐，我妈妈拌的海带丝，给你。""乐乐，给你我带的炒虾仁，可好吃了。"乐乐看着自己饭盒里越来越多的菜，脸上的笑容甜得让人感到心都要化了。开始吃饭了，孩子们几个人围成一桌，开心地吃了起来，而且没有一个孩子说"讨厌吃海米，不喜欢吃青菜"之类的话，也没有一个孩子有"谁的菜很高级、谁的菜很寒酸"的想法。只要有山和海的味道，孩子们就很高兴，笑着吃着，大家相亲相爱，气氛好极了。

资料来源：黑龙江幼儿师范高等专科学校附属幼儿园教师高敏

点评：这位教师解决幼儿不爱吃饭的问题时，采取了一个有趣的特殊方式，通过"山的味道与海的味道"活动，幼儿了解了大部分饭菜的来源，知道了父母为自己准备食物的心思，幼儿在品尝各种饭菜的同时领悟了团结友爱，也知道了珍惜。教师的语言充满了创造力和新奇感，又不失亲切与关怀，在语言的感染中幼儿的进餐难问题轻而易举地得到了解决。

5. 拓展阅读。

幼儿进餐礼仪

英国家庭教育素有"把餐桌当成课堂"的传统。从孩子上餐桌的第一天起，家长就开始对其进行有形或无形的进餐教育，目的是帮助孩子养成良好的用餐习惯，学会良好的进餐礼仪。我国的大教育家孔子就有"食不言，寝不语"的礼仪之语。

餐桌礼仪：在吃饭的时候，不要大声喧哗或敲打碗筷。长辈入座后，晚辈才可以入座。吃完后，要给长辈打招呼说"我吃完了"，然后才能离开。孩子如果要大小便，一定要悄悄地告诉妈妈，不要在大家面前大声地说"我要撒尿"之类的不文明语。同时，吃饭时不要用手抠牙，如果塞了食物，要悄悄地告诉妈妈，请妈妈帮忙。大一点的孩子要学会使用牙签，并用手捂住牙签剔牙等。

教育措施：

（1）从孩子喜欢的人物着手。

孩子们很喜欢"奥特曼"，都要求衣服、玩具上要有"奥特曼"图案，我们就利用讲故事的时间扮演"奥特曼"，给孩子讲"奥特曼"什么菜都吃，长得又高又壮，不会生病，才能战胜怪兽。孩子们听得非常认真，而且都想像"奥特曼"学习。同时，鼓励孩子之间进行比较，表扬身边什么菜都吃的孩子，告诉孩子老师喜欢这样的小朋友，对他们进行心理暗示。通过比一比谁吃得又快又干净，看看谁是漏嘴巴的小公鸡，监督孩子认真吃饭，保持桌面、地上、身上没有饭菜。并且把有些不喜欢吃的菜故意放在他面前让他闻一闻说："哇，好香呀！"并作出很陶醉、很想吃的样子，告诉他老师最喜欢吃了，同时及时表扬喜欢吃这种菜的孩子，让他对这种菜有强烈的好奇，并愿意尝一尝。

（2）饭前游戏，渲染吃饭氛围。

孩子们都喜欢玩游戏。我们经常在饭前安排游戏"猜猜今天会有什么菜"，猜对了奖励"小星星"。孩子们你一言、我一语说了许多。最后，老师告诉他们今天吃的是营养特别丰富的菜，多吃会长高、变得聪明，看谁吃得又多又香。如果每种菜都吃，老师还会奖励一颗"小星星"，或者可以当小班长等。这样，孩子们的情绪被调动起来，为了得"小星星"或者当小班长，他们往往会勇敢地试着吃一口从来都不吃的菜，并且一次比一次多。

（3）培养幼儿正确的使用餐具习惯和正确的进餐姿势。

通过故事、儿歌、游戏等形式，教幼儿正确使用餐具，学习独立用餐。如选用儿歌："小小勺，真灵便，握在右手中。一手拿勺，一手扶碗，不撒不漏，送到嘴边。"在进餐前，让幼儿念上一遍儿歌，帮助幼儿提高用餐技能。在进餐过程中，对幼儿进行不撒饭粒、爱惜粮食的教育，培养幼儿良好的进餐习惯。教幼儿正确的进餐知识，编进餐小儿歌："右手拿勺，左手扶碗，身体做直，两腿并好，一口饭，一口菜，宝宝吃得好。"

（4）家园配合，进步更快。

每天一顿饭的时间很难真正养成良好的进餐习惯。为了有较好的效果，我利用来园的接送时间给家长介绍幼儿在进餐中的不良习惯和取得的进步，以及偏食、挑食给孩子带来的严重后果，让家长重视，以达到家园同步培养。

（5）少盛多添原则，让孩子有信心。

孩子们看到盛得过满的饭，常常会感到很害怕，生怕吃得慢或吃不下而受到指责，却喜欢自己一次次去添饭，并自豪地说"我吃了两碗、三碗"。因此，教师在给孩子准备第一碗饭时，要根据孩子的胃口盛得量适中，留下机会让孩子自己去添饭，培养孩子吃饭的自信心和动手能力。

根据幼儿年龄的需要量供给相应的食物。注意营养全面，数量充足，食物丰富多样；同时根据幼儿的心理特征，少盛多添，进餐时不宜一次盛饭盛得太多；教育幼儿学会吃一口饭、吃一口菜，不暴饮暴食，要细嚼慢咽。幼儿胃肠道的消化酶和消化液也都有自身的固定量，如果食物量超过这些消化液消化能力的限量，就会打乱胃肠道的节律而影响消化系统的功能，对身体造成危害。

习惯是在不断重复的日常生活中逐渐养成的，不是一朝一夕的事，要始终如一、持之以恒、日复一日地进行训练。同时，家园配合，要求一致，才能取得好的效果。

资料来源：幼儿进餐礼仪. 九叶网博客北大附中河南分校双语幼儿园大三班，有删改

三、户外体育活动中与幼儿的语言交流技巧

《纲要》中明确规定，幼儿园要"开展丰富多彩的户外游戏和体育活动，培养幼儿参加体育活动的兴趣和习惯，增强体质，提高对环境的适应能力"，足以看出幼儿户外活动的重要性。户外活动能让幼儿接触新鲜空气和日光，不仅可以锻炼幼儿的身体，增强幼儿的体质，还可以在活动中培养幼儿不怕困难、团结合作的品质和勇于创新的精神。户外是一个开阔的天地，也是一本很好的教科书。作为一名幼儿教师，应通过恰当的语言交流技巧，保证和提高户外活动的质量，让幼儿接触户外自然，充分体验户外活动的快乐。

（一）言语鼓励幼儿喜爱户外活动

通过幼儿户外活动的开展，幼儿身体的协调性会得以增强。幼儿在户外活动中，经常接触阳光的照射，呼吸新鲜的空气，可增强他们对外界环境的适应能力，增强机体的抵抗能力，促进新陈代谢和生长。在户外活动中，教师扮演的角色不仅是引导者，而且是富有童心的游戏伙伴。对于胆小、不爱动的或动作笨拙的幼儿，应该鼓励或带动他们一起活动；对于需要帮助的幼儿，可以适当地指导。当幼儿出色地完成了活动时，教师可说一句："宝贝，你真棒！"教师尽可能站在幼儿的立场上，透过幼儿的行动去把握幼儿内心的想法，理解幼儿独特的感受方式。

（二）叮嘱幼儿注意安全

户外活动场地较广，幼儿要分散活动，因此保障幼儿的安全是非常重要的问题。教师的视线无法顾及每名幼儿，在活动前要尽可能预计到可能出现的不安全因素，向幼儿耐心讲解、交代活动的规则和有关安全事项，增强他们的自我保护意识。教师还应时刻注意语言提醒，及时纠正幼儿的危险动作，发现问题及时进行必要的安全指导和安全教育。

【思考与练习】

1. 目标解读：培养幼儿教师在户外活动中与幼儿的语言交流技巧。

2. 情境假设：有些孩子看过武侠电影中使用暗器的画面，就找来石头练了起来。这太危险了，我们必须及时制止，同时应注意把孩子的这种好奇心引向正轨。引导孩子用纸折成飞标，让孩子练着玩，孩子会很乐意接受。这样既满足了孩子的兴趣需要，也体现了教师对孩子个性的尊重和培养。

3. 知识要点：幼儿教师语言重点"鼓励＋安全提示"，保障户外活动快乐地进行。

4. 案例解读。

教师正带领幼儿玩游戏，幼儿在教师的带动下玩得特别开心。轮到最后一组游戏了，雷雷愣愣地站在原地一动不动，无论怎么启发他，他就是说不会，又急又气的教师把他拽到了一边，让其他幼儿游戏。到了晚上教师把这件事情诉了雷雷妈妈，他妈妈的回答让教师很是吃惊："我家雷雷特别害怕你。"原来，教师平时对雷雷说话比较严肃。

资料来源：黑龙江幼儿师范高等专科学校教师于磊

点评：工作中，幼儿教师应考虑对不同的幼儿要求也要有所不同，当遇到胆子小的小朋友就要在态度上进行改变，及时地与他们沟通，让幼儿消除对教师的恐惧，这样才能对更好地教育幼儿会有所帮助。

5. 拓展阅读。

体育活动中幼儿教师语言的运用

语言作为人类交流的重要工具，在幼儿教师的教育过程中有着重要的作用。幼儿教师在体育活动教学中的语言不但应有很强的科学性，还应具有趣味性和幽默性。具有这两个特点的语言，可使幼儿顿生情趣，出现愉快情绪，具有消除身心疲劳的作用。体育活动以锻炼、提高幼儿的身体素质为主，但教师的语言起到了相当大的辅助作用。怎样适当地运用好语言来帮助幼儿更好地获得运动成效呢？我的体会是：

(1) 合理运用引导性语言。在教学中，教师应联系实际，用通俗易懂的语言去引导幼儿学习。例如，在学习追逐游戏时，不但要先讲清游戏的方法，还要讲解游戏时要注意的地方，这样引导性的理性教育，能促使幼儿大脑积极思维，有利于提高幼儿学习的积极性。

(2) 多采用表扬性语言。表扬为主，正面教育，是调动幼儿学习积极性的好方法。例如，"这一组站得真神气！""这一组排得最整齐！""这位小朋友回答得很正确！""这位小朋友真勇敢！"……这些简短的表扬性语言，肯定和鼓励了受表扬的幼儿，同时也给其他幼儿树立了良好的榜样，激发了他们的上进心。

(3) 合理采用勉励性语言。以勉励的口气布置任务，可以利用人的自尊心和荣誉感，使潜在的能力得到最大限度的发挥，如对不敢走平衡木的幼儿，教师用勉励的语气说："只要你们大胆走，保持身体平衡，保证会完成。不用怕，我来保护你！"这样，幼儿听了不但乐意练习，而且练习时也没有心理负担。这要比"你们必须给我走过去，不敢走的要罚"的训斥好得多。

(4) 适当采用幽默性的语言。教师的幽默语言对集中幼儿的注意力，活跃课堂气氛，协调师幼关系，改正学习错误，减轻幼儿的心理压力，使其调整情绪、消除疲劳，以及提高幼儿对活动的兴趣，都具有积极的作用。

总之，教师在教学过程中，应努力运用好语言艺术，让幼儿在激励中前进，在引导、启示中醒悟，在提示中明确，在幽默、趣味中发展。这样，一定会收到良好的教学效果。另外，在组织幼儿进行体育活动时，要根据幼儿的年龄层次及具体活动内容，正确选择恰当的语言表达方式，掌握体育活动中语言的特性，将语言艺术与体育活动有力地结合在一起，结合幼儿的兴趣，让他们感受到体育活动的无限快乐，从而积极主动地参加各种体育活动，使体育活动在幼儿园中更好地开展起来！

资料来源：体育活动中幼儿教师语言的运用. 九叶网江苏扬中市三茅中心幼儿园

幼儿自主创新型体育游戏中教师的语言

幼儿自主创新型体育游戏是由教师确定游戏的目标（即锻炼的基本动作），由幼儿商量自主决定游戏的内容、情节、方法和规则（包括材料等）的活动。

教师的语言是个性的表现，是活动中作为信息处理的工具。对于幼儿来说，感受语言是他们接受外界信息最主要的方式。语言指导在幼儿园活动中发生的频率最高，起的作用更大，在教师的指导行为中显得更为重要。教师的语言及驾驭语言的能力，直接影响幼儿在活动中的主动性和教学的有效性，并制约着教师主导作用的发挥，关系到教学的成败。正如夸美纽斯所言，一个动听、清晰地教学的教师，他的声音便像油一样浸入学生的心里，把知识一道带进去。苏霍姆林斯基在谈到教师的素养时也提出，教师的语言素养，在很大程度上决定着学生在课堂上的脑力劳动的效率。

教师的语言从视、听、觉的途径来分，可分为三种：有声语言；动作语言；表情语言。这三者是伴随进行的，对幼儿有视觉的冲击力和听觉的刺激感。在自主创新的体育游戏中，小至对个别幼儿有激励作用，大至能兼控全局，步步接近教育目标之用。

（1）有声语言。在自主创新体育游戏中，教师简明扼要的语言，可直接促进幼儿熟悉、理解动作技能，同时对幼儿创编有提携、引领的作用。

a. 分解动作，帮助理解。学习较难的动作时，一般要进行分解动作教学。在发口令时，要根据分解动作的要求进行，例如，立定跳远的动作口令"前甩后甩向前跳"，可分为两动，所喊的应是"前甩后甩"和"向前跳"，使幼儿能理解动作的整个过程，按口令分解做动作。待动作熟练后，再把动作连起来，以完整的口令喊，这样幼儿就易于掌握完整的动作了。在分解的同时，还可告知该动作的名称，这样更有利于幼儿记忆，以便下次活动中只需一提，幼儿马上就能表现。

b. 正面引导，鼓励促进。当幼儿接受教师的引导语言时，也愿意与教师互动，从而加入活动中。在活动过程中，更要建立其自信和成就，即要给予正面鼓励。幼儿参与活动若能得到支持与鼓励，会乐此不疲，甚至会更勇于尝试，进而获得更多的经验和技巧。在"夹跳沙包"中，幼儿已能较熟练地用双脚夹住沙包，而且个别幼儿在比试着跳起将沙包投远，这在原有基础上加大了难度。教师富有激情地赞许："可真了不起，谁也来试试他们的好玩法？"不少练得快没劲儿的幼儿纷纷尝试并相互较量。还有幼儿创造出了更多高难度动作。

c. 具体问题，引导创编。幼儿自我探索游戏玩法、情节创编时，教师提出适当的问题能激发幼儿自主思考决定。

（a）发散问题，引发兴趣。教师拿出材料问："你想怎么玩？""除了这么玩，还能怎么玩？"可以鼓励幼儿开拓思路，引发多种玩法。在跳的游戏中，教师问："你以前玩过什么跳的游戏？"以此帮助幼儿在原有经验的基础上进行创新。教师把一些器械放在一边，在适当的时候，将幼儿的注意力集中转移："我们可以把这些材料作为游戏中的什么来帮助我们怎么玩呢？"教师提出这些发散性的问题，把"球"抛给幼儿，可使幼儿在游戏中更自主、更投入。

（b）追加问题，理解实质。当幼儿不能及时回应问题时，在自主思考的过程中卡壳了，教师可提出追加的问题，以便帮助其拓宽思路。例如，在"猴子摘水果"游戏中，教师问："我们用什么做苹果呢？"幼儿还没有以物代物的经验和认知，全愣了。教师可再提问："苹果是什么样的？"幼儿说："苹果是圆圆的。""那什么也是圆圆的呢？"幼儿发现周围的雪花片、积木等都是圆圆的。"那可以用它们来代替苹果吗？"有计划地提出这一系列问题，是逐步澄清"我们用什么做苹果"这个问题的过程，慢慢引导幼儿接触到问题的实质。追加问题不宜太长，而应简洁，问题的信息量太大，幼儿会回答得太宽泛，同时也不自信；问题应该措辞简短，这样才易于被注意力不太集中的幼儿接受。

d. 无声沉默，有意等待。当幼儿提出创编情节的具体操作内容时，教师应适时沉默，给予一定的时间，以便让幼儿说完整。同时，有意停顿一下，让幼儿等一等，会使幼儿通过教师的身体语言感觉到教师的自信，而且对接下来教师会做出怎样的答复更加好奇，增加参与活动的兴趣。当教师对幼儿提出的想法把握不大时，停顿一会儿，会使幼儿认识到教师的态度很认真，是真的在同他们一起思考。当需要幼儿集中一起参与观看他人示范并进行评议时，适当的沉默可以使注意力不集中的幼儿集中注意力。但沉默的时间也不宜过长，否则很容易使幼儿的注意力涣散，造成尴尬局面，影响幼儿活动的兴趣、注意力及思维的敏捷性。

e. 必要指令，明确任务。自主、创新要求教师鼓励幼儿情绪上积极活跃，但也要有一定的纪律约束，否则就是"放羊式"游戏。如果要保证每个游戏步骤都能越来越接近教师的预期目标，就需要教师每次都针对之前幼儿活动中出现的问题提一个小要求，这样既能解决问题，又能使幼儿在原有基础上更进一步。因为活动现场较分散，幼儿的注意力主要是在自身活动的过程上。所以，教师提出的指令要求必须完整、简明，更重要的是带有一定的时间规定，如"等一下""接下来""等我说完"，以便幼儿明确教师下面要说的就是即将进行的任务，必须听完才能开始，否则就会出现刚说完一点幼儿就急不可耐地去做的现象。

（2）动作语言。动作语言在活动中可用来增强口头语言的效果。一个恰到好处的动作具有很强的感染力。

a. 动作示范，形象直观。例如，在"扔飞机"游戏中，能力较强的幼儿把飞机投得很远，越玩越开心；而能力较差者虽屡次努力，但飞机都给投成了"倒栽葱"。他们满脸失望，兴趣全无，动作不得要领，超越了他们的能力，使之感到高不可攀，因而缺乏足够的信心，甚至不想继续。于是，教师请能力强的幼儿上前示范，逐步分解动作：先抓住飞机的支架，让飞机头朝前，先身体侧向，然后使劲向前上甩，以此激发幼儿的自信心，幼幼互动，从易到难，从简到繁，从单个动作到连贯动作地学习。或者按照锻炼目标，需要幼儿掌握某种动作技能时，教师可适当地做些示范动作，以有助于幼儿的理解和掌握。如小班的"螃蟹爬"游戏中，幼儿模仿螃蟹钻过拱门的动作质量不高，教师可让幼儿停下来，请一个手着地钻的幼儿示范动作，然后自己又示范一遍要求动作——双手抱膝，缩起身体，双脚着地，钻过拱门——使示范起到一个"镜子"的作用，然后再让幼儿继续练习。这样既可纠正幼儿的错误动作，又能使幼儿明确正确动作的要领和概念，同时对调节课堂气氛、增加教师的威信具有不可低估的作用。

b. 空间引领，清晰明了。幼儿的空间概念能力不强，在游戏中对摆放道具材料没有明确的概念，教师单纯用语言告知怎么摆，并不能使幼儿完全明白；用夸张的动作或画形状或标明大小范围，能更形象直观地提示幼儿。譬如，在"小青蛙捉害虫"的游戏中，幼儿尝试把地垫放置成稻田状，但由于没有实地经验，地垫聚拢形成半圆形，"小青蛙"在跳过稻田后，都挤在一起放不开手脚。教师可用双手在半空划较大的方格形，使幼儿更形象地理解稻田的形状、地垫摆放的方向感及之间的间隔。

c. 打击节奏，生动有趣。当幼儿通过相互学习熟练掌握了某种动作后，为了提高动作难度、频率，促进幼儿的快速反应能力和活跃课堂气氛，以及制止不良行为的延续，教师可以采用击掌来代替哨音和口令。譬如，在"小青蛙捉害虫"游戏中，幼儿已经能随着"一、二、三，往前跳"的口令熟练做动作后，教师可将语言口令转换为拍手口令，短节奏拍三下替代预备口令，第四拍大幅度拍手延长音量替代"往前跳"的口令。这样恰当地运用手势，可以消除活动中一味由教师讲解与示范、幼儿听语言口令单独练的乏味感。运用手势，还可消除因噪声影响语言效果的不良因素。

(3) 表情语言。当幼儿全身心投入活动中时，教师的动作用语和口头用语并不能引起他们的注意，而一个适当的表情就会给幼儿和教师一个巨大的共鸣。在面向全体时，教师的某个表情也会对部分幼儿有所影响，以此可用于兼顾个别。

a. 及时运用，有效调控。幼儿想出的游戏玩法的确有价值时，教师如能不失时机地报以颔首微笑，同时给予赞许的目光，必然能激发他们的自信心，使他们感受到成功的喜悦；面对其他幼儿创造出来的难度较高的新玩法时，有的幼儿会有些许的迟疑、不自信。当他们脸上流露出茫然或畏惧的表情时，教师辅以和蔼、热情的笑脸，投以鼓励、信赖的目光，能一下子拉近师幼间的印象距离，会使幼儿信心百倍、干劲十足。当幼儿在活动中有过失、做出危险举动时，教师给以一个制止的目光和严肃的表情，就等于给一个无声的警告，可在特定的环境下避免一些事态的扩大。

b. 调整角度，保持距离。教师在使用表情语言时要合理调控自己的视角、视域和视线。练习中目光随幼儿的队形变化而变化。集中讲解时的视角应呈正视，这样会使幼儿感到"老师在对我们讲"。至于视域，要保持教师与幼儿之间的良好距离，应使每排或每列不同角度的幼儿都有同感：老师在看着我。教师上课时选择的视线应短而软，可使幼儿感到教师富有诚意，从而对教师产生信赖感，并对接下来的内容产生兴趣。在集中讲解时，我们常会运用的角度是教师与幼儿站在同一个圆圈上，这样教师和每个幼儿都能相互看到，有表情上的交流。

c. 注意时效，把握分寸。表情在体育游戏中具有独特的作用。教师可通过双眸表达自己的内心情感，也可以通过表情"解读"幼儿。但教师在使用表情时，要根据具体情况，把握分寸和度。例如，在个别辅导和纠正错误动作时，切忌长久盯视，这样会使幼儿误解或给幼儿造成心理负担。

在幼儿自主的创新型体育游戏中，教师丰富的语言不仅可以节省时间，减轻幼儿的认知负担，提高效率，而且还能够使幼儿对活动产生浓厚的兴趣和积极的学习动机，也能促进幼儿在活动中更大胆地投入，促使创造性思维得以发展。综合运用精彩的有声语言、恰当的动作和丰富的表情语言并将其穿插于游戏的整个过程中，会刺激幼儿的视听觉系统，引起和保持幼儿大脑皮质的兴奋，增强信息接收系统的摄取动能。当然，也可同时增加幼儿主动学习的时间，使其创新的思维以及交流和探究的空间相对大一些，从客观上保证真实、有效、自主地参与。这样会更有效地提高教学效果，促进目标的顺利完成。

资料来源：幼儿自主创新型体育游戏中教师的语言. 浙江学前教育网"体育教育论文"专题导航

浅谈体育课有效语言的运用

体育课的教学语言应简洁干脆、通俗易懂，这就要求教师有丰富的语言词汇积累和扎实的体育教学基本功。适当的语言提示，往往能够刺激幼儿的练习态度，提高幼儿的练习兴趣，达到好的练习效果。例如，在集体原地踏步的练习中，教师不要一味地用"一、二、一"的口令来指挥幼儿，在长时间的练习中，幼儿会感到很乏味，注意力下降，动作变形，精神状态明显低下；适当地改变一下口令的内容，幼儿会感到新鲜，同时注意力集中，提高完成动作的质量。比如，用这样的口令效果就会完全不同，"一、二、一，目视前方，两臂摆动，两腿抬高，一、二、一"。在耐久跑的练习中，当极点到来的时候，有的幼儿会产生慢走或放弃跑的念头，这时教师就可提示幼儿"注意呼吸"，到冲刺阶段的时候，教师要用鼓励的语言"再快点，就能达到优秀或及格标准了"等，幼儿就会不遗余力地冲过终点，练习效果就会相当明显。例如，在教学齐步走时，配以教学口诀"双臂——摆得好，双腿——抬得高，双眼——向前看，身体——不摇晃"，幼儿既有兴趣学，又能很快地掌握动作要领。在教学中，还可以用热情、明快、富有节奏感的语言来提示幼儿，这种教学语言的"黏性"主要是激励意志。例如，教学快速跑要求幼儿不到终点不减速，我就用"终点在前不放松，努力加油继续冲"来激励幼儿，这样幼儿就会更有力地冲到终点，而不至于出现减速和向上跳的现象。

语言的力量是强大的。诚如刘勰所言："一人之辩，重于九鼎之宝，三寸之舌，强于百万雄师。"语言表达被赋予新的内容和形式，它的社会效应是隐性的，作用是无法估量的。人们时时刻刻都在运用语言进行交际。在体育课堂中，教师运用语言与幼儿交流，目的只有一个：高质量地完成教学任务，让幼儿学会各方面的体育知识和运动技巧。因而，课堂语言的表达只有做到准确、明了、生动、得体，才能使幼儿在理解的基础上产生审美体验，从而乐于接受，这就是体育课堂的艺术所在。它的艺术性表现在美感和幽默感上。教师语言应避免出现"六话"：拖泥带水的废话，华而不实的虚话，模棱两可的混话，枯燥无味的胡话，趣味低级的粗话，陈词滥调的套话。而要做到"九富"：富有针对性，富有教育性，富有情感性，富有启发性，富有逻辑性，富有节奏性，富有精练性，富有时代性，富有幽默性。要把它运用淋漓尽致，还要重视它的"科学性、简明性、形象性、交际性、工具性、贯穿性和艺术性"。

体育课堂语言要想用得得体、恰到好处，教师就得从幼儿的心理特点出发，根据幼儿的心理特征、心理需要，灵活、综合运用体育课堂语言。

资料来源：浅谈体育课有效语言的运用. 九叶网江苏扬中市三茅中心幼儿园

四、幼儿午休时的语言沟通技巧

优质的睡眠可以使神经系统、感觉器官和肌肉得到充分的休息，促进大脑发育、体格生长。每天，在幼儿园中会给幼儿安排2～3个小时的午休时间，此时怎样让幼儿更好地进入梦乡是一门学问。通过语言沟通，引导幼儿又快又静地睡好午觉是非常重要的。

（一）语调轻柔，态度温和

安抚幼儿入睡，可以采取用轻柔的语调讲故事和唱摇篮曲相结合的方式。

幼儿都非常喜欢听故事，男孩子尤其爱听变形金刚、超人等故事，女孩子则喜欢听白雪公主、灰姑娘等故事。教师可以抓住幼儿的特点，和他们协商好每天中午讲两个故事。或者轻唱容易引人入睡的摇篮曲，让幼儿幸福地进入梦乡。等他们睡醒后，教师可以让幼儿相互分享、沟通做的梦，让幼儿有创意表达的机会，并及时肯定他们的表达，把他们的进步告诉家长。如此，一般幼儿在午睡时都能管好自己，很快进入梦乡。

（二）与幼儿达成"口头协议"

教师可以在幼儿午睡时和他们玩拉钩游戏，轻轻走到他们身边小声说几句鼓励的话或给一个承诺，再和他们拉拉钩。

【思考与练习】

1. 目标解读：培养教师在幼儿午休时的语言沟通技巧。

2. 情境假设：有些幼儿可能晚上睡的时间较长，午休时一中午都不睡觉；有些幼儿刚睡下没几分钟就叫着要上卫生间；而有些幼儿不仅自己不睡，还会干扰同伴睡觉；甚至有时天气比较闷热，幼儿难以入眠。针对这些问题，教师一定要重视，幼儿的睡眠质量差，下午活动会没有精神，影响教育教学。教师可以用语言给幼儿创设一个良好的午休环境，如表扬午睡姿势、午睡习惯好的幼儿，告诉幼儿午休是一件非常好的事情，一上午学习、游戏，脑子很累了，需要休息调节，只有睡好了觉，下午活动才有精神，才能学到知识、本领。

3. 知识要点：语调轻柔，态度温和。安抚幼儿入睡，可以采取用轻柔的语调讲故事和唱摇篮曲相结合的方式。与幼儿达成"口头协议"，鼓励幼儿尽早入睡。

4. 案例解读。

宝云是一个乖巧、听话的孩子，年龄比较小，但是各方面能力都不错。可是每次午睡她总是睡不着，老师怎么哄也不行。有时老师陪在她旁边摸摸她的头，拍拍她的身体，看着她闭上眼睛一动不动，感觉上睡着了，可是一走开，她马上又睁开眼睛。

一诺也是一位中午不睡觉的小朋友，每次睡下不到十分钟，就开始叫："老师，我要小便。"小便解了不到五分钟，他又叫："老师，我要小便。"反正叫个没完没了。如果不给他解，他就解在裤子上，然后对老师说："老师，我小便解在裤子上了，给我换一下。"不理他呢！他就一直叫呀叫，吵得大家都醒了。没办法，只好由着他解好大便、解小便。

上面两则案例虽然都说到幼儿不愿意睡觉，但也有不同。宝云不睡觉时不吵闹，只顾自己玩；一诺不睡觉，用各种方法吵个没完没了，最后弄得大家都醒来。于是，我对他们家进行了家访，发现宝云家一般没有午休习惯，导致中午无法按时午睡；但是宝云是个乖巧、听话的孩子，睡不着也不会吵闹。而一诺是个聪明、好动的孩子，在幼儿园里会玩个不停。听她妈妈说，每到晚上一诺就不想睡觉，通常都要到很晚才睡着，早上又不愿意起床，也难怪中午睡不着了。

针对这种情况，教师应为幼儿创设良好的睡眠环境，稳定幼儿的情绪。在管午睡时，教师第一个不能说话，用安详、愉快的情绪感染幼儿。入睡前，放一些优美、平和、舒缓的音乐来缓解幼儿的心情。等大部分幼儿都睡着时，教师可分工合作，进行一对一的爱抚，讲讲故事，做做头部放松，或陪他们一起睡，让他们觉得"妈妈"就在身边。

最后，教师还要认真观察，如果幼儿今天睡了，应该及时表扬，奖励他一个五角星或一颗糖什么的。因为表扬是对幼儿好的思想和行为给予肯定的评价，其目的是使受表扬的幼儿明确自己的优点和长处，并进一步巩固和发扬，它是一种积极的强化，是调动幼儿积极表现的重要手段。心理学研究表明，对人的良好思想和行为作出肯定的评价，能使人产生愉快的情感体验，使之受到鼓舞，焕发出更大的积极性，从而激发出追求新目标、新成功的强烈要求和愿望。表扬不仅影响着受表扬者，还会教育其他幼儿。因此，我们要善于运用表扬。

经过教师的努力和家长的配合，现在我们班幼儿的午睡情况总体不错，宝云每天都能睡上一小时左右，一诺一个星期能睡上三四次。只要教师不懈地努力，家长给予支持与配合，我相信：宝宝们一定会有个很棒的午睡。

资料来源：包华敏. 幼儿午睡. 安康家园网站

5. 拓展阅读。

如何组织幼儿午休

随着夏季的到来，每天中午午休时，幼儿总说说话儿、动动被子，很难入睡，面对此情况，怎样使幼儿尽快地入睡，养成良好的午休习惯呢？我总结了几点经验和大家共同分享。

（1）给幼儿营造良好的午休氛围。

要想让3～5岁的幼儿安静、快速地入睡，我认为首先要给他们营造午休的氛围。例如，午睡前要把窗帘拉下来，把教室的灯关掉，然后告诉他们该午睡了。午睡时该怎么做呢？我们把午睡的要求编成儿歌，每天午睡时让幼儿边说边做：午睡了，脱鞋袜，不打闹，不说话，闭上眼睛快躺下，休息好了精神好，快乐玩耍身体棒。念完儿歌之后，幼儿都安静下来了，教师这时要特别关注很难入睡的幼儿，提醒他们快入睡。在幼儿午睡的这段时间，教师要给幼儿做好榜样，要求幼儿安静，首先教师要安静下来，不训斥幼儿，不和同班的老师讲悄悄话。这样在教师的引导下，幼儿就可慢慢入睡，每天坚持这样做，时间长了，就形成了良好的午睡习惯。

（2）给幼儿讲故事，让孩子安静入睡。

每个幼儿都喜欢听故事，故事几乎陪伴着他们的整个童年。根据这一特点，我准备了许多幼儿喜欢的故事，到了午睡时间，就给他们讲讲故事，在故事的陪伴下，大部分幼儿都能慢慢地进入梦乡了。

（3）听音乐让幼儿安静地入睡。

幼儿一听到音乐就会情不自禁地动起来，他们在音乐的陪伴下度过了每一天。音乐不仅能使幼儿心情愉快、情绪激动，也能让兴奋中的幼儿慢慢地安静入睡。午休时每天给幼儿讲故事也会有让他们厌烦的时候，于是我就把讲故事改成听音乐。我选了一些能帮助幼儿安静入睡的曲子，如《摇篮曲》《安睡歌》等。播放时音量不太大，在音乐的陪伴下，幼儿就像躺在妈妈的怀里一样，慢慢地就睡着了。

（4）特殊幼儿特殊对待。

每个班都有特别调皮、很难入睡或是没有午睡习惯的幼儿，像这样的小朋友就得特殊对待。我们班的小瑞就是这样的孩子。每天午睡，他躺在床上，不是和旁边的小朋友讲悄悄话，就是不停地动来动去，总是安静不下来。像这样的幼儿，平时要多关心他，跟他交流时给他讲讲午休的好处。一天午睡讲故事时，我特意坐在小瑞的旁边，一边讲故事一边用手轻轻地拍他，让他感受到老师就像妈妈一样在哄他睡觉，慢慢地他就睡着了。

顽皮是孩子的天性，只要我们平时用心去观察他们，多了解他们，用真心去关心他们，总会找到适合他们的教育方法，愿孩子们每天都快乐午睡、健康成长。

资料来源：刘小玲. 如何组织幼儿评估. 镇巴教研网镇巴县育才幼儿园

第三节　幼儿园其他活动中的沟通与表达

一、幼儿园亲子活动中的沟通与表达

幼儿园亲子活动，即家长与幼儿在幼儿园里共同参与的互动式的活动。它以幼儿教师指导、家长与幼儿共同游戏为主要活动形式，强调家长与幼儿的共同参与，强调家长的积极参与，强调幼儿教师、家长与幼儿之间的互动性；强调通过亲子间的互动游戏，让幼儿充分地活动起来，得到科学的指导，并且帮助家长建立融洽的亲子关系和形成正确的教育观念及态度，实现幼儿学习、家长培训的目的，以提高家长科学育儿的水平，成为合格的教育者，从而促使幼儿良好地发展。幼儿园的亲子活动不仅可创造幼儿、家长、幼儿教师一起活动的空间，而且是三者情感交流的主要形式。举办亲子活动，不仅能促进家园合作，还能增进亲子之间的感情，对促进幼儿园教育具有重要作用。

（一）亲子活动中幼儿教师与家长的沟通

首先，沟通要注意语气真诚。例如，"非常感谢各位家长百忙之中抽空参加我们今天的亲子活动，谢谢你们对我们工作的支持!"

其次，简要介绍幼儿教师情况以及幼儿在幼儿园的表现等，诚挚希望家长配合工作。例如，

——为让幼儿能参加晨间活动和不耽误正常的教学活动，希望各位家长尽量让幼儿在规定时间到园。如果因为一些特殊原因迟入园，请您轻声地和幼儿道别、和老师交谈，不要影响其他幼儿的正常活动。

——如果您的孩子在家出现情绪不稳定或身体不适时，请您在送孩子入园时及时告诉老师，以便我们能多关注孩子，避免意外事故的发生。

——在家早晚睡觉穿脱衣服的时候，可以让幼儿自己完成，这样可以让幼儿的自我服务能力得到锻炼。

许多家长太急于让幼儿学到具体的技能，教师一定要给予有针对性的示范、指导，间接引导家长。家长做得不正确的时候，要用耐心的语气及时给予引导、示范，发挥家长的主体性，使他们学会有策略地指导幼儿。可以针对幼儿存在的问题进行个别交谈、家教咨询、家长座谈等。

（二）亲子活动中幼儿教师与幼儿的沟通

在亲子活动中，幼儿教师与幼儿沟通，一定要注意多鼓励，避免一味批评。幼儿在受到教师赞赏、鼓励之后，会因此而更加积极地去努力，会把事情做得更好。例如，教师可说："别怕，你肯定能行!""你是个聪明的孩子!"教师一定要让幼儿保持内心自信的火种。即使幼儿在活动中完成得不好，也要鼓励他们，例如："孩子，你仍然很棒。""你一点儿也不笨。""下次一定会做得非常好的。"

【思考与练习】

1. 目标解读：亲子活动时幼儿教师的沟通与表达技巧训练。

2. 情境假设：雷雷和爸爸一起参加亲子活动，由于雷雷做手工一直做不好，爸爸脸色变得越来越不好，说话声音很大，雷雷觉得心里很委屈，哭了。雷雷的爸爸做得对吗? 作为教师，该如何与家长沟通?

3. 知识要点：教师一定要做好具体的示范、指导，间接引导家长，注意语气真诚。发挥家长的主体性，引导家长学会有策略地指导幼儿。可以针对幼儿存在的问题进行个别交谈、家教咨询、家长座谈等。教师与幼儿沟通，一定要注意多鼓励，避免一味批评。例如，可以说："别怕，你肯定能行！""你是个聪明孩子！""孩子，你仍然很棒。""你一点儿也不笨。""下次一定会做得非常好的。"

4. 案例解读。

在亲子活动中，雷雷和爸爸做游戏，需要雷雷双手抱紧爸爸的脖子，双腿夹紧爸爸的腰，像小袋鼠一样紧紧挂在爸爸的胸前。爸爸弯下腰，双手双脚着地爬行。雷雷总是哭闹，家长也不愿意配合，教师该如何沟通？

资料来源：亲子活动项目. 育儿网"家庭生活亲子互动"

点评：友好的态度很重要，可以感染家长和孩子，使他们感到温暖、亲切。面对教师真诚的微笑、热情的接待，无论多么僵冷的气氛都会被融化。教师要学着换位体验，揣摩家长的心理。在与家长沟通前，最好先想一想家长可能会有怎样的反应，会问哪些问题，会持怎样的态度，并思考合适的应对方略。比如，游戏开始之前先说清楚玩法，出现问题时可先引导家长缓和孩子情绪，稳定游戏，待孩子好转后再参与。

5. 拓展阅读。

亲子教育促幼儿家长和教师一同成长

亲子教育是 20 世纪末期在美国、日本和我国台湾地区等兴起的研究父母与子女关系的一个新兴课题。它以亲缘关系为主要维系基础，以婴幼儿与家长互动游戏为核心内容，全方位开发婴幼儿的运动、语言、认知、情感、创造、社会交往等多种能力，帮助婴幼儿初步完成"自然人"向"社会人"的过渡。亲子教育是家庭教育的深化和发展，是一种特殊的早期教育和社会教育。而亲子活动作为亲子教育的延伸，既指导了家长，又增进了家园联系的力度，对孩子和家长来说，无疑是非常有意义的事情，而幼儿教师也能从活动中受益。我园这三年在开展 3～6 岁亲子活动研究课题以来，从孩子、家长到教师都有了很大的变化，下面就幼儿园亲子活动的开展给幼儿教师带来的变化谈一些自己的粗浅体会。

（1）幼儿园开展亲子活动，让家长走近幼儿园、走近幼儿教师的工作，家园间的沟通和交流多了，心贴近了，共育的氛围更浓了，老师更好开展工作了。

（2）幼儿园开展亲子活动，让家长与家长的距离拉近了、孩子与孩子间的交往多了，家长在自觉的横向比较下，相互讨教"育儿经"，省去了教师过多宣传的时间，而且还能收到事半功倍的效果。

（3）幼儿园开展亲子活动，让教师学会了思考和总结，大大提高了教师的科研能力。

（4）幼儿园开展亲子活动，提高了教师的组织能力，激发了教师主动学习和主动钻研的欲望，教师也更自信了。

（5）幼儿园开展亲子活动，让教师尝试了多种角色的转换，品尝到了活动成功的喜悦和满足，大大减弱了当前教师的一些职业倦怠情绪。

（6）幼儿园开展亲子活动，在幼儿、家长、教师的互动中，增添了浓浓的亲情，这份亲情在幼儿园和教师间蔓延，让教师的地位在不知不觉中得到提升。

（7）幼儿园开展亲子活动，极大地激发了家长参与的积极性和主动性，充分开发了家长资源和社会资源，在家长高兴、幼儿受益的同时，教师也在共同学习和成长。

（8）幼儿园开展亲子活动，使教师间的探讨机会增多，在群策群力的氛围中，增强了集体的凝聚力和共同为幼儿园发展努力的主人翁意识。

资料来源：魏小琴. 亲子教育促幼儿家长和教师一同成长. 豆丁网，有删改

二、节日演出、运动会等中的沟通与表达

每个幼儿园都会在相应的节日组织演出活动或者运动会，尤其是在属于每个孩子的重要节日六一儿童节时。为了欢庆儿童节的到来，大多数幼儿园会提前几个星期、一两个月时间进行积极筹备，此外，在元旦、端午、中秋、圣诞等节日时，幼儿园也会自发组织一些活动，如"主题展示活动""优秀宝宝展示活动""装扮圣诞老爷爷"等。在佳节里看到孩子们欢欣起舞、隆重热闹的演出，无疑会给不寻常的一天增添无限的热闹氛围。那么，在节日演出或者运动会里，教师需要具备哪些语言沟通与表达技巧呢？

幼儿演出活动是为了迎接节日的到来，为节日增添一分喜庆色彩。教师首先可以结合历史背景、民族文化特征，给幼儿讲一些小故事，例如，端午节是为了纪念伟大的爱国诗人屈原，相关典故和向幼儿介绍端午节包粽子、赛龙舟等习俗。首先让幼儿对节日产生兴趣，再在参加排练、演出的过程中，以有声的、无声的等方式将民族文化特色表现出来；同时，幼

儿的精彩演出也可为节日增添其乐融融的喜庆气氛。需要注意的是，在与幼儿讲一些典故或者风俗时，要做到发音准确、清楚，因为幼儿从小养成的语言习惯和发音特点，以后是很难改正的，要让他们从小就规范化地使用语言，防止他们听过以后没有记住，这也是在潜移默化地为将来的口语表达和知识积累奠定基础。

教师说话要充满热情和激情，给演出或者运动会营造热烈、美好的氛围。例如："虽然天气有点冷，但我相信每个小朋友、家长和老师心中都跳动着一团热情的火焰。在这激动人心的日子里，让我们对每个小演员、小运动员致以亲切的问候和良好的祝愿。也请家长不要吝惜您的掌声，在每个节目结束时给予热烈的掌声。"

同时，幼儿在参与排练或者演出时，通过一起活动、共同体验，表达出一样的或不同的情结情感，容易产生共鸣，促发幼儿相互学习、相互配合、相互促进，进而形成友好、愉快、协调的幼儿集体。教师可以告诉幼儿，参加节日演出和运动会是集体凝聚力的重要体现形式之一，希望小演员、小运动员们能在舞台和赛场上充分展现出团结进取、蓬勃向上的精神风貌。

【思考与练习】

1. 目标解读：培养幼儿教师在节日演出、运动会等活动中的沟通与表达能力。

2. 情境假设：六一儿童节时，小班的蕾蕾在唱歌时忘词了，在舞台上不知如何是好，下台后，其他小朋友取笑她，这些小朋友做得对吗？作为教师，该怎样安慰蕾蕾呢？

3. 知识要点：相互配合、相互促进，进而形成友好、愉快、协调的幼儿集体。幼儿教师可以告诉幼儿，参加节日演出和运动会是集体凝聚力的重要体现，希望小演员、小运动员能在舞台和赛场上充分展现出团结进取、蓬勃向上的精神风貌。让幼儿园里的每个小朋友都成为文明的使者，自由地展示自己的风采和创新能力。

4. 案例解读。

"老师，大班的玲玲姐姐穿的裙子好漂亮啊！她们跳的舞蹈真好看！"小班的蕾蕾见到大班的姐姐跳舞的时候，非常羡慕地说道。作为幼儿教师的你，听到蕾蕾这样说，会怎么说呢？

资料来源：黑龙江幼儿师范高等专科学校教师于磊

点评：每个幼儿从内心深处都渴望表现自己，想获得成人的认可。而幼儿园开展的各项节目排练、演出就恰好满足了幼儿的需要，同时，幼儿在排练及演出的过程中，因为相应的动作越来越娴熟，此时，教师更应该及时肯定和引导，促使幼儿的自信心逐渐增强，荣誉感也就会慢慢地在心底生根。

5. 拓展阅读。

幼儿园节日活动的设计与指导策略

对于幼儿园来说，常见的节日活动主要有六一儿童节、国庆节、元旦、中秋节等节日活动和毕业典礼等。与幼儿园活动联系紧密的相关法定节日包括五一国际劳动节、国庆节、元旦、春节、清明节、端午节、中秋节等。非法定节日活动又可以分为国际或国内通行的节假日庆祝与娱乐活动，如六一儿童节、三八妇女节、植树节、教师节、圣诞节、重阳节等节庆活动；国庆、开学典礼、毕业典礼等庆典活动；当地特色的节庆与娱乐活动；以及幼儿园自创的节日，如科技节、环保节等。

幼儿园开展的各类节日活动作为幼儿园重要的课程资源，应充分发挥其多方面的功能。设计和组织节日活动，教师应做好两方面的计划：一是利用常规的集中教育活动以及区角活动、生活活动让幼儿认识与了解节日活动；二是利用节日庆祝的形式让幼儿感受与体验节日。本文重点讨论的是第二个方面。要想设计、组织与指导好幼儿园的各类节日活动，教师要采取多种多样的策略，要了解节日活动的功能。总的来说，幼儿园开展的各类节日活动因其活动内容丰富、形式多样，其功能也表现为多样性。就其基本功能而言，有娱乐、教育、文化等多种功能。

（1）兼顾节日活动的基本功能，不同的节日活动的功能要有所侧重。

①娱乐功能。

幼儿园开展的各类节日活动对儿童来说，是快乐的、幸福的，充满欢歌笑语。这其中又以六一儿童节为最。从六一儿童节设立的初衷来看，娱乐是六一儿童节的根本功能，也是其首要功能。除了一些特别的节日如清明节、重阳节等以外，幼儿园开展的其他各种各样的节日活动，其娱乐功能也是非常明显的。幼儿园开展的各种各样的节日活动，可让儿童在参与活动的过程中身心愉快，充分享受童年的欢乐，释放出童年的天真。

为了助兴，可为参与活动表演或获胜的幼儿适当准备一些小礼品、奖品。而在六一儿童节庆典这样特别的节日活动中，每个幼儿都应当得到一份小礼物，可以是教师或教师与幼儿自制的，也可以是购买但花费很小、意义却比较大的小礼物。

②教育功能。

为了迎接各类节日活动，在其到来的前后一段时间，幼儿园往往安排了多种多样、丰富多彩的活动。以六一儿童节为例，为了庆祝儿童自己的节日，幼儿园组织了"酷酷小童星"（才艺比赛）、"智力大转盘"（智力竞赛）、"今天我最美"（时装秀）、"赶猪"（用棍子赶篮球）等，这些活动又大多是幼儿园日常教育活动的缩影，其教育功能不言而喻。各类节日活动的教育功能体现在多个方面，可以从不同的角度来分，如有德育的、智育的、体育的功能，还有美育和劳动教育等功能；有知识的、能力的、情感的功能；从领域来看，有科学的、艺术的、健康的、社会的、语言等领域的功能。从显性功能与隐性功能来看，既有显性的功能，又有隐性的功能。从积极与消极方面来看，有积极功能，也有因安排不当、考虑不周、未能真正体现以儿童为本等而出现的消极功能。

③文化功能。

文化适应是文化延续、选择与创新的基本过程与条件，具有保存、改革并常常更新人们生活方式的功能。儿童的文化适应有不同的途径，各类节日活动是其中的基本途径。各类节日活动有助于奠定儿童终身文化适应的基础。具有中国特色的各类节日活动因其特有的民族性、历史性、地方性等，而有能力与幼儿园其他教育活动一起推进儿童的文化适应过程。幼儿园开展的各类节日活动作为儿童生活中不可缺少的一部分，已经成为儿童文化的重要组成部分和内容，而六一儿童节更是一种典型的儿童文化。我国地域宽广、民族众多，加之受西方文化的影响，各地区、各民族的各类节日活动还在一定程度上体现了当地的地域特色、民族传统等色彩，因此，幼儿园开展各类节日活动具有传承、创新文化的功能。教师在设计与指导幼儿园的不同节日活动时，要注意其功能有所不同，如"清明节"主要应突出教育功能中的德育功能，六一儿童节要特别突出娱乐功能。即使同一教育功能，不同的节日活动其侧重点也有所不同，如在节日的德育功能方面，国庆节的德育功能主要是爱国主义教育；三八妇女节的活动可以重点结合幼儿的奶奶、妈妈等女性的工作、学习、劳动、生活，开展以感恩长辈、孝敬长辈为内容的活动。因此，在设计和指导幼儿园的节日活动时，要兼顾节日活动的基本功能，把握住不同节日活动的主要功能，并尽量做到不同的节日活动其功能有所侧重。

（2）紧扣节日活动的性质、主题及年龄班特点。

不同的节日活动，其性质和主题有所不同。如"五一"国际劳动节，设计与组织的活动应紧扣"劳动"这个主题；国庆节活动应紧扣"国庆"这个主题；而"清明节"应体现"缅怀先辈或革命烈士"的主题；"重阳节"要体现"敬老""孝顺"的主题。当然，开展这些活动不一定非要用这些比较抽象且严谨的概念、术语，对儿童来说，用一些通俗易懂的话来解释即可。下面列举的三八妇女节"妈妈，我爱你"亲子活动在活动主题和目标的定位方面比较合适（见第88页）。

又如，如果将六一儿童节活动的主题定位在"阳光男孩女孩"，则活动主要以体育运动、健身为主；如果定位于"我能行"，则表演如唱歌、舞蹈、朗诵、绘画等才艺活动要多一些；如果定位于科学探索类的游园活动，则要多安排一些科学小游戏、小制作、小实验活动。

如果幼儿园开展的节日活动没有紧扣节日活动的主题，这样的节日活动就失去了节日活动本身所蕴涵的意义。如国庆节活动，笔者在某幼儿园大班看到他们开展的活动有"我长大了"（展示自己的进步、在家给爸爸妈妈做小帮手）、"幼儿时装秀"（用各种废旧材料制作的，幼儿与父母在家里做好拿到幼儿园来进行专场表演）、"才艺展示比赛"（唱歌、讲故事、跳舞）等，这样的活动与国庆节没有多大联系，如果作为一般的联欢活动、汇报演出活动未尝不可，但作为国庆节的主要活动却不太适宜。据笔者事后的调查了解，因为教师多年来都在开展各种各样的节日活动，同一个节日每年开展的活动又大同小异，教师对这样的活动失去了新鲜感，惰性使然，以至于到了后面，教师随意组织一些活动，就算是某个节日庆祝活动了。

让幼儿初步了解各类节日的来源、象征意义、纪念意义及有关该节日活动的基本常识，是教师开展各类节日活动要达到的基本目标。不同的节日，其来源、象征或纪念意义各不相同，教师要通过多种形式的娱乐活动、教育活动，让幼儿知道相关节日活动的基本常识。对于不同年龄班的幼儿，同样的节日活动，其要求应有所不同。

如庆祝三八妇女节，小班活动可以围绕"了解妈妈的辛苦，关心、体贴妈妈，激发对妈妈的感激之情"目标来进行，主要是情感上的目标。到了大班，除了情感目标外，还要在行动上体现对妈妈的爱，即让幼儿懂得

87

怎样爱妈妈、做一个什么样的孩子妈妈才会更喜欢，这样的要求就进一步了。

三八妇女节"妈妈，我爱你"亲子活动设计方案

活动名称	活动目标	活动内容	注意事项
三八妇女节"妈妈，我爱你"亲子活动	通过活动，了解妈妈的辛苦，关心、体贴妈妈，激发对妈妈的感激之情。	以班级为单位，邀请每位妈妈参加联欢，内容包括妈妈做游戏、谈育儿感受；幼儿为妈妈表演节目、送花、给妈妈喂蛋糕。	

(3) 设计和组织的节日活动形式多样、内容丰富、有创意。

无论是哪种节日活动，其形式都可以多样化，如集中教育活动、游戏活动、生活活动。从内容来看，要注意内容的广泛性。如端午节活动，教师、幼儿和家长可以共同收集有关端午节的儿歌、歌谣等，如"五月五，是端阳；门插艾，香满堂；吃粽子，撒白糖；龙舟下水喜洋洋"；也可以发动幼儿和家长针对端午节（其他节日也可以这样做）自己创编儿歌、歌谣；或者将其他歌曲进行改词，通过念儿歌、唱歌等形式的活动，让幼儿包括教师和家长对节日活动有更多、更深的了解和感受。有条件的幼儿园还可以开展亲子活动"包粽子"游戏——家长与孩子共同包粽子、进行"划龙舟"表演、绘画"我心中的端午节"，以及围绕端午节开展体育活动，参观一些与端午节相关的历史古迹、观看影像资料等。对于幼儿教师来说，每年开展的各类节日活动大同小异，时间长了，次数多了，"炒剩饭"（用以前的活动方案代替）的也多了；对幼儿来说，每个节日活动都是新的，何况今年在过某个节日的时候比去年又长大了一岁，感受也自然不同。所以，教师要和孩子、家长共同策划，把活动开展得更有创意。以六一儿童节为例，除了常规的六一儿童节活动以外，教师还可以组织幼儿过一些特别的六一儿童节活动，如到福利院（孤儿院）、老人院等与孤儿或老人过六一儿童节，或者与城乡贫困家庭小朋友、残疾小朋友、港澳台小朋友乃至海外小朋友结对子，过一个特殊的六一儿童节。

如山东省淄博市直属机关第二幼儿园策划的"大手牵小手，爱心在行动——庆六一爱心义卖活动"就很有特色，让幼儿从小就树立爱心，让爱

心广泛扩散。主要的做法有：

①义卖活动之前，老师和部分家长代表走进山区幼儿园，和山区的孩子进行面对面的交流，切身感受山区孩子的生活；同时，在孩子们中间组织了为期两周的"爱心献给山区伙伴"主题活动，发动家长和孩子一起进行手工制作，为爱心义卖准备相应的图书、玩具。

②六一儿童节前夕，幼儿园组织全体小朋友和家长在市区的广场开展爱心义卖活动。孩子与家长将亲手制作的手工制品和捐出的图书玩具摆上了"爱心义卖摊"。市民及一些政府部门的领导在义卖现场进行了现场义买。为了吸引更多的人参与义买，孩子们纷纷想出"高招"：有的将书法作品现场"拍卖"；有的请义买者签名留念；有的孩子用小喇叭做现场宣传；还有的孩子实行"买四赠一"……

③六一儿童节前一天，幼儿园师生把爱心义卖款和孩子们捐赠的图书、玩具送到山区幼儿园孩子手中，两地的孩子还在现场进行联谊活动。幼儿园还和山区幼儿园结成姊妹园所，计划今后在幼儿、教师之间组织经常性的交流和沟通，共同促进幼教事业的发展。

（4）注重幼儿的全过程参与，活动要面向全体，体现幼儿的主体性。

在开展活动时，教师一般都只会想到要让幼儿参与具体活动的开展过程，但这种参与其实很有限。由于节日活动涉及面广、影响范围较大，在节日活动上要体现幼儿全过程的参与，即从活动的设想、筹备、开展到活动的反馈与评价等过程中，都要体现幼儿的参与，即要注重幼儿的全过程参与，体现幼儿的主体性。

一般来说，有关节日活动的相关资料都很丰富，在设计、组织活动时，不能忽视幼儿的主体地位——让幼儿参与活动的设计。如中秋节时，可以让幼儿回去和父母一起收集与中秋节相关的图片、影像资料、文字资料、实物（如月饼包装盒）、以往庆祝中秋节的纪念照片和录像等；与教师讨论如何过中秋。在活动的组织过程中，幼儿要亲自参与到活动中，而不是活动中的旁观者或看客。通过参与活动的设计、活动过程中的亲身体验、活动后的交流，幼儿对活动的体验与感受会更深刻，收获也更大，开展这样的节日活动，其价值就越大。

如六一儿童节是幼儿自己的节日，毕业典礼对每个大班幼儿来说又是一个很特别的日子，在这样一些节日活动中，每名幼儿都应该享有感受节日快乐和喜悦的权利，教师应深入了解幼儿，挖掘所有幼儿的潜能，为他们提供表现自己长处和获得成功的机会。教师在设计活动的时候要开动脑筋，可以采取幼儿自愿报名和组织幼儿集体参加的形式开展丰富多彩的节日活动。对于舞蹈基本功较好的、动作协调性好的幼儿，可以鼓励其参加舞蹈类节目；对于好动的、喜爱武术和体育运动的男孩，可以提供机会让其参加武术表演；对于喜欢画画的幼儿，可以引导其参加绘画活动；对于平时比较胆小、腼腆的幼儿，可以鼓励他们大胆地为大家表演儿歌、舞蹈、游戏等。

（5）将节日活动的精神渗透、延伸到日常教育活动中去。

从总量来看，一年当中的节日活动数量并不算多，教师应设法将这些活动所体现出的精神、象征意义渗透到日常的教育活动与一日生活当中，扩大节日活动的教育功能，延长节日活动的"寿命"，而不是让节日活动仅仅停留在短暂的、有限的"节日"时间里。

如福建省福州市蓓蕾幼儿园林碧缘老师将三八妇女节所在的这一周定位为"爱妈妈"主题活动周，通过一系列活动，将三八妇女节活动延长为一周，且活动范围从幼儿园扩大到家庭、社区，让幼儿从多角度、多样化、多次数的活动中感受到妈妈的爱，进一步激发幼儿爱妈妈的情感。

三八妇女节主题周的主要活动有：活动一"妈妈，您辛苦了"，主要体验妈妈怀孕时的辛苦，萌发对妈妈的关爱之情；活动二"三八妇女节"（常识）；活动三"歌曲《好妈妈》"，学唱歌曲并表演；活动四"红花送给妈妈"（美工活动）；活动五"庆节日"（亲子活动）。

除了在幼儿园开展这些节日活动外，教师还应发动家长、社区资源，利用园外的节日活动资源来丰富、扩充节日活动的内容和深度。例如，一些社区庆祝国庆节的活动多种多样，有文艺演出、小区建设成果展、社区亲子运动会。又如重阳节，一些社区开展的活动有为老人进行义务健康咨询及体检、与老人联欢、老年时装表演等，幼儿园也可以参与到相应的活动中。节日活动作为幼儿园课程的重要组成部分，教师要予以重视，在设计与指导节日活动时，要深入挖掘节日活动的功能，充分利用这有限的节日资源，使幼儿获得更大的收获。

资料来源：王先达. 幼儿园节日活动的设计与指导策略. 内蒙古教育. 2008（20），有删减

三、突发事件中的沟通与表达

《纲要》指出，幼儿园必须把保护幼儿的生命和促进幼儿的健康放在工作的首位。幼儿园应将保护幼儿的生命安全工作作为重中之重，定期开展各种形式的教育活动，普及突发事故处理常识，宣传安全事故处理理念。因此，在面对一些突发事件时，教师所发挥的作用非常重要。特别是对幼儿而言，由于其行为的自制力和有意性较差，受情绪情感影响更明显，因此在师幼互动中强调情感支持和交流的作用尤为重要。应让幼儿从突发事件中冷静下来，感到被爱、被关注，从而产生信赖感、安全感。

作为幼儿教师，应该在任何突发事件中第一时间安慰幼儿，语言充满关爱，安抚幼儿的情绪，关注幼儿的受伤状况。教师只有关爱幼儿，才能在与幼儿的交往中保持温暖、亲切、关爱的态度，给幼儿以安全感和亲近感，这种安全感和亲近感可使幼儿积极主动地与教师互动，从而增强互动的效果，以充满关爱的语言让幼儿受伤害的程度降低到最小。

【思考与练习】

1. 目标解读：培养幼儿教师在突发事件中与幼儿的沟通能力。

2. 情境假设：小班的文文在穿鞋时不小心侧身摔下了座位，造成耳部擦伤，教师应如何应对这一突发状况，并与文文的家长进行良好的沟通呢？

3. 知识要点：幼儿教师与幼儿交往的时候，不仅仅应注意自身的态度、言行，而且还要与幼儿保持平等的关系。在突发事件发生时，认真倾听幼儿的争论。学会倾听幼儿，通过关切、关爱的语言安抚幼儿，引导其友好交往、团结友爱。

4. 案例解读。

意外事件——以变应变

案例一：在一次户外观察花的活动中，教师正引导幼儿仔细观察花的颜色时，突然一名幼儿喊起来："蝴蝶，蝴蝶，有蝴蝶！"其他幼儿听见喊声都跑过去，争着去看蝴蝶。

案例二：在一次谈话活动中，教室外突然传来了响亮的喇叭声，有的孩子捂住耳朵大叫："闹死了！闹死了！"有的孩子则很快离开座位，夸张地模仿起敲锣、打鼓、吹喇叭的动作，教室里热闹极了，响亮的铜鼓声、喇叭声使谈话活动无法再继续下去。

资料来源：谷秀玲. 谈谈"教师在教学过程中，面对突发事件应如何解决". 内蒙古通辽市2011年初中小学常规学科教师全员远程研修及校本研修网站

第二章　幼儿园常规活动中的沟通与表达

点评：意外事件的特点是突发性，如果不及时处理就很容易造成更大影响，因此，教师要以变应变，及时把事件的影响控制在最小范围和最短时间内。如在"椅子风波"中，教师可以走到该孩子面前，轻轻摸摸孩子的头，说声"没关系，下次小心一点"，并帮助孩子扶起椅子，这时孩子的注意力自然就转移到了老师身上。在案例一中，教师可以采取以变应变法，当看到幼儿都追向蝴蝶时，教师也可跟在后面说："蝴蝶最喜欢花，我们看看蝴蝶飞到了哪些颜色、哪些形状的花上玩耍，喜欢和哪些花交朋友?"这样的提问，既可转移幼儿的兴趣点，又可把活动引回到原来的轨道中。在案例二中，当教室外突然响起响亮的铜鼓声、喇叭声时，教师再要求幼儿继续进行谈话活动既不现实也不可能，这时，教师同样可以采取以变应变的方法，让幼儿跟着音乐做敲锣、打鼓、吹喇叭动作，这样，幼儿会非常积极主动地参与活动，而且能够从中体验到快乐，身心愉悦。

案例三：在一次中班语言活动中，教师正指导幼儿看图讲述。突然，一个孩子不慎从椅子上滑倒在地，椅子随之倒地，发出"嘭"的响声，因为当时有许多家长和老师在听课，教师很紧张，没有采取任何措施，只是继续按计划组织活动。孩子们见老师没说什么，就有意识地把椅子一次次地推倒，教室里顿时响起了一片"嘭嘭"的椅子倒地声，"嘭嘭"声盖过了教师讲课的声音，教学活动再也无法进行下去，教师只好草草收场、结束活动。分析其原因，主要有以下三点：

（1）教师处理突发事件的经验不足。教学中，突然出现椅子倒地发出响声的情况后，教师不能随机应变而是紧张得不知所措，缺乏调控教学过程的能力。

（2）教师对幼儿没有足够的认识。教师不了解幼儿的年龄特点，不知道幼儿具有极大的好奇心和喜欢模仿的特点，当出现第一张椅子倒地的情况时，教师没有及时加以关注，以致出现了后来一发不可收拾的局面。

（3）教师缺乏正确的教育理念。在有老师和家长在场的情况下，任课教师对教学中出现的突发事件不予处理，这说明教师只是把教学活动当成向家长、老师进行汇报的展示或表演活动，关注的是教学活动的计划能否完成，却把教学过程中出现的突发事件看成教学以外"令人头痛和伤脑筋"的事。殊不知，椅子倒地这件事其实隐含着许多的教育契机，可教师没有很好地利用。

资料来源：殷超君. 变"节外生枝"为教育契机——谈如何面对教学过程中的突发事件. 早期教育（教师版），2004（11）

5. 拓展阅读。

探讨教师对幼儿突发性事件应急处理的科学程序

在丰富的幼儿一日生活、游戏活动中，虽说平安、健康、快乐是主旋律，但也难免常伴有突发性事件的发生：头痛、发烧、抽搐、呕吐、肚子痛、撞伤、咬伤、异物入鼻……主班教师如何科学地处理这些突发性事件，非常重要！因为看似平常的突发性事件，如果仅仅依赖于侥幸平安是很不科学的，假若不能科学、及时地予以处理，则完全可能会招致意想不到的更大的安全隐患。例如，万一贻误病情，则可能造成更为严重的生命伤害事故，等等。所以，必须善于积极运用科学发展观来指导幼儿教育工作，尽力对教师、对孩子、对家长预警教育在先，防范在先，才能尽最大限度地消除安全隐患，让"创平安、保质量"成为一句响亮的口号。

（1）一般性幼儿突发性事件应急处理的科学程序。

案例一：一天中午，正值开午餐时间，小顺突然说"老师，我肚子疼"，班主任立即吩咐保育老师带孩子到医务室去看一下。保育老师向主班的配班老师告知了一下后，就带着孩子到医务室，请校医给孩子看病，校医看后的建议是：孩子脸色无异常，先观察一下再说，等午饭吃过后，再来班里看一下孩子。保育老师就带着小顺回到教室，再向班主任和主班的配班老师汇报了校医的处理建议。

反思：作为班主任，对孩子肚子疼能立即引起重视，并及时、主动指导同班教师做好处理工作，非常值得肯定，因为班主任本身的工作职责之一，就是必须承担指导同班教师齐心协力、分工不分家地竭诚做好幼儿的安全呵护工作。还要注意在离园环节，及时向家长汇报、告知，以便提醒家长、引起重视。

案例二：一天上午，教师带着孩子们在草地上自由游戏，小舒突然流鼻血了，班主任立即叫保育老师带去处理一下。保育老师一边让小舒微微仰起头，一边拉着他的手牵回教室。一到教室，保育老师就搬来一把椅子，请小舒靠墙边坐下，仰起头，举起手（左鼻孔流血举右手，右鼻孔流血举左手），再拿了一点洁净的卫生纸，轻轻地塞进他流鼻血的鼻孔。离园前，教师把孩子流鼻血的事件告知小舒的妈妈，他妈妈说他确实会经常流鼻血，医生看过也没什么好办法。

反思：针对小舒突然流鼻血、且流血量挺少的情况，主班的班主任能立即重视，及时让保育老师带去处理一下，且在离园时，又能及时告知家长，其处理程序基本上正确，但最好在保育老师简单处理完毕后，再带到校医处看一下，并可与家长探讨一下有关鼻血如何及时处理的话题。

其实，类似这样一般性的幼儿突发性事件非常常见：肚子有点不舒服；手上或脸上有轻微的抓伤、咬痕；等等。一般由主班老师查询一下，或做简单、必要的处理之后，再尽量及时带孩子到校医处处理一下，必要时还应及时向班主任、家长联系汇报，而且最好在离园环节，及时告知家长事件实情，适当提醒家长应注意孩子的有关安全问题。

（2）紧急幼儿突发性事件应急处理的科学程序。

案例一：一天晨间，刚从走廊做完早操回到教室，保育老师发现瑗瑗在挖鼻孔，走过去一询问，得知她的鼻子里塞进了异物，就立即报告给主班教师，主班教师做了简单的检查后，马上决定立即送医院，随即让保育老师照顾好其他幼儿，电话通知班主任赶来，并及时与其在医院上班的妈妈取得联系，告知孩子妈妈所发生的紧急情况及马上送孩子去医院处理的事项。于是，主班教师抱着孩子坐出租车来到孩子妈妈所在医院，一起送到五官科，医生检查后，感叹道：若此异物再进入鼻腔深处，可能就要动手术了。待取出异物后，老师察看后才知是一颗塑料圆珠子，此时园领导也打来电话询问，教师把主要情况作了简单汇报。在回园路上，教师向孩子仔细询问了解事情发生的经过，一回园，就立即对全班孩子进行了安全事件的随机教育。

事后，主班教师向领导解释了整个突发事件的发生、处理情况，坦承确实因为当时情况紧急，而且考虑到她妈妈在医院工作，所以抱孩子离开幼儿园外出时没有向领导及时汇报。

反思：以现在科学处理观点来分析此案例，的确，按理应分别向家长、领导同时作简单的应急汇报，才符合正常的工作程序，而几位教师的应急具体分工，还可以作进一步的科学探讨。

案例二：一天中午午睡，保育老师无意从文文被子的抖动中发现了异常——文文嘴唇发紫，全身抽搐，就立即抱起他冲下楼，同时紧急告知主班教师，快速抱着孩子冲进幼儿园隔壁的妇幼保健院，送入急诊，而此时，班主任已立即打电话告知其家长、领导，他们也分别先后赶到医院帮着处理。

反思：由于此事发现突然，教师高度重视，反应快速，送救及时，且能及时、准确地告知家长和领导，使应急处理尽力到位，确保了孩子安然无恙，也让孩子的家长感激不已。

案例三：中午午睡时，教师看见涵涵突然爬起来、想哭的样子，以为他想小便，他则哭着说"要吐了"，刚说完，就呕吐起来。教师立即抱起他，冲进卫生间，等他吐完，再让其用开水漱口，并喝一点开水。处理好呕吐后，教师问他身体哪里不舒服，他诉说肚子痛。于是，保育老师立即向主班的班主任报告，而后协商应急处理，联系家长带到医院看病，但家长本人联系不上，只联系上孩子的叔叔，因孩子的妈妈、叔叔均在乡下，一下子赶不回来，其叔叔请老师先带孩子去医院看病。教师当即打电话给校医、领导，当校医赶到察看时，孩子的病情已趋于稳定，校医建议先观察一下，而后，园领导也赶到予以关心、指导。

反思：事后，班里的几位教师也探讨了此次突发性事件应急处理的过程，由于高度重视，这次处理科学、灵活、及时，故家长赶到后，了解了教师的处理过程，也微笑表示满意。

案例四：一天下午户外游戏活动，教师正尽力全神贯注地看护着孩子们兴高采烈地玩大型玩具。突然，保育老师无意间惊恐地看见：小亮一只手抓住滑板外的高护栏杆，另一只手则快速抓住另一根护栏杆，惊险地悬挂在空中，保育老师本能地立即冲上去一把抱住她，再把她轻轻放下。而后，教师既高兴地表扬了她能勇敢自救，又严肃地教育她玩滑梯一定要注意安全，并拍拍她的肩，让她暂停、休息一下。

反思：事后，教师立即向家长、园领导、主班老师、班主任作了汇报，尤其指出该大型玩具高度太高，还不适宜小班幼儿活动，并提醒主班的配班教师，在组织玩滑梯前，应对孩子进行玩滑梯的正面引导性警示教育。

虽说此类突发事件不太常见，但如果教师不重视对幼儿进行预警教育，又没有一定的快速反应应变经验、能力，不懂得及时采取科学的处理程序，就极易发生不堪设想的后果。因此，一旦面对紧急突发性事件，必须高度警醒，快速应变，采取科学的应对措施，力争排除安全隐患，努力确保平安！

正如园内温馨的墙饰语所祈愿："生命诚可贵，安全第一位""人人讲安全，家家保平安""安全是朵幸福花，合家浇灌美如画""幸福是棵树，安全是沃土""把握安全，拥有明天"！由此，教师一旦面对幼儿突发性事件，则必须高度重视，快速及时、科学灵活地予以处理，努力确保孩子平安、健康、快乐地成长！

资料来源：严利华. 探讨教师对幼儿突发性事件应急处理的科学程序. 浙江省龙游县实验幼儿园网站

第二章 幼儿园常规活动中的沟通与表达

幼儿园突发事件的防范与对策

突发性事故是通常发生在人们意料之外的、在瞬间造成人身伤害的或给人身伤害留下隐患的事故，如摔伤、碰伤、挤伤、烫伤、走失、被拐骗等。幼儿期是突发事故发生较频繁的时期，所以《纲要》明确指出，幼儿园必须把保护幼儿的生命和促进幼儿的健康放在工作的首位。

幼儿园里的突发性事故频频发生，意外伤害已成为影响幼儿健康成长的第一杀手。然而，往往这些突发性的事故都是由于成人小小的疏忽而造成的，主要有如下原因。

（1）晨检时，衣袋中的利器未及时收走或是家长在送幼儿进班级后又给了幼儿。例如，有一次，我带孩子们到楼下晨间活动时，发现大班的吴家祥边下楼边拿着一把小刀在楼梯的扶手上敲，我马上制止了他，没收了他的小刀，并问他为什么身上会有小刀，他说是他奶奶买给他的，他知道晨检时会被收走，所以让奶奶在晨检后再偷偷拿给他。

（2）家长没有准确地填好幼儿服药记录，造成保健医生给幼儿服药时，不能很好地核对姓名与剂量。很多家长因为赶着要去上班，也没有跟保健医生讲清楚，胡乱填几下，放下药就走。

（3）递剪刀给幼儿时尖的方向对着幼儿，这样可能会刺伤幼儿。应教幼儿怎样正确地使用剪刀。

（4）热水瓶放在幼儿能碰到的地方。幼儿园很少会有热水瓶，这个事故通常发生在家中，所以家长应该要多注意这一点。

（5）送开水、送饭的路线是幼儿经常活动的地方，要注意防止烫伤幼儿。

（6）幼儿午睡时，教师擅自离开或打瞌睡或干私活。

（7）教师胸前戴了别针或指甲留得太长，可能会扎伤幼儿。

（8）活动前，未检查运动器械及活动场地的平整程度和场地有无不安全障碍物。

（9）活动前未检查幼儿的衣着、鞋带。

（10）每次活动前后及老师交接班时，没有及时清点幼儿人数。

（11）幼儿园的大门没有及时关，导致幼儿私自跑出幼儿园。

（12）课桌椅上的钉子松动脱落，没有及时修理。

（13）建筑物转角处及家具棱角尖硬。

（14）女孩身上的装饰物（如手链上的小铃铛）易入口、鼻、耳。例如，班上来了个插班生巧云，我在介绍新朋友时讲过大家要一起玩，做好朋友，结果当天晚上接到了巧云妈妈的电话，说她回家后一直哭诉耳朵痛，带到医院一检查，有一粒小珠子在耳朵里，还好取出来了，巧云说那颗小珠子是雅真给她的。我当时就在想怎么会有小珠子呢？保健医生早上也没发现谁带了珠子。第二天，我问了雅真才知道她的珠子是衣服上扯下来的，分给了新朋友，巧云没地方放，就放到耳朵里，结果拿不出来了，还不敢跟老师和小朋友讲。

（15）换完接送卡后，家长只顾自己聊天，让幼儿自己玩。例如，有一次，小班非凡的妈妈在与老师换完接送卡后，就让非凡去玩滑梯，自己则和其他家长聊起来了。非凡玩了一会儿看不到妈妈，着急了，以为妈妈先回去了，就边哭边向门口跑去，门卫以为是家长跟小孩闹脾气跑着让非凡追，所以也没在意。过了一会儿，有个家长上来问：怎么会有一个小孩在路上哭啊？叫他上来找老师他也不要。我听了就赶紧去看，结果看到非凡一个人跑了很远，我跑过去抱他回到幼儿园时，他妈妈还在和其他家长聊天呢。

（16）幼儿穿的鞋不合脚。幼儿长得很快，所以衣服、鞋子每年都得换，有的家长希望能穿久一点，所以会买大一点。幼儿穿了大鞋子，走路不方便，经常会跌倒受伤。

（17）女孩子头发上的卡子。有的女孩子头发留得很长，又想跟上潮流，所以家长会给孩子头发上别很多卡子，但是他们却没有注意到卡子上有无螺丝、是否尖锐、是否会弄伤孩子。

（18）将幼儿落在已开消毒灯的寝室里。保育员为了赶时间而没有检查寝室里是否还有人，就开了消毒灯。

（19）电源插头太低，电线老化。一般幼儿园的电源插头都应设在距离地面1.5米以上的地方。

（20）蚊蝇药、消毒液没存放好，幼儿就可能会拿来玩。

除了上面提到的几点以外，还有很多很多。所以在日常生活中，不管是幼儿园的教养员还是家长，都应该时刻注意幼儿身边可能会发生的事故。除了要避免让幼儿受到意外伤害以外，还应教会幼儿自我保护。自我保护能力是一个人在社会中保存个体生命的基本能力之一。为了保证幼儿的身心健康和安全，使幼儿顺利成长，应该加强对他们的自我保护教育，培养和提高幼儿的自我保护能力。具体做法如下：

（1）对幼儿进行安全意识教育。一般，幼儿不知道什么事情能做、什么事情不能做，什么地方能去、什么地方不能去，也不知道什么东西能玩、什么东西不能玩，但对于某些事情，他们偏偏喜欢做一些危险的尝试。有的家长就给幼儿定下了清规戒律，不许做这做那，但不给幼儿做进一步的解释，幼儿不知道不许做的理由，更没有意识到这样做的危险性，他们出于好奇或逆反心理，会继续做一些危险的尝试。所以，家长若要真正说服幼儿，就应该常向幼儿进行一些安全意识教育，通过看电视、听故事以及让幼儿亲眼所见由于不注意安全而导致灾难的事例，丰富幼儿简单的社会经验，进而向他们提出一些安全规则，讲清原因。例如，要求幼儿遵守交通规则，不乱闯红灯；父母不在家时不轻易开门让陌生人进来；不带小刀等危险物品到幼儿园……通过这些教育，幼儿可明白做危险事情的后果，理解家长的限制是对自己的爱护，同时无形中也增强了自我防范意识。

（2）培养幼儿的生活自理能力。由于现在的幼儿大多是独生子女，很多都娇生惯养。家长应注意让幼儿独立面对困难，培养他们的独立自主性，养成良好的生活自理能力，不要事无巨细，处处为幼儿扫除障碍，使幼儿养成依赖心理。例如，可以让幼儿学习穿衣服、系鞋带、叠被子；吃饭时自己剔骨头。家长还应多创设机会，不断提高他们独立解决问题的能力。例如，幼儿拿不到玩具时，家长不要急于帮他把玩具拿到手，而应引导幼儿先自己想办法拿；若经过努力还拿不到时，再有礼貌地请别人帮忙，逐渐使幼儿在劳动实践中建立良好的独立处事习惯，增强生活自理能力。

（3）培养幼儿健康的体魄。由于生活方式的改变，造成了"高楼综合征"，很多家长都不愿意带幼儿到户外去活动，大多关在小小的套房里，致使幼儿缺少锻炼的机会。我们常遇到这样一种情况：关在套房里的一些体弱、内向的幼儿活动时常会碰撞；而平时比较好动、顽皮、身体健壮的幼儿却难以碰伤，对此家长总觉得侥幸。究其原因，其实不然。体弱的幼儿就是因为平时没有活动，所以遇到危险时反应慢、灵活性差、动作不协调，容易受到伤害；而那些顽皮、健壮的幼儿经常锻炼，所以动作灵活，遇到危险时反应快，能采取自救办法，因而受伤害就小。可见，增强幼儿的体质是提高幼儿自护能力的重要途径。平时，家长应带领幼儿到户外加强体育锻炼，以增强幼儿的体质。时间和空间也应该合理安排、动静交替，协调搭配体育活动，以增强幼儿的身体素质，发展他们灵敏、协调的动作，从而有效地避免意外伤害。

（4）培养幼儿灵活机智的应变能力。要保证幼儿的健康和安全，培养幼儿的应变能力也是日常生活中的一项重要教育内容。这些应变能力具体表现在：一是适应周围环境变化的能力，如知道随季节和早晚增减衣服，春天吃预防感冒的药；二是对突如其来事件的灵活处理。幼儿有时候知道要注意安全，但不一定有能力去处理一些较危险的事情，这就需要成人平时有意识地训练幼儿的自救技能。例如，玩耍时不小心擦破皮应马上请求他人的帮助；在商店和父母走散了，可找商店的叔叔、阿姨或警察帮忙等。总之，家长应人为地创设一些问题情境，引导幼儿想出各种自救方法，掌握一些基本的应变能力。

资料来源：幼儿园突发事件的防范与对策．道客巴巴网站

第三章　幼儿园教育教学活动中的沟通与表达

第一节　幼儿教师职业口语概述

一、幼儿教师职业口语的内涵及特点

（一）幼儿教师职业口语的内涵

幼儿教师职业口语，指幼儿教师在进行教学、教育过程中经常使用的行业用语，是用标准的或比较标准的普通话表达符合教育教学要求的教师工作用语。它包括教师在从教过程中使用的教学口语、教育口语，也包括与教育教学工作相关的口语，即向幼儿进行教育教学活动、与幼儿家长的谈话、与同行进行教学研讨等运用的一系列口语表达方式与口语技能和技巧。各行各业由于其职业特点的不同，都有各自的行业用语，教师职业口语就是教师行业的专门用语。

（二）幼儿教师职业口语的特点

语言是一门艺术，教师职业生涯是实践语言这门艺术的最好示范。要做好教师工作，就要掌握教师职业口语的特点，并在教育教学中不断去体会、运用。

1. 规范性。

规范性指教师使用普通话的规范性。教师要使用普通话进行教学、教育活动，这是"国家推广全国通用普通话"的需要。2001 年 1 月 1 日起施行的《中华人民共和国国家通用语言文字法》第十条规定：学校及其他教育机构以普通话和规范汉字为基本的教育教学用语用字。同时，教师的语言要符合现代汉语语法规范。为了保持祖国语言的纯洁与健康，教师应起到示范作用。首先，教师应注意普通话语音规范，说话声音洪亮、吐字清楚、抑扬顿挫、语调自然、语言流畅。声音和语调是口语表达的重要组成部分，处理得好，可以给幼儿美的感受。其次，除了学好普通话语音以外，

还要注意词汇和语法使用的规范性。在教育教学活动中，教师应自觉使用规范词汇，避免方言词及俗语的使用，遣词造句严格按照语法的规定，为幼儿语言体系的形成打好基础。

2. 生动性。

教学和教育的特定对象与特定环境决定了教师职业口语一定要具有生动性，教师口语的生动性会增强教学口语和教育口语的可接受性。教学活动中，教师要以形象生动的语言吸引幼儿的注意力，使教学得以顺利开展，达到教育教学目的。教师口语的生动性表现在两个方面，一是语言形式要新鲜活泼，经常运用比喻、拟人等修辞手法使语言富有表现力和幽默感，切忌用词贫乏、语言呆板、枯燥无味。二是语言内容要生动感人，说理论事、列举实例、分析形象、总结主题都有生动性可言。教师职业口语的生动性是提高教育教学效果的重要保障。

3. 科学性。

科学性是指教师口语能准确无误地反映客观实际，表现出正确的立场观点，所用语言材料必须确切、真实、可靠，从发音到用词、从概念定义的阐述到教学内容的分析、从课堂讲解到释疑，都能达到准确、科学。科学性是进行教育教学的根本，教师口语作为一种专门术语，要求教师要以科学的规律指导教学和教育。教学是传授科学文化知识的载体，决不允许出现知识性的错误，这就强调教师要扎实教学基本功、认真备课，教育方法得当、说话得体，给幼儿以潜移默化的影响，这是教书与育人的结合。

4. 教育性。

教师的职责是教书育人。得以完成教师现实职责的主要手段的教师语言，始终贯穿着教育性。教师口语的教育性不仅体现在语言内容饱含着积极的思想教育和健康的情感滋润，而且体现在语言本身的教育作用上。教师在开口与幼儿讲话时，一刻也不能忘了自己是教师，要时刻做到"心中有人""目中有人"。

5. 可接受性。

可接受性是指教师在使用语言进行教育教学时，应考虑到作为接受者的幼儿的接受能力、思维能力与年龄特点，并且能够根据不同的教育对象运用不同的语言，即因材施教的意思。只有符合了教师职业口语中可接受性的特点，教师在运用语言时才能取得良好的教育教学效果。

二、幼儿教师教学口语的内涵、特点及要求

（一）幼儿教师教学口语的内涵

幼儿教师教学口语是教师在幼儿学习活动中为达到教育目标使用的语言，是幼儿教师的工作用语，是教书育人的重要工具，是幼儿教师职业口语中的重要组成部分；是幼儿教师传递知识技能、表达态度情感时最主要的工具；是教师的教学原则和教学策略最基本的表现。教师根据教学任务，针对特定的学习对象，确定学习内容，按照一定的方法指导幼儿学习，引导幼儿探索与表达。

一般认为，教师口语分两部分内容：一是普通话。教师的口语表达用普通话语音，需要一定的普通话语音基础，普通话水平测试在 80 分（二级乙等）以上，口语教师或语文老师要 87 分（二级甲等）以上。二是教师教学用语，如导入语、讲授语、总结用语、评价用语、结束语等，有专项学习和训练。

（二）幼儿教师教学口语的特点

1. 调控性强。

教学口语受诸多因素的制约，如教学环境（教学场地的大小、人数多少等）、教学内容、幼儿认知能力等。因此，教师应该积极主动地运用教学口语对诸多方面的因素进行调控，根据实际情况恰当运用教学语言，创造出有张有弛、意趣盎然的生动局面。

2. 综合性强。

教学口语是叙述、说明、描述、议论、抒情等多种表达方式的综合运用，这是由教学内容和教学方法的多样性决定的，也是由教育对象的认知心理特点决定的。过多的议论，感到乏味；过多的说明，显得枯燥；单一的叙述，流于平淡；一味的描述，不利于抽象思维。只有将它们综合在一起，才能取得良好的教学效果。

3. 艺术性强。

教学口语应具有艺术性，只有鲜明、生动，才有吸引力、感染力，给人深刻的印象。艺术性的语言可以吸引幼儿更集中注意力，调动幼儿更大的兴趣，增强幼儿学习的主动性与积极性。

4. 激励性强。

幼儿天性活泼好动，认知水平又相当有限，在教学过程中情绪起伏较

大。这就要求教师能够捕捉幼儿学习的闪光点，运用赞美、表扬、激将、鼓励等方式来激励幼儿奋发向上。教学口语的激励性是教师口语艺术中最富有激情、最具教育效果并且在发挥幼儿主体作用中运用最广泛的教学语言。

（三）幼儿教师教学口语的基本要求

1. 音调的愉悦性。

2. 词汇的丰富性。

3. 语言的充实性。

4. 语言的情感性。

5. 语言的精练性。

6. 语言的风趣性。

7. 语言的启发性。

8. 语言的质朴性。

9. 语言的规范性。

10. 语言的清晰性。

11. 语言的直观性。

12. 语言的机敏性。

三、幼儿教师教育口语的内涵、特点及要求

（一）幼儿教师教育口语的内涵

幼儿教师教育口语是指教师在长期教育实践中产生的，在良好的一般口语基础上形成的，符合教育规律，适应教育对象心理特征、语言发展及认识规律的，富有时代气息的从事教育活动的专门用语。它包括教师在报告、讲解、讲演、即兴讲话、个别谈话、评论、辩论等场合所使用的口语。

（二）幼儿教师教育口语的特点

1. 明理启智。

幼儿教师担负着培养幼儿良好品德、行为，发展他们良好个性的重要任务。作为教育手段的口语，它的表达内容和形式都要为这个总任务服务。因此，要求幼儿教师在幼儿教育过程中用到的所有言语都应带有明显的育德明理、发展智力的特性。

2. 简明规范。

幼儿自身的特点要求教师的教育教学用语简洁、通俗、易懂。一节课的时间是有限的，在有限的时间里，教师既要完成教学任务又要保证教学质量，必须简明扼要。语言啰唆、冗长，会影响幼儿的情绪。同时，还要求教师必须使用标准的或比较标准的普通话，遣词造句方面符合现代汉语的习惯规范。

3. 具体鲜明。

教育口语不仅要求教师的语言要符合简明、规范的特点，而且要有形、有声、有色，有动态的感觉、有情感的色彩，能唤起幼儿对具体事物的真切感知，调动他们的各种感官去思维、联想、想象、回忆、行动，从而产生身临其境、如闻其声、如睹其色、如见其人的教学效果。

4. 口语儿童化。

教师的口语应贴近幼儿生活，反映他们的要求，表现他们的情感，符合他们的心理特征。总的来说，幼儿教师的教育口语应富有童心和童趣。在教学过程中，教师应注重幼儿的年龄特点与心理特点，趣化教学内容，以强化教学效果。同时，教师口语的表达形式也应贴近幼儿的喜好，以自然清新的神态、悦耳动听的语音和优美童趣的语句将教育口语的效果发挥到极致。

（三）幼儿教师教育口语的要求

1. 因材施教。

（1）因人施言。

不同的幼儿有不同的性格特征，不同的幼儿集体在兴趣、爱好、行为习惯上往往也表现出不同的风格色彩。在教育过程中，教师应针对不同对象的接受能力和个性心理特征选择不同的教育口语，做到因人施言。例如，幼儿的接受能力有限，教师应尽量运用儿童化的语言，将一些大道理用浅显通俗、饶有趣味的语言表达出来，这就是因人施教的具体方式。

（2）因事施言。

教师的教育活动总是针对幼儿中出现的某种倾向、发生的时间或矛盾而进行的，因此教育口语决不能无的放矢，而应当在对事情本身进行细致分析的基础上，找准问题的症结所在，选择恰当的话语对症下药。因此，教师要根据所要解决的问题与要达到的目的恰当地选择和组织话语。

（3）因时施言。

教师的教育口语不在于多或少，重要的是话要说得切合时机、因时施言。要做到因时施言，教师在日常工作中应注意细致地观察幼儿、了解幼儿，善于抓住幼儿思想转变的契机，因势利导。教育时机一般有三种情况：问题爆发之前，即俗话说的苗头期；问题冲突之中，即高潮期；问题发生之后，即尾声期。教师要善抓苗头，往往苗头期是理想的教育时机。教师应在苗头期与幼儿进行适时的教育谈话，层层递进，取得教育的主动权。

（4）因地施言。

人的感情具有不同的情境性，环境往往会对人的心理产生影响，尤其是脆弱、敏感的幼儿的情绪更易受环境左右。因此，教师在实施教育的过程中必须注意区分不同的谈话场合，采用或严肃、或平和、或诙谐的谈话方式，以使幼儿坦然释怀、心悦诚服。

2. 诱导性。

诱导，即诱发、引导。帮助幼儿获得正确的思想认识并将其转化为具体的行动，是教育活动的根本目的。教师循循善诱，会激起幼儿对教师的信任感、亲切感，从而乐于接受教师所讲的道理。因此，在教育过程中，教师必须根据幼儿的思维习惯，采用灵活多样的语言，在思想上给以点拨、引导，促使其思考，鼓励其行动。

3. 说理性。

教育口语的核心在于一个"理"字。在教育教学活动中，对幼儿的说服、劝导或者批评都要以理服人，启迪、暗示或者褒扬、激励也要以理为据。尤其，当幼儿犯错误时，教师进行批评教育一定要得法，切忌简单粗暴，要循循善诱，以情动人，以理服人。教师对幼儿进行道理说服的同时，还要调动自身的积极情感，包括真诚、信任、关心和爱护等，积极发挥情感效应。

4. 感染性。

感染性是指教师在教育教学过程中，既要晓之以理，同时又要动之以情，即发挥德育教育的重要作用。教师自身崇高的师德、高尚的师品往往能给幼儿以最直接的感受，这种感受一方面可唤起幼儿强烈的情感体验，达到师幼之间的情感共鸣；另一方面能够对幼儿产生潜移默化的影响与熏陶，这正是教育口语感染性的具体体现。

四、态势语的内涵、特点及要求

（一）态势语的内涵

态势语是一种言语辅助形式，指人们在交际中用肢体态势来传递信息、表达感情、表示态度的非言语行为，又称为"体态语言""无声语言"或"非语言信息"。这种肢体态势既可以支持、修饰或否定言语行为，又可以部分代替言语行为，发挥独立表达功能，同时又能表达言语行为难以表达的情感和态度。

态势语表达思想感情有两种情形：一是下意识的表情动作；二是有意识的表情动作。有声语言是课堂教学传递信息的重要工具，但并非唯一方式。教师在运用有声语言进行教学的过程中常常伴随着有意识的手势语、头势语、面势语、眼势语和颈势语言等教学态势语的运用，以达到增强教学效果的目的。美国心理学家艾帕尔·梅拉别思在《怎样识别形体语言》一文中引用了以下公式：信息总效果＝7％的文字＋38％的音调＋55％的面部表情和动作。幼儿处于好动、好模仿的时期，他们无时无刻不在观察模仿教师的一举一动、一言一行，幼儿期的环境教育将影响人的一生。因此，在幼儿园一日活动中，教师要充分重视态势语对于幼儿成长发展的影响，要恰如其分地、讲究艺术地、正确慎重地运用体态语言。

（二）态势语的特点

1. 辅助性。

体态语言与口头语言往往结合使用，体态语言在人们传情达意的过程中，主要起辅助的作用。它的辅助功能：一是可以提高口头表达的生动性；二是可以提高信息传递的准确性；三是可以提高传情达意的明确性。课堂教学体态语言属于教学活动中的非语言因素，即无声语言。它是依附于课堂教学的有声语言，并与之共同构成教师和幼儿传播与交流信息的重要手段、途径。

2. 直观性。

在语言交际中，有声语言传递信息主要是通过说话者的发声器官和听者的听觉器官来实现的，一般不靠视觉的感知。态势语之所以能够辅助有声语言而产生形象、生动的表达效果，主要是因为它具有完全可见的表现形式，以它的动作、姿势、表情等直接作用于人的视觉来传递信息、交流思想，具有直观性的特点。

3. 模糊性。

体态语是在长期的交际活动中由一定的民族或社会成员约定俗成的，它的形式与内容的关系是比较固定的，但不同条件下的运用以及不同对象的理解差异，也会造成意义上的偏差。此外，体态语言通过人的动作和表情传递信息，并通过对方的视觉和理解接受信息、进行思想交流。虽然也有一部分体态语言是明确的，但大部分体态语言表达意思朦胧含蓄、规范性差，不同的人对它有不同的理解，使之有着很大的模糊性。

4. 示意性。

态势语通过表情姿态向听众表示，在所说的话中哪些在意义上或感情上是最重要、最关键的部分。有了态势语的配合，有声语言表达的重点就能够表示得更鲜明、更突出、更生动、更形象。当然，要注意态势语所突出的重点只能落在关键之处，画龙点睛、干脆明确、要而不烦、恰到好处，而不能每句话都配合运用。否则，就会喧宾夺主、适得其反。

5. 示范性。

在教学过程中，教师不仅要使用有声语言让幼儿获取知识，做到"言传"，还要运用无声的体态语，做到"身教"。所谓"学高为师，身正为范"，讲的就是这个道理。示范性是指教师以具体的动作为范例，使幼儿了解所要学习的动作形象、结构、要领的方法。教师正确的体态语言，可以成为幼儿模仿与学习的重要方式。

（三）态势语的要求

非言语行为往往伴随着有声语言，对有声语言起到补充、强调的作用，是保证语言精练、准确、有力的重要手段。在实际教学中，幼儿教师使用态势语时要符合表达的自然、准确、适度、得体等基本要求。教师的手势、眼神、身姿要相互配合且运用自如；姿态动作大方、潇洒、优美，与教学内容、教学语言、师生情感相互协调；慎重运用适合幼儿思维能力与接受能力的体态语言，充分发挥态势语的教学辅助作用。在具体的操作过程中，幼儿教师应围绕情态语言、身势语言、空间语言等三项核心内容因材施教，有效提高教育教学成效。

1. 情态语言。

情态语言是指人脸上各部位动作构成的表情语言。人的面部表情是人的内心世界的"荧光屏"，人的复杂心理活动无一不从面部显现出来。面部的眉毛、眼睛、嘴巴、鼻子、舌头和面部肌肉的综合运用，可以向对方传递自己丰富的心理活动。情态语言作为体态语言中的一项重要因素，对教育教学活动具有很大的影响。据统计，教师的目光与幼儿的视线相接触的时间达到整个教学时间的 70％，就能获得良好的教学效果。教师的面部表情、眼神目光、凝视与微笑都能表现一定的内容与情感，丰富多彩、亲切自然、庄重诚恳、既威严又亲切的情态语言能够产生生动、感人的教育教学效果，更能融洽教师与幼儿之间的情感关系。

（1）头势语。

①点头。基本含义是同意或赞成。

②侧首。表示"感兴趣"和"怀疑"两种意思。

③摇头。表示不同意或不相信。头部呈拨浪鼓式快速摇动，表示坚决的无通融余地的否定。

④鞠躬。主要表现为浅鞠躬，将头部垂下成低首态，然后再抬起来。其含义有二，一是致意，二是表示告别。

（2）面势语。

蕴涵着丰富情感的教师的面孔，常常是幼儿最关注的目标。为此，幼儿教师在使用面势语时，面部表情一要自然，二要适度，三要温和。

①表示感兴趣。眉毛微微上扬，双眼略略张大，一般口部微张，同时嘴角略上翘呈现微微的笑意，以示关心、重视，且含有鼓励、褒扬成分。

②表示满意。眼睛略闭，嘴角上翘浮出微笑，以示鼓励。

③表示亲切。双眼微眯，嘴角微翘，面露微笑。这是师者之表情常态。

④表示赞扬。表示赞扬的面势语和表示满意的面势语同属一类，但前者程度更深些，且常与点头动作联在一起，还常伴有言语行为。

⑤表示询问。眉毛上扬，眼睛略睁大，嘴微微张开。它与表示兴趣的面势语的共同点是"关注"，不同的是要去掉微笑，换成疑惑状。

⑥表示严肃。眉毛微皱，双唇较紧地抿在一起，眼睛略略张大。

⑦表示惊奇。眉毛上扬，睁大双眼，嘴圆张。

（3）眼势语。

俗话说，"眼睛是心灵的窗户"，眼睛所传达的感情有时甚至为声音所不及。幼儿教师的眼睛应该是会说话的，幼儿常常能够在教师的眼神中找到某些答案。教师适当地使用眼势语可以促进幼儿积极思维的发展，引起幼儿爱与恨的情感，在无声的环境中发挥出特殊的教育功能。

①环视。目光在较大范围内作环状扫描。环视可使教师的面部表情显

得自然、灵活。

②注视。目光较长时间地固定于某人或某物。注视辅以不同的视线、视角和不同的表情，可以表达不同的情感。如注视以双眼为底线、以上顶角到前额的三角部位，且直视，配以严肃、认真的面部表情，就会形成严肃注视，让幼儿感到师者严肃、认真、诚恳。如注视以双眼为底线，嘴为下顶角的三角部位，配以自然、亲切的面部表情，就会形成授课注视，形成比较融洽、和谐、自然的气氛。如注视以双眼为底线，下顶角到胸部的三角部位，就会形成亲密注视，给幼儿以一种师者如慈母之感觉。

③盯视。使视线集中在某一范围内，目光不流转，甚至连眼都不眨一下。这种眼势用于事物，可表示强烈的兴趣。

(4) 微笑。

古希腊哲学家苏格拉底说："除了阳光、空气、水和微笑，我们还需要什么呢?"在这位哲学大师的眼里，微笑同生活中的阳光、空气、水分一样重要。微笑是一种令人愉悦的表情，是具有强烈感染力的体态语言。教师的微笑拥有着无穷的教育魅力，不但能够产生一种强大的亲和力，拉近与幼儿间的距离，而且可以激发幼儿的学习兴趣和学习动力。教师的微笑应该是善意的、会意的、发自内心的，而不应该是装出来的、无奈的、痛苦的。在开展教学活动时，教师面带笑容，幼儿就会感到亲切，容易接受教师的教育，教学活动气氛活跃，教学效果好。在德育工作中，教师的微笑是对不良行为的理解和宽容，能够引起幼儿的自我反思和觉醒，是对良好行为的鼓励和赞许，可激励幼儿不断努力进取。因此，在幼儿教育工作中，教师对待幼儿应面带微笑、对待家长应和蔼可亲，这样才能获得幼儿的喜欢和家长的信赖。只有心中装着幼儿的教师，才会有甜美的、会心的、善意的微笑;只有真正尊重幼儿的人格、尊重幼儿的潜能，教师的微笑才会起到积极的教育作用。

2. 身势语言。

身势语言也称动作语言。指人们身体的部位作出表现某种具体含义的动作符号，包括手、肩、臂、腰、腹、背、腿、足等部位的动作。人的动作与姿态是人的思想感情和文化教养的外在体现。人的体型、容貌、衣着、姿态所发射的意念情感，能反映人的生活习惯、行为动作，体现人的精神风貌。

在人际交往中，最常用且较为典型的身势语言为手势语和姿态语。教师得体的一颦一笑、端庄的仪表、优雅的举止是幼儿形成良好素质的动力，对教育教学起着潜移默化的熏陶和浸染作用。

（1）体型。

强健的体格、健美的身材，对幼儿有一种潜在的感染力和号召力。

（2）容貌。

教师清丽俊美的容貌，能赢得幼儿的喜爱。简单的淡妆会显得更精神，既能体现教师个人的素养，又能给他人以美的享受。幼儿教师切忌浓妆艳抹，披头散发，这些会对幼儿造成负面影响。

（3）衣着。

穿着得体会给他人以良好的印象，从而使人际关系更加融洽。教师的穿着整洁得体、潇洒大方，能在一定程度上提高教师在幼儿及家长心目中的地位。例如，颜色亮丽、鲜艳但不刺眼的一些运动装和正规的休闲装等，都是比较适合幼儿教师的。

（4）姿态。

姿态语，是指通过坐、立等姿势的变化表达语言信息的"体语"。姿态语可表达自信、乐观、豁达、庄重、矜持、积极向上、感兴趣、尊敬等或与其相反的语义。对于幼儿教师姿态的基本要求有：一要动作准确；二要站立自然平衡；三要潇洒大方。教师在幼儿面前腰板要挺直，保持美好的形象。站着或坐着时，身体都要端正，千万不可来回晃动或者抖动双腿，要尽量正对幼儿讲话；在集体活动与幼儿交谈时，不能双手背在身后，这么做会给幼儿以威严、可怕的印象。

①立姿。在台上发言的常见站立姿势有："丁"字步稍息式，双脚之中任何一脚略向前跨步，双脚之间约为75°，脚跟距离在20厘米左右，这种姿势在演讲时被广泛使用。"平分式"，即双脚平分，和自己肩等宽，身体的重量自然、平均分散在两只脚上。这种站姿不适宜长时间讲话。

②坐姿。肩要平、胸要挺、背要直、腿并拢、脚放平、身体端正。

③行姿。抬头、挺胸、收腹、双手自然摆动。"行如风，脚步轻，头不摇，身不晃"，好的走姿会给人一种风度翩翩、神清气爽之感。

（5）手势语。

手势语通过手和手指活动来传递信息，能直观地表现人们的心理状态。教师手部动作不完全等同于生活中的手势，它是教师情感艺术化的表现。手势语言丰富多彩，因此教师运用手势要讲究艺术性，符合明确、精练、自然、活泼等要求，严格服从教学内容、教学目的的需要，与教学内容和谐一致。

①跷拇指。主要表示高度称赞、非常佩服、绝对的首屈一指。跷起拇指后对拇指方向略作调整，则有蔑视、侮辱的含义。跷起拇指的动作需要和面部表情密切配合。若表情为真诚、惊喜、满意，则与跷拇指的含义一致；反之，若表情为不屑或无动于衷，则有明显的讽刺或应付意味。

②伸食指。根据位置的不同、运动方式及指向的变化，而表达各种不同的意思。置于肩部前方，表示数字1。食指与嘴唇垂直并靠拢嘴唇或与嘴唇接触，表示"请安静"。这时嘴唇通常噘起，眼睛稍稍睁大。食指若呈运动态势，可以对幼儿从事某些活动进行指示、引导，如做空中书写练习。食指轻轻指点幼儿的额头可示亲昵或喜爱。如果食指指向幼儿，上下点动，则表示强烈不满和批评、斥责。伸出食指和中指，并使二者分开。可表多义，其一表示数字2；其二表示胜利；其三象征剪刀，这时手指不是向上，而是开口向前。

③抬手。单手上抬用于个体，表示起立，含有"请"的意思。单手上抬的引申义为"要求某人做某事"。双手上抬，即双手手掌摊开，掌心向上，同时向上轻抬。双手上抬表示"起立"之义，还象征坦诚、真诚，这时手掌不是上抬，而是向两边摊开。

④招手。招手动作是抬手动作的延续。含义也是抬手含义的延续。抬手要求"起立"，招手则进一步要求"走过来"。

⑤按掌。单手下按用于个体，表示坐下。双手下按用于群体，其义是要求坐下，引申义为"停止做某事"。

⑥鼓掌。鼓掌的基本含义是赞许、肯定。也可用来表示打节奏、提醒、暗号、讽刺等。

⑦丁字手势。一掌平放，另一掌伸出食指，或五指并拢伸出，垂直向上顶在掌心。"丁"字手势的含义为"暂停"。

⑧握拳。攥紧拳头，置于胸前，拳心向内，前后挥动数次，以示力量。一般用来表示愤怒、决心、意志、毁灭等强烈的思想感情。有时也可表示团结、抗争、力量等积极的含义。

⑨挥臂。伸右掌，由下而上平抬手臂，继而将手臂用力向空中挥送，以示无限延伸。

⑩背手。将双手放于身后，一只手握住另一只手。这种态势既可作为

"权威"显示，又能起到"镇定"作用。

⑪模拟。模拟粗度：以两手呈环抱状表示。模拟高度：伸出一手，掌心向下，以自己身体作为参照物，比划物体的高度。模拟宽度：两手手掌相对，拉开适当距离以模拟物体宽度。模拟平面：伸手，掌心向上，从左向右划弧线，可表平原之辽阔；或掌心向下做平行移动，可示物体之平整。模拟球形：两手伸开，手指叉开略微弯曲，使掌心形成内凹形并从上往下做数次环状运行。模拟笔直状：手指并拢，手掌挺直，单手从胸前有力向前方推移出去，以示笔直。模拟弯曲状：伸出手掌或食指，从左至右或从右至左横向移动并呈波浪起伏状；或伸出手掌，向前方摇摆推进；也可将手掌向前摇摆推进改为从上往下或从下往上摇摆推进。

3. 空间语言。

空间语言是一种空间范围圈，指的是社会场合中人与人身体之间所保持的距离间隔。空间距离是无声的，但它对人际交往具有潜在的影响和作用。教学中所使用的空间语言主要是界域语，与交际对象之间保持什么样的距离，是亲近、疏远、热情、冷淡等多种意义的表示，因此，这种根据交际对象和交流场合的不同而进行调控的距离叫界域语。在教学过程中，教师辅导或巡视要照顾到每一个幼儿，以表示关心和亲切。师幼之间心理距离与交往距离的缩短，可以弥补言语行为难以表达的感情和态度。

（1）人际距离。

人际距离一般可分为四个区域：亲密区（0.5 米以内）、个人区（0.5～1.25 米）、社交区（1.25～3.5 米）、公共区（3.5～7.5 米）。师者进入幼儿的亲密区，可示鼓励、安慰或称赞。一节课中，可用 40％的时间在公共区内活动，60％的时间在社交区和个人区内活动。这样既便于情感沟通，又使教师带给幼儿的心理刺激强度不断变化，从而保持幼儿参与活动的兴奋程度。

（2）身体指向。

身体指向可分为四种情况：面对面、背对背、肩并肩和 V 形指向。在教学过程中，师幼谈话通常采用面对面指向。教师板书或布置挂图时需采用背对背指向。但背对背时间不宜过长，否则幼儿容易分心走神。肩并肩即师生肩部成一条线，身体面向一个方向。这一指向多出现在师幼共同娱乐、游戏中。V 形指向是指教师与幼儿以一定角度相对，如教师指导幼儿解析难题时就可采用这一指向。

（3）课堂走动。

一般说来，不同的教学场所的座位排列制约着教师在课堂内的走动。走动时不能速度过快，走动过快会分散幼儿的注意力。课堂走动应做到动静结合、快慢相济、自然随意。

（4）身体接触。

幼儿都喜欢被教师关注和爱护，适当的拥抱、摸摸头、拍拍肩、刮刮鼻子等身体接触可以让幼儿感受到教师的情意和关怀，增强师幼间的情感交流。

【思考与练习】

1. 目标解读：如何在幼儿园活动中运用态势语？

2. 情境假设：文文是个胆小、害羞的孩子，在幼儿园教学活动中很少回答老师的问题。教师除运用语言以外，还可以运用哪些态势语鼓励文文勇敢发言呢？

3. 知识要点：态势语的类型及要求。

4. 案例解读。

案例一：在大班的活动课上，汪老师要求幼儿先听故事《小蝌蚪找妈妈》，其他幼儿都在认真地、安静地倾听着，只有冰冰从座位上站起来，并蹦蹦跳跳的。这时，汪老师看向冰冰，伸出食指靠近嘴唇。冰冰看到汪老师的表情和手势，立刻坐了下去，并且安静下来，也认真地听故事。听完故事，汪老师问幼儿："小蝌蚪的妈妈是谁呀？"冰冰回答："小蝌蚪的妈妈是青蛙。"汪老师带头鼓掌，并且向她投以鼓励的目光。汪老师提问："为什么小蝌蚪前四次都认错了妈妈呢？"明明回答："因为，它们不知道自己妈妈什么样子，听别人的说法，只是注意其中一个特点就认妈妈，就找错了。"汪老师和小朋友都为明明鼓掌，汪老师边点头边为明明竖起大拇指，明明的脸上漾起自信的笑容。

资料来源：黑龙江幼儿师范高等专科学校教师高珊

点评：手势是语言的延伸，对语言表达起着补充和强调的作用。如教师伸出食指靠近嘴唇表示"请安静""不要出声音"，这样的手势不仅能充分表意，同时也能避免因为发出声音而对其他幼儿的安静学习产生干扰；教师竖起大拇指或者鼓掌、点头，在这里都表示赞叹或表扬，这样的手势、头势再加上语言上的表扬将更强烈地表达教师对幼儿的认同、肯定与赞叹。

案例二：在小班的活动课上，教师与幼儿一起做游戏，体会"爱"。教师要求幼儿自己找到一个好朋友拥抱，幼儿都找到了自己的朋友，拥抱在一起，教师微笑着看着大家。这时，教师向幼儿介绍："小朋友们，你们看，小熊感觉不到别人对它的爱，不开心了，我们应该怎么做，让它感受到爱，让它开心呢？"这时，幼儿"叽叽喳喳"地都在说着自己的答案。教师用手比了一个"T"字，他们渐渐安静下来。教师用一只手指向楠楠，然后抬手示意楠楠起立回答，楠楠站了起来。教师眼角带笑，嘴角微扬地倾身向楠楠，楠楠说出了自己的答案："我们抱抱它，它就能感受到我们的爱，就开心了。"

资料来源：黑龙江幼儿师范高等专科学校教师高珊

点评：在这个案例中，教师所运用的面势语、手势语、眼势语、身势语都体现了教师的态度，无声的语言，却表意丰富、细腻、明确。所以，在幼儿教师的语言中时刻都少不了态势语，准确、协调的态势语可以极好地表达意思与态度，同时，教师的态势语也会引起幼儿的兴趣，增强授课效果以及教师与幼儿之间的情感沟通。

5. 拓展阅读。

幼儿教师的体态美

所谓"体态语言"，是指人在交际过程中用来传递信息、表达情感、表示态度的非语言的特定身体姿势。这种特定身体姿势既可以支持、修饰或者否定言语行为，又可以部分代替言语行为，发挥独立的表达功能，同时又能表达言语行为难以表达的感情和态度，是幼儿教师的工作必不可少的基本技能。但长期以来，仍有不少幼儿教师忽视了体态语言在工作中的作用。在活动室里，他们或脚步急促，来去匆匆；或懒散地坐在椅子上；或面无表情；或横眉竖眼……这样的体态语能给人美感吗？

"身教重于言教"这一重要的教育规律证明了体态语言在保教工作中的重要性。"为人师表"正是体态语言美在教育工作中的具体体现。幼儿教师的思想、品德和修养是教育幼儿的无形力量，教师的行为举止是幼儿学习的榜样。幼儿年龄小，模仿能力强，对幼儿教师的言行举止观察最细、感受最深，并时时在模仿。教育家加里宁曾说："一个教师必须好好检查自己，他应该感觉到他的一举一动都处在最严格的监督之下，世界上任何人也没有受着这样严格的监督。孩子们的几十双眼睛盯着他。要知道，天地间再没有什么东西能比孩子的眼睛更加深细、更加敏捷、对于人的心理上各种细微变化更富于敏感了，再没有任何人的眼睛像孩子的眼睛那样能捉摸最细小事物。"因此，幼儿教师更应当重视体态语言美。

（1）体态语言美是幼儿教育工作的需要。

心理学家指出：人与人之间的交往与沟通，70％是通过无声的言语即体态语言来完成的。例如，日常生活中的"眉目传情""手舞足蹈"等就是体态语言在实际交往中的妙用。幼儿教育活动中，教师丰富的体态语言实则是一种艺术，恰当地运用，往往可收到千言万语难以表达的效果。

①体态语言是体现幼儿教育特点的重要手段之一。

《纲要》中指出，幼儿园应使幼儿"在快乐的童年生活中获得有益于身心发展的经验""幼儿园教育应尊重幼儿的人格和权利，尊重幼儿身心发展的规律和学习特点"。教师是幼儿学习活动的支持者、合作者、引导者，幼儿园的教与学自始至终都是相互依存、相互联系的。教师应自觉地、巧妙地发挥体态语言的独特艺术作用，对幼儿施加潜移默化的影响。在进行引导的同时，及时地获取幼儿反馈的各种信息，用好体态语言即可妥善处理教学中幼儿存在的各种问题。

②体态语言美可使幼儿教师更好地和幼儿互动。

教师以关爱、接纳、尊重的态度与幼儿交往，耐心倾听，努力理解幼儿的想法与感受，以适当的体态语言支持、鼓励他们大胆探索与表达，关注幼儿的特殊需要，努力使每一个幼儿都能获得满足和成功。一个点头、一个微笑、一个拥抱，胜过千言万语，综合利用各种体态语言，对激发幼儿的学习兴趣、形成合作探究式的师生互动起着莫大的推动作用。

③体态语言美可以激发幼儿感受美、表现美的情趣。

体态语言美是人的思想情操、道德品质、聪明智慧、文化教养等方面的内在境界，通过其动作姿势或姿态而表现出来的一种美，其表现形式诸如面部表情、举止、仪表、动作神态等。人们通过对这些表现的判断、欣赏和感知而产生情感或情绪上的体验，并从中得到审美愉悦和享受，就是体态语言的美感。因此，这种美具有一定的美学价值。"教师是人类灵魂的工程师"，从幼儿教师体态语言所反映出的举止风度、仪表神情及艺术涵养等方面，可以直接窥视其心理素质、文化品位、思想情操的高低与美丑。因此，幼儿教师体态语言美的实质，从体态形象上看，主要是指健康的体魄、高雅得体的举止、亲切和蔼的神情、大方的仪表以及敏捷、熟练、协调和优美的演示和操作等；从内涵上看，体态语言表达真与善，即反映正面精神品质的道德情操、文化品位、坚毅的性格、豁达的胸怀和坚强的意志品质等。模仿是孩子的天性，幼儿教师在教学中表现出这种美，不仅能使幼儿得到美的感受和陶冶，而且还可以帮助幼儿树立正确的体态语言审美观和审美标准，激发幼儿的表现欲望，培养幼儿好的情趣。

（2）体态语言美可以塑造幼儿教师的完美形象。

鉴于幼儿教育工作的特点，教师使用体态语言尤为重要。教师的举止仪表反映教师的文化修养、道德水准和精神面貌。表情生动丰富，举止活泼，性格开朗，热情大方，表情、姿势、情感紧密配合，刻画出幼儿教师的风采，塑造幼儿教师的完美形象。

（3）幼儿教师在保教工作中如何展现体态语言美？

下面就体态语言的外在表现——服饰语言、情态语言和肢体语言三方面来谈一谈幼儿教师在保教工作中如何展现体态语言美。

①服饰语言应美观大方。

服饰穿着能反映人的生活习惯，体现人的精神风貌和个人素养。同时，美丽、得体的衣着又能给他人以美的享受，留给他人美好的印象。幼儿对老师的衣着变化更是敏感，对穿着漂亮、颜色鲜艳的教师特别喜爱；并喜欢模仿教师的打扮。因此，幼儿教师的服饰应该色彩活泼、样式大方得体，举止文明、端庄，注重职业形象。忌不修边幅，更忌奇装异服、浓妆艳抹。

②情态语言要恰到好处。

情态语言是指人的面部表情、神态所折射出的意念与情感。幼儿教师身旁是一群天真无邪、活泼可爱的孩子。幼儿教师一个轻微的表情都会直接影响幼儿的学习和生活，因此幼儿教师应注意运用情态语言，使自己的工作收到良好的效果。例如，在幼儿活动中，一个甜甜的笑容，可给幼儿一个轻松、愉快的学习环境；一丝赞赏的目光，可给幼儿无比的信心和力量。

③肢体语言要丰富多彩。

肢体语言是指人四肢举止动作所发射的意念和情感。它显示出一个人的意念和力量，一个得体的肢体语言，胜似千言万语：教师轻轻的搂抱可以缓解幼儿焦虑的心，亲切的抚摸可以让幼儿感受到家人般的温情，优美的手势可以使语言更生动、形象、富于表现力……不同的动作蕴涵着不同的含义，幼儿教师在工作中应善于运用自己的肢体语言，但切忌用不雅的动作，以免幼儿模仿和有损教师的形象。

幼儿教师在使用体态语言时，应表达准确，符合社会文明习惯，适合幼儿的接受能力。体态语言只能作为有声语言的补充，起辅助作用。如果不分时间、地点、条件滥用，必然会适得其反。体态语言是教师内心活动的外部表现，应该发自内心，真诚自然，这样才能使人感到亲切；反之，体态语言会成为运用者和接受者双方的共同负担，失去应有的作用。

资料来源：幼儿教师的体态美. 镇江基础教育网，有删改

第二节　教学过程中的语言表达

幼儿教师职业口语主要包括教学口语和教育口语。教学口语是幼儿园开展教育教学工作的必备工具，也是幼儿教师必须掌握的职业语技能，直接关系到幼儿园教学质量和幼儿思维、智力、语言水平的提高。幼儿教师教学口语包括导入语、过渡语、示范语、讲授语、提问语、结束语、理答语等多种教学语言形式。

一、导入、过渡环节的语言表达

（一）导入环节的语言表达

1. 导入语的内涵与作用。

导入语又叫导语、开讲语，俗称开场白，是教师在讲正课之前围绕教学目标而精心设计的一段简练的教学语言，是指导幼儿由非学习状态转入本次活动学习状态的准备阶段。导入语的形式有创设氛围类、操作活动类、语言描述类、媒体综合类等。

"良好的开端，是成功的一半。"导入语虽然简短，却是课堂教学的一个重要环节，具有不可忽视的作用。在幼儿园教学实践中，教师以授课内容为基准，结合幼儿的学习特点和学习规律采用生动灵活、形式多样、富有变化的导入语，能够起到组织教学、安定幼儿情绪、引起幼儿注意、把握学习目标、联系新旧知识、激发幼儿学习兴趣、启迪幼儿思维、拉近与幼儿的情感距离、从而促进幼儿身心全面健康发展的作用。

2. 导入语的类型。

幼儿教师在集体教学活动中所使用的教学导入语多种多样，主要包括衔接导入、布障导入、目的导入、介绍背景导入、概括叙述导入、兴趣导入、复习导入、直接导入、提问导入、即兴演讲导入、故事与演示导入、游戏导入、悬念导入、情境创设导入、歌曲导入、热点导入、实验导入、

观察导入、实践导入、惊奇现象导入、肢体体验导入、谜语导入、间接导入、讨论导入、温故知新导入、设疑导入、歌谣导入、作用导入、诗词导入、对比导入、质疑导入等多种。以下着重介绍几种幼儿园教育教学活动常用的导入法类型。

（1）直接导入法。

直接导入是最常见的传统的导入法，这种方法不拐弯抹角，可以起到开门见山、直截了当、简洁明快的效果，三言两语就能直切正题。例如，在健康领域"快乐的皮球"活动中，教师可直接出示皮球："现在，我们要和皮球宝宝一起玩'跳跳跳'的游戏，你们愿意参加我的活动吗？喜欢的小朋友可以到我这里抱走一个皮球宝宝玩。"

（2）歌曲导入法。

在进入新课之前，可以通过播放与该课内容相关的歌曲创设一种情境，美妙的音乐、优美的歌声能够把幼儿带入一片清纯而幻美的世界。歌曲导入法能够起到激发和感染幼儿情绪、增强课程的感染力、提高教学效果、使幼儿快速进入教学氛围等作用，同时，歌词的内容也可辅助教学。例如，在语言领域"儿歌《萤火虫》"活动中，教师可播放歌曲《虫儿飞》，带领幼儿感受萤火虫在夏夜里天空中飞来飞去的美好情景。教师也可以配着歌声用诗一般的语言引导幼儿进入情境："晴朗的夏季，天黑黑的，夜空中的小星星眼睛一眨一眨的，它们在看什么？噢，原来地上也有许多小星星，一闪一闪的。这是谁？是小小的萤火虫，提着小灯笼，为我们照亮前面的路。萤火虫这么可爱，我们为它编一首好听的儿歌，好吗？"这样，幼儿就能体会萤火虫的美好，再编儿歌就会很容易了。

（3）设疑导入法。

古人云："学起于思，思源于疑。"一个问题的提出往往能够激发幼儿的思考，带着疑问进入新课。设疑导入法就是抓住幼儿强烈的好奇心，在教学过程中为解答教学难点、申明教学重点而设置问题。这种导入方法开门见山、简洁明快，能收到很好的课堂效果。但设疑要具有独创性和科学性，紧扣教学内容，语调、语势、语音都要为培养幼儿善于思考的能力而考量、设定。例如，在科学活动"动物的尾巴"中，教师问幼儿："小朋友们，你有尾巴吗？人有没有尾巴呢？那么，动物为什么有尾巴呢？它们的尾巴又有什么用处呢？今天我们就来看看动物的尾巴吧！我这里有好多动物尾巴的图片，你们来猜一猜这是谁的尾巴吧。"几个新奇的提问就把幼儿的注意力全都吸引过来，也激发了幼儿想了解、学习的热情。

（4）图片导入法。

图片导入法是教师在导入过程中使用的根据教学内容查阅或制作的相关图片、插图的方法。该方法具有新鲜感，能够引发幼儿的注意与兴趣，既锻炼了教师的综合能力，又达到了寓教于乐的目的。充分发挥图片的作用，以此导入新课，会收到良好的效果。例如，在科学活动"家用电器用处大"中，教师先出示各种电器的图片，让幼儿观察并快速说出名称，再猜一猜这样电器能帮助我们做什么事情。

（5）故事导入法。

故事对幼儿来说有一种特殊的魅力，以此法导入课程，幼儿的兴趣很浓，注意力会高度集中。教师在课堂中如果能根据幼儿的这一特点，采用故事导入课程，无疑会起到事半功倍的效果。例如，在科学活动"黄豆宝宝变魔术"活动中，教师先给幼儿讲述故事《老豆爷爷过生日》，让幼儿知道豆芽、豆腐、酱油、轮胎都是用黄豆做成的，从而引起幼儿进一步探究的兴趣。

（6）实物演示导入法。

实物能增强教学的直观性和形象性。授课之前，出示与课堂内容有关的实物，导入自然，有利于创设教学情境，便于幼儿理解。例如，在泥工活动"好吃的饼干"活动中，教师先出示各种各样的饼干，请幼儿观察并品尝，提问："小朋友吃了饼干，请你说一说它们都是什么形状、什么颜色、什么味道的，你最喜欢哪一种？如果你是面点师，你想做什么形状、什么味道的饼干？"从而引入活动。

3. 导入语的设计原则与要求。

导语形式多种多样、不拘一格，但不管采用何种方式和何种角度导入，都必须结合教材和幼儿实际，为全课的教学目的和教学重点服务，遵循教育学、心理学的原理和方法，切忌重知轻能、冗长拖沓、平淡刻板、牵强附会、老套无趣。

（1）趣味性。

生动形象、灵活多变、富有变化的导入语能激起幼儿学习的兴趣和求知欲，为幼儿的整体与长远发展打下坚实的基础。

（2）鼓动性。

好的导入语能调动幼儿的课堂情绪，进而促进幼儿向学习主体地位的转变。

（3）启发性。

好的导入语能够促发幼儿勤于动脑、乐于探索的精神，同时逐步培养幼儿的创造性和发散性思维能力。

（4）情感性。

好的导入语能起到缩小师幼间心理距离的作用。

（5）简洁性。

导入时间不要过长，否则会冲淡教学主题，造成喧宾夺主的后果。

（6）创造性。

在幼儿园教学过程中，教师可以从幼儿的角度出发设计多种形式新颖的引导语。

4. 导入环节的语言表达。

（1）语言的概括性。

导入虽是教学的重要环节，但不是教学的主体，因此导入语要具有高度概括性。语言设计做到简洁、明白、易懂，抓住教学要点、重点，言简意赅地进行表述。同时，为了吸引幼儿的注意，导入语也要精雕细琢，力求精辟、朴实、富含韵味。

（2）语言的逻辑性。

导入语的设计，无论是在构思内容、形式上还是在语言风格上都应富有逻辑性。导入的话题要集中、层次要清楚、衔接要得当，语言表达连贯周密，语意畅达，做到言之有理、言之有据、言之有序，富有逻辑性。

（3）语言的精巧性。

导入语的精巧性表现在，根据不同教学内容、不同的授课对象、不同的授课时间和地点，教师设计的导入语应具有新思想、新创意、新形式，做到导入语的多样性。导入语要精练、富有时代特色，讲解要生动形象，内容要精当。只有这样的导入语，才有新鲜感，才能激发幼儿的学习情趣。

【思考与练习】

1. 目标解读：了解导入语的类型，在教学活动中能够根据内容设置适合的导入语。

2. 情境假设：在幼儿园教学活动"儿歌《幼儿园是我家》"中，应该选用何种类型的导入语？

3. 知识要点：导入语的类型及要求。

4. 案例解读。

案例一：组织"蜗牛"这一活动中，教师问幼儿："你是在哪里找到蜗牛的？你抓蜗牛的时候它正在干什么？蜗牛是怎样爬的？你在蜗牛爬过的地方发现了什么？"（活动前，教师布置过任务：请幼儿利用周末抓蜗牛）幼儿有的在思考，有的举手要求回答。教师则依据题目的顺序与幼儿共同讨论、总结蜗牛的习性。

点评：教师运用简洁的语言询问幼儿，当幼儿注意到这些问题后，再引导幼儿探究其中的原因，使幼儿注意到了本次活动的重点，并产生探究的愿望。教师通过设疑导入，创设了一个良好的交流氛围，利于幼儿思考；通过互相的交流，也帮助幼儿了解到有关蜗牛的知识，并有利于幼儿形成良好的思考习惯。

案例二：在美术活动"春姑娘"中，教师用生动的语言给幼儿讲故事导入："传说天上有位美丽的春姑娘，黑头发，圆脸蛋，穿着漂亮的衣服，随着微风飘呀飘，她飘到哪里，哪里就会变出绿色的草地、美丽的花朵，树叶也发芽了，因为她有一条奇妙的裙子……"幼儿一个个睁大眼睛，听着教师的讲解。

点评：教师在讲故事的时候，充分抓住了幼儿的好奇心，运用拟人的修辞手法，语言生动形象，充满了趣味性，这样，自然易使幼儿进入画春姑娘的主题和意境中去，使幼儿在头脑中形成春姑娘的形象，同时也让幼儿有一个美丽的享受，取得了非常好的效果。

案例三：在美术活动"蜻蜓"的导入中，教师首先为幼儿讲了一个谜语："一双眼睛圆又鼓，身体就像细细棒，翅膀两对薄又轻，飞得高来又飞低，水面一点画个圈，还是捕蚊的小能手。小朋友们，你说这是什么啊？"幼儿听到之后，纷纷举手回答。有幼儿回答出来时，教师就拿出范图与幼儿共同总结，大家齐刷刷地把目光都集中在了蜻蜓图片上。

点评：教师通过描述性的语言，为幼儿描绘了蜻蜓的身体特征以及生活习性，使幼儿步入关于蜻蜓的思考，兴趣一下子被调动起来，在猜谜的过程中对蜻蜓有了进一步的认识。教师抓住这一时机拿出范图，幼儿仔细地观察以求对证，因为谜面里揭示了蜻蜓的身体特征，还对生活习性有一定的描述，所以能很自然地进入示范画画环节，并且不用做生硬的讲解。每名幼儿对蜻蜓都有自己的理解，所以最后的画面不拘一格、丰富多彩。

资料来源：程飞. 幼儿园集体教学活动的导入方法. 辽宁省建昌幼儿园网站，有删改

5. 拓展阅读。

幼儿园集体教学活动的导入方法

若要使教学活动一举成功，达到先声夺人的效果，那么精彩的导入必定起着举足轻重的作用。

（1）明确导入活动在整个教学活动中的角色地位。

导入活动的目的是吸引幼儿注意，激发他们的学习兴趣或了解幼儿原有经验，或复习旧知识、为学习新知识做准备，同时，又起到顺利过渡的作用。虽然，它在整个教学活动中非常重要、不可或缺，但是要把握它的配角地位，绝不可喧宾夺主。一般来说，在活动中只占三分之一比例，更多的时间要留给幼儿学习新的内容，让幼儿有充足的自主学习的机会。

（2）从针对性入手，体现导入活动的个性化、艺术化。

①导入方式要针对目标。集体教学活动时间紧凑，导入活动应防止信口开河的现象，一定要根据教学的既定目标精心设计，与教学目标无关的不要硬加上去，不要使导入语游离于教学内容之外，浪费有限的教学时间。

②导入方式要符合领域及具体内容的特征。导入形式丰富多样，有谜语导入、解题导入、复习导入、游戏导入、设置悬念导入、讲述故事导入、直接导入等，我们要根据不同的领域、不同的内容和不同的教育价值，充分展现教材中所蕴涵的教育价值，而选择合理的导入方式。

比如，在主题"我家和我家附近"中的一个语言活动"大黄猫进城"中，由于这个故事对中班幼儿来说，情节发展较为繁复，为了减少琐碎、麻烦的程序，我就采用了直接导入法，即将故事直接呈现出来给幼儿欣赏，让幼儿完整地了解和体验故事的发展脉络，在全神贯注地完整倾听和观察图片中，了解故事的内容，并能随着故事的进展，细心注意画面上的标志、路标、招牌、建筑等。特别是对一些篇幅较长、意蕴丰富的故事来说，这种方式可减少不必要的铺垫导入。

③导入方式体现不同的年龄特征。不同年龄的幼儿注意力及感兴趣的事物和思维特点等都会有所不同，教师在导入活动中应予以充分考虑。比如，在体育游戏"跳高跳低"中，要求幼儿学皮球拍得重、跳得高，拍得轻、跳得低，发展相对应的跳跃能力，培养参加体育活动的兴趣。由于3～4岁幼儿对皮球的这种特性还未能充分建立起相关的经验，且思维以直觉行动思维为主，导入中最好能借助具体的实物或形象的图片、手偶或情景表演直观呈现，如果用谈话方式则不能迅速集中幼儿的注意力，难以有效唤起以往经验。

（3）导入设计要注意语言的输入和输出，不能追求表面上的热闹。

有一位老师在分享阅读故事《我爱运动》时，足足花了6分钟时间播放了一个介绍运动项目的专题片，该片激发了幼儿的兴趣，但播完后，教师并没有针对该片组织活动，而是仅仅轻描淡写地说道："今天我们要学一本有关运动的读本《我们爱运动》。"这样导入没有使幼儿与读本产生互动，如同虚设。在这里，我们还要特别注意导入部分问题的设计。我们往往会把握不好问题的指向，有时还会重复提问，以至于产生"看似热闹，却没有什么价值"现象。有时，设计的问题指向太过笼统，指导不明确，使幼儿不知道如何回答；有的问题脱离了幼儿的生活积淀和知识经验，使他们无从着手，不知道从什么角度去解决；有时指向太过狭窄，使得幼儿回答呆板，禁锢了他们的思维，抑制了他们的创造性思维的发挥。所以，在活动开始，要注意问题的设计，从问题设计的开放性、启发性、层次性方面去考虑，在教学实际中，教师要根据幼儿的回答，步步深入提问，巧妙设问，从而引导幼儿富有兴趣地投入到学习活动中去，增强他们的学习效果。

（4）导入活动还要注意"情绪状态的铺垫"。

在故事、儿歌、歌曲等一些作品中，教师要反复地通过吟诵，与文本、与作者对话，了解作者在作品中所寄托的思想情感，了解作品的情绪基调：或欢快、或喜庆、或优美、或轻柔、或悲伤、或缓慢……并自然运用于导入活动中，使教师的情绪与创设的意境、氛围都与作品本身相交相融，这样才能更好地帮助幼儿理解作品的情感，并正确运用情感表现作品。在这里，老师要学会跟着幼儿的发现、跟着幼儿的惊喜一起惊喜。

（5）面对同一批幼儿，导入设计要讲究风格、形式、语言上的变化和新颖。

很多教师喜欢或已经惯用了"今天，老师给大家带来了一幅画""今天，老师给你们带来了一首好听的歌曲"或"嘿，大家好，我是小熊""今天，我们的教室来了两位客人"等，每天雷同，缺少激情和变化，也必定影响幼儿对活动的兴趣，情绪懒散。

（6）从细节处入手，追求导入活动更精彩。

教学活动的各个环节要成竹在胸，导入活动也不例外，但不能照案宣科，因为也许幼儿的回答或幼儿的已有经验跟自己的设计不一致，所以教师要提前做好充分的"应急预案"。

资料来源：程飞. 幼儿园集体教学活动的导入方法. 辽宁省建昌幼儿园网站，有删改

（二）过渡环节的语言表达

1. 过渡语的内涵及作用。

过渡语又称课堂衔接语、转换语等，是指从教学的一个环节转到另一个环节、由一个问题过渡到另一个问题的过渡性的语言。巧妙的过渡语会起到自然勾连、深化逻辑、承上启下的作用，引导幼儿从学习的一个方面过渡到另一个方面；也可以把一节课的内容衔接成一个整体，给幼儿以层次感、系统感。过渡是教学内容得以衔接的必要形式，是教学过程中各个环节的"黏合剂"。有了过渡语，课堂就会显得环环相扣、浑然一体。

课堂教学过渡语具有串联功能和开启功能，可以对教学中各环节的内容起到"穿线"作用，提醒幼儿注意、激发幼儿思考。在教学过渡时，采用复述式或总结式过渡语，能够起到温故知新的作用。过渡语如果用得巧妙，还可以给课堂教学增加美感，使教学过程水到渠成、自然流畅，使幼儿教师的教学特色得到充分展现，使幼儿在美的熏陶中获取知识。

2. 过渡语的类型。

（1）直入式过渡。

即教者直接引入施教的内容，此类用语大多用于一堂课的开头。教师在上课时，直接说"本次活动我们学习什么内容"的语言来过渡。课的开头方法千变万化，教师可依据内容的不同选择恰当的过渡方式。

（2）问题式过渡。

教师用一句话把上一环节的内容说出来，然后提出问题，引入下一环节的施教内容。这类过渡语可以集中幼儿的注意力，启发幼儿的思维，激发幼儿的学习兴趣，是课堂教学中常用的一种过渡手段。例如，在音乐活动"学唱歌曲《小毛驴》"中，幼儿学唱完歌曲，教师可以说："小朋友学会了唱《小毛驴》，你们唱的《小毛驴》可真好听，可是我们应该怎么骑小毛驴呢？你们表演给我看，好吗？我们一起边骑毛驴边唱歌，赶集去了！"以此引入下一环节——歌表演及游戏。

（3）归纳式过渡。

一般用于教学环节之间或课堂教学环节之末。教师用简明扼要的语言对课程重点做归纳总结，然后过渡到下一环节的内容。归纳式过渡能把教学的重点再现出来，起到巩固教学效果的作用。例如，在数学活动"认识三角形"中，教师在带幼儿认识完三角形后总结："刚才我们认识了三角形，知道了三角形都是由三条边、三个角组成的。现在老师这里有一个百宝箱，请你在里面找一找，哪些是三角形？哪些不是三角形？"

（4）复述式过渡。

这类过渡语一般是把上一环节或几个环节所学主要内容复述一遍，然后过渡到下一个环节的教学内容上来。复述式过渡既有温故的作用，又为新授知识做了铺垫。

（5）评论式过渡。

评论式过渡是教师对上一环节或以前所学知识的优劣、利弊进行精要的简评，从而提出新授知识的一种过渡方式。评论式过渡有利于将上一环节知识与下一环节教学内容进行比较教学。

3. 过渡语的设计原则与要求。

（1）简洁明了。

过渡语的选用应从教材出发，贴近幼儿实际，发挥教师个人优势，准确而又简洁，亲切而又生动。

（2）富有感染力。

教学中的过渡语要富有感染力，通俗中不乏时尚，机智下充满幽默，能创造生动活泼的课堂气氛，引领幼儿有滋有味地学习。

（3）善于变化。

《纲要》指出，幼儿园"教育活动的组织形式应根据需要合理安排，因时、因地、因内容、因材料灵活地运用"。因此，教学过渡语要富于变化、合乎情理，自然地过渡到要进行的活动之中。自然、不着痕迹，而且精练、到位，使每名幼儿都有所思、有所得。

4. 过渡环节的语言表达。

（1）语言的衔接性。

过渡的作用是实现课堂教学中不同知识要点间的衔接、转换，教师必须通过联想、类比的衔接手段，通过简洁明确、自然得体、紧密连贯的语言，顺畅而自然地把幼儿的思维活动由一个要点引导到另一个要点上。

（2）语言的明晰性。

过渡语并非是教学口语中的主要语言，只是在需要时，恰当的过渡要想使课堂教学环环相扣，就必须做到用语贴切；而课堂教学的时间又是有限的，过渡语只起辅助、引导的作用，用语就得精当、简约。因此，教师在使用过渡语时要保持用语简短、干净利落、内容鲜明，起到简洁、明晰的提示与过渡作用。

（3）语言的精巧性。

过渡语所起到的知识衔接作用应当是自然而然、水到渠成的，能够使教学环节自然紧凑、和谐统一、承上启下，有助于幼儿对课程内容的消化理解。所以，过渡语力求设计得巧妙、自然、幽默。这要求教师在平日里精心锤炼自身的语言技能，在精益求精的严格要求下逐渐运用自如、熟能生巧。

【思考与练习】

1. 目标解读：了解过渡语的类型，在教学活动中能够根据内容设置恰当的过渡语。

2. 情境假设：在幼儿园教学活动"认识图形"一课中，教师介绍了圆形之后，怎样设计过渡语让幼儿认识、了解正方形？

3. 知识要点：过渡语的类型及要求。

4. 案例解读。

案例一：在大班语言活动学习《七步诗》中，教师首先设置悬念导入，在教室中央慢慢地走七步，并说："小朋友们，数数看，老师走了几步？"（小朋友们说得很对，观察得很仔细）接着，教师介绍诗名和作者："古代有个叫曹植的人，在这七步之内作了一首诗，就叫《七步诗》，他的本领大不大？为什么他能在七步之内就作出诗来呢？你们想不想知道？"

资料来源：幼儿园大班语言教师示范试讲教案《七步诗》. 妈咪爱婴网

点评：教师在设置悬念，引起幼儿注意并初步介绍诗名与作者的基础之上运用过渡语："他的本领大不大？为什么他能在七步之内就作出诗来呢？你们想不想知道？"承上启下，引出本节课的教学重点即《七步诗》的内容，讲解语言简洁凝练，并有一定的启发性，过渡自然流畅。

案例二：在大班的社会活动课上，教师讲授何为"分享"时出示"分享"两字，提问："这两个字是什么字？"幼儿大声回答："分享。"

教师："'分享'是什么意思？"

幼儿："和大家一起享受。"

教师："和别人一起分享的时候你有什么感觉？"

幼儿："高兴！"

教师："森林里的小动物也爱分享，来，听听它们分享什么了吧。"（然后听故事）

点评：教师在教学活动中通过"'分享'是什么意思""和别人一起分

享的时候你有什么感觉"这两个问题，使幼儿思考并了解"分享"。在此基础上引入下一环节讲故事的教学内容，这样，当幼儿在听故事时就能重点关注有关分享的部分。类似的提问过渡，可以引起幼儿的注意，使幼儿了解教学的重点，关注本质内容，增强教学效果。

资料来源：马晓嘉. 浅析幼儿教师教学口语的提问语形式分析. "论文天下"论文网

5. 拓展阅读。

浅谈幼儿园集体教学过渡语的运用策略

教学实践证明，集体教学中过渡语"渡"得准，能够准确地总结；"渡"得巧，能够巧妙地质疑；"渡"得活，能够灵活地拓展；"渡"得到位，能够有效地激情……过渡语的运用主要在于"顺、拉、推、移、引"的巧妙运用。这些方法根据不同情景或需要，既可交替使用，也可单独运用。

（1）顺：随景入境，自然过渡策略。

《纲要》指出，幼儿园"教育活动的组织形式应根据需要合理安排，因时、因地、因内容、因材料灵活地运用"。因此，幼儿园集体教学活动往往会根据教学内容创设一定的教学情境，或制造一定的氛围，让孩子"顺"流而下，随景入境，自然过渡到要进行的活动之中。这种设计针对孩子的年龄特点，同时还要针对具体的教学内容。这样因人、因情、因景的过渡，不仅自然、不着痕迹，而且精练、到位，燃起了孩子的激情。

（2）拉：拉好缰绳，总结过渡策略。

在幼儿园集体教学中，为了让每个孩子都有机会说，同时也为了扩展孩子的思维，发展孩子的想象力，我们常常让孩子进行小组式讨论，或者提出一些开放式问题。这时孩子显得特别活跃，有时甚至会出现一发不可收拾的局面，面对此情此景，我们就需要"拉"好缰绳，既保护孩子的学习积极性，又不任其发展。教师要把握好孩子思维的缰绳，在适当的时候做一个简单的总结，做到既放得开、又收得拢。

（3）推：推陈出新，提升过渡策略。

新《纲要》指出，幼儿园教育活动内容应"既适合幼儿的现有水平，又有一定的挑战性""既贴近幼儿的生活来选择幼儿感兴趣的事物和问题，又有助于拓展幼儿的经验和视野"，所以，我们的教学要推陈出新，既关注幼儿的原有经验水平，又要给予进一步的提升。在集体教学活动中，尤其是在总结性谈话时，由于年龄特点的限制，孩子在理解事物时总是感性、粗浅的，表述问题总是不够全面、清晰。这时就需要教师及时"推"孩子一把，根据孩子的情况反馈，有效地梳理孩子已有的经验，进行补充说明，帮助其进一步理解、提升，顺利过渡到下面的环节之中。

（4）移：移花接木，纠错过渡策略。

幼儿园的集体教学活动永远都没有固定的详细教案，因为孩子的思维是活跃的，有时甚至是天马行空、不着边际。所以，幼儿园集体教学活动中我们教师会遇到许多"意外"的事。在集体教学活动中，有些时候教师提一个问题，孩子的回答会岔出去，答案与教师预设的内容背道而驰，而且也没什么深入探讨的价值；有些时候孩子还会故意给你捣捣乱，当众给你难堪。在众目睽睽的时候，教师就需要"移"的智慧，也就是运用移花接木的方法，纠正孩子的错误观点，这样既不伤害孩子的自尊心，又能把孩子的思维迁移到自己的教学轨道上来。

（5）引：曲折迂回，点拨过渡策略。

一百个孩子有一百种语言，一百个孩子对一个问题会有一百个回答。孩子的思维有时会"触景生情"突发奇想，有时又会僵化、拐不过弯来。在课堂上他们往往会冷不丁冒出一些谁也想象不到的语言，使教师处于比较尴尬的处境。有的教师会对孩子斥责，有的教师会避而不答。此时最好的办法是"引"。分析孩子说这些话的原因，采用迂回战术，对孩子进行点拨启发，引导孩子的思路回到原来的教学情境当中。

资料来源：刘健义. 浅谈幼儿园集体教学过渡语的运用策略. 教育学刊，2011（5），有删改

二、示范、讲授环节的语言表达

（一）示范环节的语言表达

1. 示范语的内涵与作用。

示范语，狭义是指教师在教授幼儿语言运用过程中所示范的语言，广义是指教师与幼儿交流、交往过程中的一切的示范性语言。本书中的示范语是指广义的示范语。

心理学研究表明，幼儿时期是人类语言发展的关键时期，幼儿的语言匮乏，且模仿能力强，他们在幼儿园所接触到的语言情况将影响其今后的语言发展，所以说幼儿教师的示范作用至关重要。幼儿教师在培养幼儿语

言表达能力的同时，更要注意自己语言表达，自觉提高语言修养，使自己的语言成为幼儿学习的典范。

2. 示范语的设计原则与要求。

（1）规范性。

教师的语言是幼儿语言的样板，教师只有使用规范的语言，才有可能对幼儿产生正面的示范效应。所以，教师必须使用标准的、规范的普通话，在语音、词汇、语法等方面都要符合国家普通话的要求，做到发音清楚、吐字准确，不念错字、不使用方言。

（2）逻辑性。

教师在使用语言时必须使其内容符合事物的客观规律，必须根据思维的逻辑准确运用概念，避免前后矛盾的话。

（3）纯洁性。

语言不是一种孤立的现象，它与思想品德、文化素质等密切相关。一位品德高尚的教师，使用的语言应该是纯洁、文明、健康的，应该能够促进幼儿的智力开发，能够激发幼儿的学习兴趣，能够培养幼儿健康向上的情感。反之，粗俗的语言只会给幼儿带来负面影响。

3. 示范语的类型。

（1）语言活动中的语言示范。

在以培养幼儿沟通交流、运用语言能力为主的语言活动中，教师的语言是幼儿最关注、模仿最多的内容，也是教师重点讲授的内容。例如，一些字的发音示范、词语的发音示范，在这些语言的示范中，教师的发音、用词、语法的规范将潜移默化地使幼儿运用语言具有规范性。教师在故事朗读示范中语言的音高、语速、语调等，则不仅可使幼儿听到标准的普通话发音、正确的遣词造句，还可以使幼儿更好地感受作品中完整的艺术形象。并且教师经常朗读示范，幼儿长期倾听、经常性地模仿，还有助于提高幼儿的朗读水平。

（2）其他教学、游戏活动及师生交流中的语言示范。

教师在其他教学活动、游戏活动及所有的师生交流互动中，向幼儿所说的一切语言，表达的一切内容、一切遣词用句，都将对幼儿产生示范作用。教师应注意发音清楚、吐字准确，不念错字、不使用方言，加强语言基本功的训练。同时，教师语言的选择和运用必须要考虑幼儿的语言接受能力，应简洁、明确，忌烦冗。在长期的教师语言示范后，幼儿积累的语言知识日趋丰富，运用也日趋熟练，口语表达也将日趋规范、生动。同时，这一方面的示范语时刻考察着幼儿教师的语言水平，也更能够体现幼儿教师的语言基本功以及语言素养，所以不仅需要教师在平常的语言表达中注意语音、词汇、语法的正确规范，更要求幼儿教师注意语言表达的学习与练习。

【思考与练习】

1. 目标解读：了解示范语的类型，在教学活动中能够根据实际情况运用适当的示范语。

2. 情境假设：中班的文文是一位来自大连的小朋友，说话时带有明显的辽宁口音，教师应该如何发挥语言的示范作用，帮助文文说好普通话，也避免其他幼儿模仿文文语言中的方言、方音呢？

3. 知识要点：示范语的类型及要求。

4. 案例解读。

案例一：在课间就餐时间，一位教师满面笑容地对孩子们说："小朋友们，就餐时间到了，排好队，我们去'刺（ci）饭'。"另一位教师则喊道："小朋友们，我们来'喝流来（牛奶）'。"幼儿听到教师的话语，也都小声地重复着"刺饭""喝流来"。

资料来源：浅谈幼儿园教师的语言魅力. 育儿网

点评：第一位教师是平翘舌不分，将"吃饭"念成"刺（ci）饭"；第二位教师则 n、l 不分，将"牛奶"说成"流来"。由于这两位教师来自不同的地方，语言的惯性使他们的语言方言化，所以出现上述的情况在所难免。这就要求教师应有意识地矫正自己的发音，注意语言的规范性，用心学习普通话，克服方言、土语的干扰，加强语言的基本功训练，尽量做到顺畅、准确地使用普通话。

案例二：一堂课上，子卿上课总是调皮，教师对他喊道："你真是个万难头！"当时，有几个幼儿也跟着冲他喊"万难头"。第二天，子卿刚进教室，教室里的幼儿就对着他喊"万难头"，子卿委屈地看着小朋友，眼里还含着泪水。

资料来源：浅谈幼儿园教师的语言魅力. 育儿网

点评：教师不经意间的一句气话就会对幼儿造成伤害，因此，作为教师的我们应避免使用"滚出去""猪脑子""笨死了"等不文明的粗俗语言。教师应注意语言的纯洁性，尽量使用纯美的语言去触动幼儿，使其形成纯洁、文明、健康的心灵世界。

案例三：小班的强强尿了裤子，默默地坐在座位上一动不动，教师走到他身边，蹲下来亲切地、轻声地说了一句："没关系，我们悄悄地去办公室换上干净的裤子。放心吧，我会替你保密的，小朋友们不会发现的。"

资料来源：浅谈幼儿园教师的语言魅力. 育儿网

点评：幼儿也是很注重"面子"的，他们尿了裤子不愿意告诉老师，如果教师说："你怎么会尿裤子？"那么这个幼儿就会被大家笑话，伤及自尊。因此，作为教师，我们要多为幼儿考虑一下，照顾幼儿的感受，不用带有责备的质问，而是运用人性化的语言，亲切、温柔地与幼儿沟通。我想，如果这样，就不会有顾虑了，不仅如此，他们还会对老师产生亲切感和信任感。由此想到，在培养幼儿语言表达的同时，教师还要注意自身语言表达的规范性，自觉提高语言修养，让自己的语言成为幼儿学习的典范。

5. 拓展阅读。

浅谈幼儿语言教育常见问题与策略

《幼儿园教育指导纲要（试行）》语言领域目标明确指出，要"喜欢与人谈话、交流；注意倾听并能理解对方的话；能清楚地说出自己想说的事；喜欢听故事、看图书"。语言是人类交流的工具，幼儿成长过程中离不开语言的发展与传递，幼儿期的语言发展处于萌芽阶段和最为关键的运用时期。但是幼儿若不能很好地理解语言和运用语言，那么在成长过程中就会遇到障碍。笔者经过多年的教育实践，就当前幼儿语言教育中存在的问题做了分析，从实践层面上针对幼儿教学语言的发展提出几点方法，以供参考。

（1）幼儿语言教育中存在的问题。

①陈旧的教学观念。纵观我们的课堂，不难发现：很多幼儿教师仍然在用原有的语言教学方法，幼儿在语言学习活动中被动地接受教师所灌输的书本知识，这样的教学方式只会导致幼儿对教师产生依赖。这种被动式的语言教学方式直接扼杀了幼儿主动探索的能力，更谈不上激发幼儿学习知识的积极性，对幼儿潜在语言的开发也远远不能达到我们教育目标的要求。

②理论与教学实践脱节。在实际教学过程中，教师很少能够做到把幼儿在课堂所学到的语言知识运用到实践中去。在幼儿语言教学中，教师将理论和实际结合的案例也不够丰富，有些地方甚至脱节，致使相当多的幼儿在实际中缺乏语言交往实践，从而直接降低了自主探索的能力。

③教学目标不明确。大多数教师在实际教学中，教学目标不够明确，在语言教学中只是为了教而教，不能很好地发挥自己的主观能动性，不能或者很少使用当前学前教育研究的新成果和新方法来指导自己的语言教学实践。另外，一些幼儿教师还存在语言综合运用能力不足的问题，也不能将幼儿语言教育与其他学科有机地整合，没有让各学科的知识相互联系、相互渗透、相互融合，这就间接影响了幼儿学习语言技能的效果。

（2）幼儿课堂语言教学的策略思考。

①创设宽松的语言运用情境。大家都知道，幼儿的模仿能力是比较强的，在平时的教学中，我们发现幼儿处于一个什么样的语言环境，就会学到相应的语言。例如，要想让幼儿学习普通话，就要把幼儿放在一个时时处于普通话的环境中。另外，在教学过程中要给幼儿留下足够的想象空间，引导他们交流，让其体验语言交流带来的乐趣。

②让幼儿学会倾听。聆听是沟通的重要基础，也是与人交谈的重要手段之一。在实际教学过程中，即使出现幼儿连自己在讲什么都不知道的时候，我们也可以让他多听听别的小伙伴是怎么说的，这样或许会对幼儿语言能力的提升有着意想不到的效果，因此，我们应该让幼儿先去学习如何倾听。学前教育理论研究表明，让幼儿学会倾听是最好的方式，这能让他们了解事件的原因及后果。

③选择合适的内容。在儿童的语言学习中，教师对内容的选择尤为重要。教师要认真考虑幼儿的认知水平，从他们的生活经验出发，广而浅地选择教育内容。比如，小班可选择"我来扮演爸爸、妈妈""我的家""玩具展览"；中班可选择"有趣的书""能干的手"；大班可选择"生活中的数字现象""钱币"等。这样，才能让他们的说话能力有所发展。

④让幼儿"创造性"地去说。教学中，教师可以借助一些卡片和生动形象的课件让幼儿去观察，然后让他们根据所看到的内容去练习表达。让他们结合自己所看到的内容加上自己的思考，围绕"图上有谁，在做什么"等进行练习。我们还可以将具体的行为与说联系起来，在做中诱发幼儿说的愿望，在说中进行语言表达的练习，从而锻炼幼儿的分析、概括能力。

⑤用故事加以引导。幼儿最喜欢听故事，尤其是2～3岁的幼儿理解能力相对比较差，一般喜欢以动物为主人公的童话。我们要根据幼儿个性上的不足，选择一些故事引导幼儿向良好的个性方向发展，比如，对粗暴、霸道的幼儿，我们可以讲一些谦逊、礼让的故事给他们听；对胆小、怯懦

的幼儿，可以多讲些英雄的故事；对爱慕虚荣的幼儿，可以讲一些颂扬内在美的故事。教师在讲的时候，要让幼儿认真听，故事讲完后，可以采取提问的方式，让他们努力复述故事的大概内容，这样既可以增强幼儿的语言表达能力，又可以发展幼儿的记忆力，对训练幼儿思维的完整性和严密性无疑是一种锻炼。

⑥让幼儿多看书。在幼儿时期，幼儿的无意记忆非常占优势，思维特点都以形象思维为主，还有着极强的无意识感知能力和学习能力。比如，家长经常可以带孩子到书店去看一看，让他们从小多看一些小人书，即使孩子看不懂，家长也不要忙于解释。经过长期的积累，孩子就会在潜移默化的过程中提高语言修养，这对今后的语言创作是极其有利的。

总之，对幼儿来说，语言是发展的基础，应让他们能够根据一些简单的情境，来调节语言使用方式和礼貌程度，以适合不同听者和角色特征的需要，向更高级的语言意识形态领域靠拢。当然，也需要我们教师在教学实践中不断地探索，才能让孩子在语言中不断学习进步。

资料来源：浅谈幼儿语言教育常见问题与策略. 浙江学前教育网

（二）讲授环节的语言表达

1. 讲授语的内涵与作用。

讲授语也叫阐释语，是教师向幼儿传授知识和技能时进行叙述与解释的语言，也是教师较系统、完整地阐释教材内容的教学用语。

讲授语是课堂教学中最主要的教学言语，主要用来讲授学科知识、传授学科的技能技巧、提高幼儿的知识水平和各种能力，是教师独自讲课时使用频率最高、运用最广的语言形式，也是教学的核心。

2. 讲授语的类型。

（1）叙述语。

叙述语是以平实、自然的语言，对某一特定教学内容进行条理分明、清楚、完整的表达而使用的课堂用语。叙述语具有条理性和完整性等特点。叙述语没有过多的感情润色，也不是很注重词语的雕饰，语言通俗、简练。叙述语表意最直接，很少用含蓄、夸张之词。

（2）描述语。

描述语是以生动、形象的语言，对被描述对象的形象、情形、状态、形状等进行具体、细致的描绘或特征勾画而使用的课堂用语。描述语具有形象性和生动性等特点。

（3）解说语。

解说是教师讲授文化科学知识时最常使用的表达方式。教学口语中的解说要做到准确、清晰、简明、生动。设计解说语，可以用下定义、讲特征、做分类、用比较、做分析、打比方、列纲目、举数字、做对比、举例子、引材料、列图表等方法。使用解说语要注意符合幼儿的理解水平，少用专业术语，力求通俗易懂。

（4）抒发语。

教师在课堂教学中，有时要针对某些知识和现象发表一些自己对该知识的看法或评论，这种抒发个人观点和情感的言语就是抒发语。抒发语在教学中要注意场合运用得适当。

3. 讲授语的设计原则与要求。

（1）准确、精练。

准确、精练是讲授语言的最基本要求。知识的讲解与传授必须用科学、规范的语言来表达。教师所讲的概念、原理、规则、结论等，都必须准确、无误、完整、周密，因此在选用教学语言时就必须根据教学目标精心考虑，注意信息传递的高效性。

（2）系统、连贯。

课堂教学中的讲述语必须做到系统连贯地对某一内容、问题进行细致的阐明和讲解。前言不搭后语的教师语言不仅会影响幼儿的学习兴趣和学习效果，还会影响幼儿的语言表达能力，让幼儿形成不规范的语言表达习惯。

（3）有针对性。

对幼儿来说，讲授语言形象、具体、亲切、有趣味性，才能充分发挥教学语言的教育作用。生动形象的语言能拨动幼儿的心弦，燃起他们求知的热情。教师绘声绘色的讲述会使深奥的道理浅显化、抽象的概念具体化、枯燥的知识趣味化，使无声的汉字通过生动的语言变得有声有色。

4. 讲授语的方法。

（1）重难点讲授法。

重难点讲授法指教师讲授应以教材的重点、难点为依据，侧重在重点、难点的讲解，不能轻重不分、主次不明。这种方法便于幼儿准确理解讲授内容。

（2）归纳式讲授法。

归纳式讲授法是先分析、后归纳的一种方法，它主要适用于教学内容比较多、线索比较复杂的情况。

（3）谈话式讲授法。

谈话式讲授法是教师在幼儿已有知识的范围内提出问题，引导幼儿思考，通过对话方式使幼儿获得知识的一种教学语言形式。谈话式是一种广泛应用的教学语言形式。

（4）讨论式讲授法。

讨论式讲授法是教师组织幼儿发表见解、展开争辩的方法。这种方法能调动幼儿的思维活动，彼此发表意见、相互启发，从而深刻地理解和掌握知识。但这种方法只能在具有一定思辨能力的幼儿中使用。

【思考与练习】

1. 目标解读：了解讲授语的类型，在幼儿园五大领域活动中能够运用规范、亲切的讲授语。

2. 情境假设：在教幼儿画鱼时，教师应该如何设计讲授语以激发幼儿绘画的兴趣，帮助幼儿顺利完成绘画活动，发展幼儿的语言能力呢？

3. 知识要点：讲授语的类型及要求。

4. 案例解读。

案例一：小班教室内，刘老师在教幼儿穿鞋子分清左右脚。刘老师告诉他们："左边的鞋是鞋爸爸，右边的鞋是鞋妈妈，爸爸和妈妈一对好朋友，永远不吵架。"在教幼儿叠衣服时，刘老师又说："扣子找扣眼，袖子找袖子，衣服弯弯腰，帽儿点点头。"孩子们听到后也跟着学说，一张张小脸上都泛着笑容边说边做。

资料来源：浅谈幼儿教师的语言魅力. 育儿网

点评：由于幼儿的自理能力比较差，经常将鞋子穿反，系错扣眼，教师运用这些节奏明快、朗朗上口的儿歌，使幼儿在诗情画意的氛围中轻松地理解了穿衣系带的方法，将抽象的道理讲得生动形象，幼儿自然地学会了穿鞋子、叠衣服等本领，不仅提高了自理能力和审美能力，而且陶冶了情操。

案例二：在绘画教学课上，教师教幼儿画鱼，教师一边画一边说："一条小鱼水中游，摇摇尾巴点点头，一会儿上、一会儿下，游来游去真自由。"这样就逐步画出了鱼身、鱼尾、鱼头、上鱼鳍、下鱼鳍和鱼泡泡，孩子们听得认真，也画得有趣。很快，幼儿在边学说边学画的过程中，一条条小鱼被描绘了出来。

资料来源：浅谈幼儿教师的语言魅力. 育儿网

点评：在面对教幼儿用画笔来描绘没有实物的鱼的形象这一难题时，教师将抽象的鱼的形象特点，按绘画步骤和要求编成了生动形象、简短易懂的儿歌，边画边说。这种形象、生动、具体、亲切、有趣味性的语言不仅激发了幼儿绘画的兴趣，帮助幼儿顺利地完成了绘画活动，而且发展了幼儿的语言能力，可谓事半功倍。

案例三：在大班美术欣赏活动"京剧脸谱"中，教师在给幼儿欣赏京剧表演及请幼儿交流之后，讲授道："京剧是中国特有的喜剧艺术，在世界上很有影响，人们提到京剧就会想到中国。京剧演员脸上都涂着鲜艳、漂亮的油彩，不同的脸谱代表不同的人物。"

资料来源：卢山. 大班美术欣赏活动"京剧脸谱". 安康家园网

点评：教师并未将语言加以过多的润色，而是运用了平实、自然而又简洁、准确的语言对京剧进行了条理分明且清楚完整的表达，却使幼儿在教师的叙述中获得了关于京剧的初步理解，这种叙述语条理清晰、表达完整。

5. 拓展阅读。

教学语言之教授语的表达方式研究和讨论

教学语言主要是指传授科学文化知识的语言，其作用在于提高教学表达效果，研究教学语言的运用规律，以便更好地为教学服务。教学语言分为四大类：导语、讲授语、问答语、结束语。

教授语言是课堂教学中最主要的教学言语，它主要用来讲授学科知识、传授学科的技能技巧，提高学生的知识水平和各种能力。讲课语，乃教师独自讲课时所使用的语言，也是教学的核心。教师把教学中的新知识、重点与难点内容，用自己理解了的浅显易懂的语言向学生阐释、分析、叙述、说明，使学生掌握学科知识。教授语言的分类如下：

①叙述语：用叙述的方式讲述事件、现象、发生发展的经过和过程，讲述方法的程序和步骤，说明功用、性质、成因、构造时，都可算作叙述语。

②阐释语：也叫讲析语。解释名词概念、定义定理，阐释定义概念的具体含义及其内涵与外延，阐释某种现象的成因或事物的构造成分等。

③分析语：分析成分构造、意义原理、推导公式、证明定理。分析语要明白、清楚、易懂，并要抓住所要分析的问题，或层层深入，或并列多面，或有横有纵、纵横结合，把问题分析得透辟、深入、清晰。

④抒发语：教师在课堂教学中，有时要针对某些知识和现象发表一些自己对该知识的看法或评论，这种抒发个人观点和情感的言语就是抒发语。

讲授语的要求如下：

①形象、生动。讲授的知识往往都比较抽象，学生因为受身心发展特点的影响，抽象理解、能力不强，所以教师在讲授时要力求形象、生动、深入浅出。

②轻松、愉快。讲授容易陷入枯燥、乏味之中，使学生失去学习的兴趣，所以教师还要激励、创造一种轻松愉快的气氛，让学生在一个比较轻松愉快的环境中学习。要想做到这一点，教师应充分发挥幽默语言的作用，有意识地准备一些与讲授有关的幽默素材，把课堂气氛搞活。

③讲问结合。一讲到底，学生没有主动性；只问不讲，学生又盲目被动，所以要把讲和问很好地结合起来。

④教学讲述中，人称的问题也很重要。讲述的人称不清，往往令学生听不明白。教学讲述是以教师的角度向学生的叙述，教师往往以"我"或"我们"第一人称开始他的讲述，又以"你"或"你们"来称呼听讲者——学生。

资料来源：教学语言之教授语的表达方式研究和讨论. 敏思博客"海的女儿"博客，有删改

三、提问环节的语言表达

（一）提问语的内涵与作用

提问语是指教师根据教学要求和幼儿掌握知识的程度，以发问的形式提出，为开发幼儿智力、唤起幼儿思维活动而使用的语言。提问语是教学口语中使用最广泛、最普遍的用语。教学过程的实质就是提出问题、分析问题、解决问题，所以提问是一种常规教学手段。提问效果的好坏，往往成为一堂课成败的关键。

提问具有以下作用：

1. 启发思考与学习主动性的培养。

善用提问的方法可以引起幼儿的注意，启发幼儿思考，培养幼儿发现

问题、分析问题与解决问题的能力，开发幼儿智力，调动幼儿学习的主动性。

2. 反馈教学信息。

教师通过提问可以及时地反馈教学信息，了解幼儿掌握知识的程度，以便合理调整教学内容。

3. 促进幼儿发展。

幼儿教师在教育教学活动中运用提问语，不仅可达到当次教学活动的目标，而且是促进幼儿更好发展的一个重要奠基石，培养幼儿的口语表达能力是每个教师运用提问语的基本目的。

（二）当前教师提问存在的突出问题

1. 提问的目的不明确，只是把提问当做一种课堂教学的必备手段，而不知道为什么提问，直接表现为不会提问。

2. 教师接不住幼儿抛过来的"球"，对幼儿的回答缺乏正确的回应。教师抛出问题之后，幼儿给出五花八门的答案，教师没有针对本班幼儿的现有水平和当前课堂情境进行灵活调整，与其说是激发思维，不如说是打发时间，按部就班地上课。

3. 所提问题缺乏层次性，表现为胡子、眉毛一把抓，在问较难问题之前缺乏简单问题的铺垫，没有一个从易到难、循序渐进的过程。

4. 提问方式不恰当。提大量封闭性问题是幼儿教师习惯的提问方式，直接表现为忽视幼儿主体地位，为完成教学设计而提问、为提问而提问的现象尤为普遍。

5. 过分追求答案的唯一性，主要表现为两个方面，一是"迫不及待"地想从幼儿口中得出标准答案，向标准答案上引导；二是只针对部分能力发展好的幼儿提问，幼儿应答机会分布不均匀，能力强的幼儿一节课被提问十来次，而能力弱的幼儿可能一次都没有。

（三）提问语的类型

1. 开放式提问。

开放式提问是指教师提出的问题通常没有明确、固定的标准答案或有多种正确的答案，幼儿可根据想象并结合自身经历自由地来回答。例如，"你想用这块橡皮泥捏出什么呢？""母亲节到了，你想对妈妈说些什么呢？"教师提问的目的在于激发幼儿积极地思考，调动幼儿的学习兴趣，培养其创造性和发散性思维能力，使幼儿勤于动脑、乐于探索。开放式提问一方面激发了幼儿参与活动的兴趣，极大地调动了幼儿思考问题和回答问题的积极性；另一方面也体现了教师对幼儿的尊重，使幼儿在回答问题的过程中获得了自信与快乐。

2. 封闭式提问。

封闭式提问是指教师就幼儿刚刚学习过的内容或生活中的简单常识或具体事实进行提问。教师提出的问题通常只有一个或少数几个固定的标准答案，它要求幼儿朝着教师预设好的方向去思考，幼儿只需回忆所学知识或生活中的简单常识或具体事实就可以回答。例如，"交通信号灯有几种颜色？小朋友过马路时要走在哪里？""你知道的钱币有几种？"对于幼儿回答得正确与否，教师会做出明确的评判，并要求回答错误的幼儿立即更正已有的错误认识。封闭式提问有利于幼儿对所学知识的复习和巩固，通过进行封闭式提问，教师可以清楚地了解到幼儿对所学知识的掌握情况，可以节省教学时间，加快教学进度，提高教学效率。

3. 概括式提问。

概括式提问是指教师要求幼儿对教学内容进行一定的总结和概括，自己得出某一结论，它通常在教学活动即将结束时进行。例如，"谁能说一说，今天我们用了什么方法做出的小汽车？""在这节实验活动中，我们是怎样让小灯泡发亮的？"这种提问要求幼儿对教学内容有一定的提炼和概括能力，因此，教师对教学内容的选择就显得尤为重要。教师要想根据幼儿的年龄特点和已有知识水平，引导幼儿学会简单地概括，就需要对幼儿提出概括性问题。

4. 理解式提问。

理解式提问是指教师根据教学内容或某一情景提出问题，请幼儿根据自己的理解进行回答。例如，"听了《孔融让梨》这个故事，你觉得孔融是个什么样的孩子？你懂得了什么？"通过理解式提问，教师可以了解幼儿对教学内容的理解程度，因此，这种提问方式在一定程度上可以起到检验教学效果的作用。幼儿通过回答这种问题，也可以使自己的语言表达能力和逻辑推理能力得到一定程度的锻炼。

5. 移情式提问。

移情式提问是指在某一特定的情境中，幼儿暂时抛开自己的角色和身份，站在其他角色上去思考问题，寻找解决问题的办法。例如，"如果你是妈妈，会怎样照顾你的宝宝？你的妈妈是怎么照顾你的？她辛苦吗？你想怎样回报妈妈对你的爱?""如果你不小心被别人撞倒了,会不会很疼? 如果你撞了别人,该怎么办?"这种提问可以使幼儿逐渐学会站在他人的立场和角度上去思考问题,学会关心和理解别人,有助于对幼儿移情能力的训练和亲社会行为的培养。

6. 层次性提问。

在教学中设计的提问要有层次性,首先从幼儿已有的生活经验入手,然后再以层次性提问逐步加深,扩展内容,丰富知识,建构概念,使整个过程结构严谨,体现发展性原则。从经验入手——找原因——发现变化——引申学习,一步步加深学习,充分体现了提问的层次性,可使幼儿在原有的水平上步步深入、充分想象,学到更多的知识。例如,在大班科学活动"镜子游戏"中,教师的层次性提问可以是:①(出示镜子)这是什么? 你平时都用它干什么? ②镜子是用什么材料做成的? 所有镜子都一样吗? 它们有什么特点? ③你还见过什么镜子? 它有什么用途? ④现在,你把它放在阳光下试试,会发生什么现象? ⑤为什么镜子在太阳下能反射出小光斑?

7. 趣味性提问。

针对幼儿天真、活泼这一特点,在教学过程中教师应向幼儿提出一些有趣味性的问题,使幼儿激起探究的欲望,积极、主动地从事某种活动,从中获得经验和乐趣,掌握更多相关知识。趣味性提问既可以满足幼儿的好奇心,又可以缓和地纠正幼儿的一些错误想法,激发幼儿强烈的探究欲望。例如,在中班"学习用筷子"活动中,教师引导:"听,瓶宝宝的肚子已经饿得咕咕叫了,它在说:'小朋友们,你们不是学会用筷子了吗? 那就用筷子夹些豆豆喂喂我吧,千万别用手抓啊,不然我会肚子痛的。'"

(四) 提问语的设计原则与要求

1. 目的明确。

课堂提问要有明确的目的,提问所用的语言要清晰明确,与教学目标紧密联系,围绕教学的难点和重点,使幼儿听到问题后轻松找到合情合理的思考方向。

2. 能力的培养。

课堂中的提问,既应当考虑到幼儿掌握知识的程度、对问题的理解程度,也应当特别注意通过提问综合培养幼儿的认知能力、思维能力和解决问题能力,多种能力的培养远比扩充知识更重要。因此,教师在教育教学活动中的提问语应以引导、启发为主，以辅助、提示为辅。

3. 难度适当。

提出的问题应具有一定的难度，难度适当的问题可以把幼儿带入一个可以理解而又不是很容易理解、有障碍却可以逾越的境界，形象地说，就是要"跳一跳，摘果子"。

4. 有层次性。

教师在教育教学活动中的提问要有层次性，设计提问要由简到繁、由易到难、环环紧扣、层层递进。对幼儿提出的每一个问题都应是教师在进行教学活动前深思熟虑的结果，每一个问题都必须做到设置时机恰当，符合幼儿的年龄、心理以及思维特点，问题之间能很好地衔接，保证问题的有效性。

5. 以尊重幼儿为前提。

提问时的态度要和蔼，言语要礼貌，把尊重幼儿作为提问的前提。对幼儿的回答及时鼓励与激励，以正强化的方式激发幼儿的思考，以达到教师提问的预期效果。

（五）提问环节的语言表达

1. 语言的思辨性。

语言的思辨性是指教学中设计和提出的问题以及解疑的过程应具有启发性、可思考性和探索性。语言教学活动中的提问，应从启发、激励幼儿的思维出发。问题的设计是前提，引导解疑是关键。提问有价值、有质量以及适当的引导，能调动幼儿的探究热情。提问时，语速要放慢，对质疑点做适当的重复或解释。

2. 语言的量力性。

语言的量力性，要求教师设计问题时要注意"因材施教"和幼儿的"可接受性"，使不同层次的幼儿通过答问都能得到发展。提问要难易适度，难度大的可分成几个小问题来提问，问句要简明易懂。根据幼儿的学习进度，逐步提高要求。

3. 语言的节奏性。

教师的提问语要掌握一定的节奏，做到准确、严谨、清晰、简练，通俗易懂。幼儿年龄小，理解能力差，因此提问语要儿童化、浅显易懂。口头提问不宜太长或太短或转变太多，否则，幼儿记不住，很难找到问题的核心。同时，教师的提问需考虑到问题的难易、幼儿的个性等因素，提问与回答之间应该有一定的间隔，便于幼儿充分思考问题。间隔的节奏应根据提问的类型灵活调整，提出高难度问题时，等待时间相应较长；提出低难度问题时，等待时间较短。

4. 语言的趣味性。

在教育教学活动中，教师应把握契机，运用富有趣味性的问题调节枯燥无味的活动气氛，促进幼儿的思维发展，激发幼儿的求知欲和想象力。富有趣味性的问题能够使幼儿积极地参与到教学活动中来，保证教学质量，使提问变成教学环节中轻松、愉快的一部分。

【思考与练习】

1. 目标解读：了解提问语的类型，在幼儿园教育活动中能够运用恰当的提问语。

2. 情境假设：在幼儿园集体活动"妈妈生病了"中，当幼儿看到熊妈妈躺在床上时，教师应该设计怎样的问题提示幼儿熊妈妈身体不舒服，要照顾生病的熊妈妈？

3. 知识要点：提问语的类型及提问环节的语言表达。

4. 案例解读。

案例一：大班组织"看图讲述故事《灰角鹿》"的活动，故事梗概如下：一只小鹿因为生病，头上的角变成了灰色，它难过极了。一天，小鹿正在树丛里睡觉，醒来后发现两只小鸟在自己头上搭了一个鸟窝，它想：小鸟搭一个窝多不容易，以后我得慢慢走，别把小鸟给摔坏了。下雨的时候，小鹿躲到树叶下，怕把小鸟给淋湿了；天晴的时候，小鹿站在太阳下让小鸟把羽毛晒干；小鸟练习飞的时候，小鹿跟在小鸟的后面保护它们。

在这个活动中，教师需要引导幼儿拓展经验，讲出多种小鹿保护小鸟的方法。下面是 A、B 两位老师组织活动的片段。

A 老师的部分提问，如："小鹿生病了，它的角变成了什么颜色？它是不是很难过？小鹿有没有保护小鸟？小鹿是怎样保护小鸟的？"之后，没有其他引导幼儿进一步思考的提问，幼儿自主性学习的方法比较少，所以讲述得很少。

B 老师在引导幼儿理解了故事内容后，采用文学性的语言，巧妙地运用了"当……的时候……就……"来引导，让幼儿讲述小鹿保护小鸟的方法，生动有趣，幼儿想出很多小鹿保护小鸟的方法，轻松地达到了老师想要的教学效果。

案例二：在教育活动结束时，为了更深层次地引导幼儿反省学习的方法策略，教师在活动最后围绕"你的收获是什么"引导幼儿对所学内容展开讨论。

幼　　儿	教　　师
	你知道什么是收获吗？
A：收获是得到什么东西。	你说得很好，那收获是得到什么东西呢？
B：收获就是懂得什么道理。	很好，懂得一个道理确实是我们的收获，但是，只有懂得道理才是我们的收获吗？
C：收获就是今天你学习到了什么方法。	不错，你已经能与我们今天学的本领联系起来了，你想到自己今天的收获是什么了吗？
	收获是懂得一个道理，学习到一个方法，那你的收获是什么？
A：我今天学会讲一个故事了。	我们学会讲一个故事了，本领越来越大了，这是一个收获。
B：我的收获是学会了用好听的句子"当……的时候……就……"来讲故事。	非常好，你已经想到今天我们刚学的新方法了，还有谁有不一样的收获吗？
C：我的收获是知道帮助别人是会让自己开心的。	你的收获和刚才大家说的有些不一样，为什么会这样说？
C：小鹿帮助了小鸟，小鸟也帮助了小鹿，它们都很开心，我也要学它们，多帮助别人，这样我也会每天开心的。	原来故事还教会了我们让自己、让朋友开心的方法呢！
D：我的收获很多，我知道了怎样寻找快乐，还学会了用好听的句子讲故事。	刚才小朋友都说了自己的一个收获，而他说了两个收获，真让老师高兴。
众幼儿争着说： 老师、老师，我还有一个收获。 老师，我也有一个收获。 ……	其实，我们学习知识时，每个人的收获是不一样的，有的人是知道了一个故事，有的人是学习了一种方法，有的人是既懂得了一个道理，也学会了一种方法。有的人的收获可能有一个，有的人可能有两个，有的多，有的少，但都是我们的收获。

点评：采用何种提问方式，在一定程度上决定了幼儿回应的方式，好的提问方式能够引发幼儿的思考，能够带领幼儿由浅入深、由易到难地探究问题的本质。

首先，尽可能地提开放式问题，而不是封闭式问题。活动中，教师的提问最好是开放性的，为幼儿创设一个广阔的思维和自主探索、想象的空间。这样，有利于激发幼儿的讲述积极性，拓展幼儿的思维、想象创造能力。西方学者德加默也提出这样一个观点"提问提得好即教得好"。因为教师准确、恰当的提问能激发幼儿的学习兴趣，使其思维进入积极状态。例如，在案例一中，A老师所提的封闭式问题："小鹿生病了，它的角变成了什么颜色？它是不是很难过？小鹿有没有保护小鸟？小鹿是怎样保护小鸟的？"此类封闭式问题主要有以下两大弊端：第一，这类问题鼓励幼儿猜测而不是动脑。即使幼儿不知道正确答案，也会有50%的概率猜对。如果教师经常提此类问题，幼儿很容易揣摩教师的心理并找到正确答案的提示，而不是集中于问题本身。第二，选择性问题的价值含量低。因为具有猜测性质，幼儿对这类问题的回答并不能说明他们是否真正理解了学习内容。而开放式问题的特点是答案的不固定、不确定性，能够给幼儿更多思考的空间，也就给了幼儿更多推理、判断、假设、分析的机会。比如，B老师的提问："小鹿是怎样保护小鸟的？"然后再采用文学性的语言，巧妙地运用了"当……的时候……就……"句型来引导，让幼儿讲述小鹿保护小鸟的方法，生动有趣，幼儿就可以想出很多小鹿保护小鸟的方法，轻松地达到教师想要的教学效果。因此，在幼儿园教学中我们鼓励教师尽可能地提开放式问题，如多提为什么、怎么样等问题，鼓励幼儿动脑思考，只有这样的问题才能更好地培养幼儿积极思考的品质。

其次，在提问的过程中，应尊重幼儿的个体差异。提问要有层次性，难度上要有一个从易到难的递进。太易或太难的提问都无助于主体的发展，反而会挫伤幼儿的积极性。从某种意义上讲，教师对幼儿反馈和回应能力的高低，可以说是决定课堂教学成败的重要环节。案例二就是一个很好的例子。有的幼儿教师对幼儿的回答一律用不同程度的肯定给予回应，全是诸如"很好""真不错""你真棒"之类的回答，这是教师对幼儿回答的不恰当的反馈，是教师驾驭教学活动能力弱的表现。因此，在提问的回应方式上，教师应加强有指导性的评价。

（1）当幼儿回答正确时，教师应肯定正确的观点，进一步诱导追问，激发幼儿再思考。可以进一步询问幼儿是怎么想的，他为什么这样想，除此之外还可以怎么办等。

（2）当幼儿回答正确但不完整时，通过提示继续问"还有吗""还有其他原因吗"或给予一定线索，进行有效启发。教师在回馈反应时，应从实际出发。

（3）当幼儿回答问题有困难时，教师应耐心期待并积极设法促成转机。一般可根据具体情况采用"分解难度、化难为易""转换角度、另辟蹊径""适当提示、给予线索"等方法。而不是采用干巴巴的语言让幼儿"继续"或"你再想想""你再想想"一遍一遍地"逼"问，这样做不但不能有效地支持幼儿，反而可能让幼儿觉得老师在给自己施加压力。

（4）当幼儿回答错误时，教师可以艺术性地纠正幼儿的错误观点，引导幼儿正确思考的方向；教师也可以对幼儿的错误回答不予回应，让幼儿在随后的环节中自行纠正错误观点。只有这样，才能更好地培养幼儿的思维品质，锻炼幼儿的推理、分析能力。

（5）鼓励幼儿自我判断或衡量同伴的回答，学会批判思维。一是让幼儿去评价班上其他幼儿的回答。例如："你同意他的看法吗？还有不同意见吗？"二是让幼儿自我判定自己的回答是否准确、自己的猜测是否正确。有些问题教师可以马上给予反馈，有些问题可以在随后的教学中得到验证，教师没有必要马上给予回答，可让幼儿相互作答、相互讨论。许多教师只抓住幼儿的第一个答案便迫不及待地作出反应，或进行评论。实际上，如有可能，他们应首先提出问题，听取幼儿的两个或三个答案，然后再继续。

综上所述，一个有效的"好问题"，可以使幼儿的学习高效，更好地促进幼儿的发展。而什么问题是"好问题"却没有固定答案和标准，教师要根据特定的课堂教学情境，从整体上去把握课堂教学，只有这样，才能保证教学过程真正成为发现、分析、解决问题的过程，教师与幼儿才有可能真正对话。

资料来源：黑龙江幼儿师范高等专科学校附属幼儿园教师高敏

5. 拓展阅读。

幼儿教师教学口语的提问语形式分析

幼儿教师职业口语主要包括教学口语和教育口语。其中，教学口语是幼儿园开展教育教学工作的必备工具，也是作为幼儿教师必须掌握的职业口语技能，它直接关系到幼儿园教学质量和幼儿思维、智力、语言水平的提高。

　　幼儿教师教学口语包括教学导入语、教学提问语、教学讲授语、教学结束语等多种教学语言形式。其中，教学提问语贯穿教学活动始终，是幼儿园教学活动的主要环节。教学提问语是指教师根据教学要求和幼儿的实际提出问题，促进幼儿思考钻研以加深理解的教学语言形式。无论是教学导入语还是教学结束语或是教学讲授语，都离不开教学提问语的支持。因此，掌握科学、合理的教学提问语是提高幼儿课堂教学效率、促进幼儿语言思维发展的重要保障。通过近几年的幼儿教师职业口语教学研究，结合幼儿园课堂教学实际，我总结分析了教学提问语形式及运用要求。

　　（1）教学提问语的形式。

　　——填空式。即把问话组织成像试题中的填空那样，然后依次发问。这种提问，多是根据活动中的一些需要记忆的地方提出来的问题，又可称为重点式提问。通常需要记忆的知识也就是重点问题，所以，根据教材中的教学重点提出明确的问题，把这个问题弄清楚，本课的知识目标也就基本达到了。这种提问方式可以训练学生边看、边听、边记、边概括的能力。

　　例如，教幼儿认识猫，教师可提出一系列了解小花猫特点的问题："小花猫的耳朵什么形状呀？嘴边长了什么呀？小花猫走路什么样呀？"……

　　——过渡式。即在教学中起承上启下的作用，通过这个问题，幼儿可以发现更本质的问题，有一个连贯的思维。

　　例如，教师出示"分享"两字。提问："这两个字是什么字？"

　　幼儿："分享。"

　　教师：" '分享'是什么意思？"

　　幼儿："和大家一起享受。"

　　教师："和别人一起分享的时候你有什么感觉？"

　　幼儿："高兴！"

　　教师："森林里的小动物也爱分享，听听它们分享什么了。"（然后听故事）

　　——连环式。即为了达到表达的目的而精心设计的环环相扣的一连串问题。这几个问题形成一个整体，几个问题都解决了，重点或难点问题也就解决了。

　　——信息反馈式。即针对幼儿的学习效果提出的具体问题。这样的问题可以帮助教师明确幼儿对知识的掌握程度，以便于教师正确把握课堂教学的方式方法，必要时可随时做调整。这样的问题在幼儿园教学中必不可少。例如："你们懂了吗？你们是怎么想的？你们是怎么做到的？"

——错误诱导式。即教师"明知故犯"，用错误的结论激发幼儿生疑思考，从而发现正确的答案。

例如："我看啄木鸟那样站在树上，会掉下来，你们说会不会掉下来？""我想爸爸妈妈不给我买玩具，我大哭大叫也没什么不好，我是小孩嘛！你们说对吗？"

——追本探源式。即直接请幼儿回答问题产生的原因。例如，关键处提问"为什么"，"为什么要有广告？""我们为什么要穿衣服？"

——扩展延伸式。即现在所学内容和以前所学的，以及与此有关的内容连在一起提问的方法。这种提问法，有由新温旧、由此及彼、融会贯通的作用。扩展式提问法，可以把各方面的知识连贯起来，建立起多方面的联系，培养"立体"地思考问题的能力，因而比孤立地学记得更牢、理解得更深。

（2）教学提问语的运用要求。

——问点准确。即课堂提问要有明确的目的，操作性强，提出问题的语言要清晰明确，不要无意识地问或习惯性地随便问。要使幼儿听到问题后轻松找到合情合理的思考方向，不会"丈二和尚摸不着头脑"。其实，幼儿的所答非所问有时并不怪幼儿，只能说教师没问好。比如，有些教师习惯地问"是吗""对吗""明白吗"等，这样的问题对解决知识重点、难点是毫无意义的。正确的教师提问语，应该是教师在备课过程中紧紧围绕教学目的有准备、有顺序地经过认真设计而提出的。提问要围绕教学的难点和重点来进行，问到点子上。

——启发智能。提问时，应注意做到把对幼儿智能的考查和训练融合和谐统一的整体。教师提问时，既应当考虑幼儿的知识掌握程度、问题理解程度、思维敏捷程度，又应当特别注意通过提问启发幼儿的智能，强化对幼儿这方面能力的培养训练。

——难度适当。提出的问题应当有一定的难度，要巧妙地把幼儿带入一个可能理解而又不是很容易理解、有障碍却可以逾越的境界，形象地说，就是要"跳一跳，摘果子"。

——层层递进。设计提问，要由简到繁、由易到难，环环紧扣、层层递进。为此，教师要注意设计好问题的"坡度"，让幼儿回答问题像攀登阶梯一样，步步升高，让幼儿的思维也跟着"爬坡"。

教师的教学提问是引起幼儿反应、增强师生之间相互交流和相互作用的主要手段，幼儿园教学中常常采用提问的方法，启发幼儿思考，帮助幼儿在回答问题的过程中发展智力，培养口语表达能力。它具有明确的目的性——紧扣授课中心，为完成教学任务服务；具有很强的针对性——针对幼儿的实际水平、年龄、心理特点、兴趣爱好；具有较强的启发性——启发幼儿去思考和探求，便于引起讨论；具有清晰的层次性——要环环相扣，第一个问题应该是第二个问题的基础；具有含蓄的提示性——问题以点拨为主，且点到为止等特点。因此，幼儿教师应在完善自身综合素质的同时，有意识地训练提高自身教学提问语的设计运用技能。避免提出幼儿难以回答的问题、似是而非的问题，或简单、单调到只用"是""不是""好""不好""美""不美"就能回答的问题。

资料来源：马晓嘉. 幼儿教师教学口语的提问语形式分析. 考试周刊，2010（43）

四、结束环节的语言表达

（一）结束语的内涵与作用

讲完一部分内容或讲完一节课之后的一段小结语就是结束语。课堂教学的结束语是课堂教学的有机组成部分，是课堂教学不可或缺的重要环节。

成功的小结语会给幼儿留下深刻的印象，一堂成功的课不仅要有引人入胜的导入语和巧妙的过渡语，还要有精致的结尾。结语的作用在于帮助幼儿理解、巩固、强化所学知识，并帮助他们理清思路，为学习新知识做好准备。

（二）结束语的类型

1. 延伸式结束语。

教师除了在课堂上向幼儿传授知识外，还应把幼儿的视野由课内引向课外，使幼儿自觉去观察生活，在生活中寻求知识，以弥补课堂教学的局限与不足。例如，在美术活动"认识三原色"中，教师的结束语是："今天我们认识了红、黄、蓝三种颜色，也在我们班级里找到了这三种颜色。其实，在我们周围还有好多种颜色等着你去寻找、去发现。接下来，老师要交给小朋友们一个任务，就是在回家的路上、你的家里、你的身边找一找，还有哪些颜色？回来告诉我，好吗？"

2. 升华式结束语。

幼儿教师既教授幼儿科学文化知识，又是幼儿的生活导师和品德的引路人。在教学结束之时，教师可运用准确、精练的语言对教学内容的精要之处进行点化和揭示，激发幼儿的思想感情，真正达到德、智、体、美等多方面的教育。例如，在语言活动"我们的祖国真大"活动结束时，教师播放中国风光图片，总结道："我们祖国的全称是中华人民共和国，我们是世界上人口最多的国家，我们中国有悠久的历史、美丽的景色。我们的国家是最棒的！让我们一起说一声：'我骄傲，我是中国人！'"

3. 激励式结束语。

在教育中，常说到一句话，"好孩子都是夸出来的"。教师在讲完教学内容后，也可以采用激励、勉励的话语结束全课，使幼儿在积极的评价中快乐地学习。例如，在一次美术活动结束时，教师总结："我今天非常高兴、非常激动，因为我刚刚发现我们班的小朋友都是绘画的小能手，有几个小朋友线条画得太流畅了，还有几个小朋友涂得相当均匀，一点儿也没有涂到图形外面，而且用的颜色很漂亮；特别是佳佳小朋友，画画非常有创意，把自己想到的都画了出来，还能讲出故事来。我相信，只要小朋友继续努力，一定会画得更好，我们班或许还会出一个小画家呢！"

4. 概括式结束语。

概括式结束语是最常用的一种结束语。它可以对教学内容做提纲挈领的总结和归纳，对知识进行条理化和系统化的工作，从而促使幼儿牢固地掌握所学知识。

5. 对照式结束语。

在课堂教学结束之际，从内容、结构、语言等方面，有所侧重地将所学内容与以前学过的知识进行对照比较，在比较中深化理解、加深记忆。

（三）结束语的运用策略

1. 概括。

一般用提纲挈领的话，将分散的知识点串联起来。由于知识信息比较密集，话要说得慢些，语调要平稳些。

2. 确定。

无论是教师独白式的讲解还是师幼交谈式的小结，关键性、结论性的句子，必须由教师用肯定的语气说出，用语精确、简洁，一句句说得清楚、明白。

3. 强化。

小结语具有承上启下的作用，因此要着眼于知识的过渡和拓展，激发幼儿举一反三、解决新问题的能力。有时，小结语可以着眼于思想感情的启迪和升华，教师的"点睛"之语，会使教学效果延伸到培养高尚的道德情操方面。

（四）结束环节的语言表达

1. 忌拖沓。

结尾语如果小题大做、啰唆、杂乱，用语不简洁、不明确，必然让幼儿感到厌烦，影响教学效果。因此，结束语和其他教学用语一样都应该符合言简意赅、精确规范的要求。

2. 忌仓促。

临下课时慌里慌张地讲几句，草草收场，不能起到小结、巩固、强化的作用。结束语应该作为备课的一项内容精心设计，起到相应的总结内容、深化教学目的的作用。

3. 忌平淡。

教师应根据教学目标与教学语境的需要变换结尾语，并善于运用语言表达情感的积极作用。成功的结束语，是教学口语艺术的精品。结束语是教学活动的完结，教师应该用生动的、科学的、富于总结性的话语给教学活动一个好的结尾，让幼儿能有兴趣再去回味整个教学活动。

【思考与练习】

1. 目标解读：了解结束语的类型，在幼儿园教育活动中能够运用恰当的结束语。

2. 情境假设：在幼儿园教育活动"我爱我的家"中，如何设计结束语？

3. 知识要点：结束语的类型及结束环节的语言表达。

4. 案例解读。

案例一：圣诞节到了，教师问："小朋友来园时，在大厅里看见了什么呀？（圣诞树）在圣诞节里可以做什么呢？圣诞老人是什么样的呢？"用这一系列的问题直接导入主题，和幼儿已有的经验联系起来，这样的语言会使活动更好地开展下去。教师要用心发现幼儿生活中有教育价值的问题，发现后与幼儿一起研究探讨，在"学和做"的过程中有所发现、有所收获。接下来，教师可用形象的语言引导幼儿观察圣诞树的外形和特征，使幼儿再一次联系到已有的生活经验，知道圣诞树的颜色、形状以及一些简单的挂件和装饰物。这样就能使幼儿真正地理解、掌握。

资料来源：黑龙江幼儿师范高等专科学校附属幼儿园教师高敏

点评：幼儿有个别差异，在语言表达上我们要做到"敢说先于正确"，鼓励幼儿大胆表达。幼儿的语言能力有差异，教师应该尊重每名幼儿的特点和心理需求，以适宜幼儿的谈话内容、方式、场合，选择其感兴趣的内容引发话题，鼓励他们的每一次表达，使其感到与人交流的乐趣。当幼儿词不达意、语句不尽完整时，不要急于或刻意加以纠正，以免给幼儿造成心理压力。另外，教师的负反馈会给幼儿以挫折感、压抑感，从而失去说话的主动性和积极性。

案例二：在小班社会活动"找朋友"中，教师带领幼儿一起看图说故事，图一中，小朋友兰兰在一个人孤孤单单地搭积木；图二中，兰兰一个人流泪，芳芳看到了；图三中，芳芳叫来另外两个小朋友和兰兰一起搭积木，大家都非常开心。幼儿在教师展示图片的过程中，梳理故事，谈自己的感受。教师总结道：小朋友们，我们自己一个人玩都会觉得孤单，只有和大家一起游戏才会快乐，所以我们每个人都要爱身边的朋友，要互相关心、互相帮助。下面我们就一起玩，体验和朋友们游戏的快乐吧。

资料来源：黑龙江幼儿师范高等专科学校附属幼儿园教师高敏

点评：教师在这一教学活动过程后进行小结时，在幼儿自己所获得的感受和理解的基础之上，运用精确、简洁、生动的语言对前面的教学内容进行归纳与总结，同时进行点化、揭示、拓展，使幼儿将活动内容与实际、自身联系，激发了思想情感，真正实现了德、智、体、美等多方面的发展。

案例三：大班的语言活动"散文诗《小树叶》"中，教师在为幼儿展示手工作品"小树叶"、范读散文诗《小树叶》并讨论故事之后，总结道：小树叶牺牲自己去救别人，我们都为小树叶的行为感到骄傲，感到高兴，它有一颗善良的心、勇敢的心，让我们也向它学习，做一个有爱心、有胆量的好宝宝，好不好？

资料来源：徐静. 大班语言活动"小树叶"教学实录与评析. 中国婴幼儿教育网

点评：在这一案例中，教师的结语既准确生动、又富有感情，不仅总结了此次语言活动的主要内容，更从思想感情方面对幼儿进行启迪与引导，培养幼儿帮助他人、甘于奉献的情操，最后的号召对幼儿具有激励性与鼓动性。

5. 拓展阅读。

浅谈幼儿教师的课后反思

认真做好教后反思与再备课，是幼儿教师提高备课水平的有效方法之一。对教案的教后反思，是幼儿教师教学过程中不可缺少的一个必要环节，既是上一个教学过程的结束，又是下一个教学过程的开始。它能够补充、完善教案，积累教学经验，提高备课的针对性和实效性，促进教学不断改进和发展。

（1）教后反思（再备课）的几种着笔方向。

从课堂中问题情境设计的趣味性、典型性与层次性着笔。课堂教学中，启迪幼儿思维、培养幼儿能力是在一个接一个的问题情境和问题解决中实现的。为了使幼儿积极地进入思维状态并能获得成果，所设计的问题必须是典型的、有趣的和具有层次性的，要符合幼儿的"最近发展区"，而这些在经历了教学实践后，当然就有了更深的体会和更好的改进。此时，再反思和进行教案的改进，就变得更有针对性了。

从问题延伸与突发问题的处理着笔。教学时，在问题的解决过程中，幼儿往往会迸发出许多思维的火花——新颖的观点、巧妙的构思、问题的延伸，也会产生一些认识上的错误，这些往往又是教师始料不及的突发性问题。教师在课堂上要珍惜、利用这些思维的火花及认识的错误，因势利导加以探究，教后更应从科学性、严谨性与学科的意义等方面去反思和审视它们，分析幼儿思维的火花及认识错误形成的原因，总结因势利导的优化方法和处理突发问题的灵活技巧，然后加以整理、记录（再备课），使以后的教学胸有成竹。

从教学方法和师幼情感交流方式是否合理、得当着笔。"教学有法，但无定法。"一节课的成功与否，首先取决于本课的教法设计和实施，也取决于师幼情感交流是否顺畅得当。采用的教法能否激发幼儿的求知欲望和参与兴趣，能否调动幼儿的学习积极性和主动性，是否有利于幼儿的知识掌握和能力发展，是否有利于师幼间的情感交流，是否体现了以人为本、以幼为主的新课程精神，这些在教后反思中也会得到较为清晰的回答。这样，教师便能总结成功因素，分析失败原因，坚持优良的，改进、改换不当的教法和情感交流方式。

（2）写课后反思的具体内容。

写成功之处。即将教学过程中达到预先设想目的取得良好教学效果的做法，如将用于导入新课的形象贴切的比喻、留有悬念的结束语、激发幼儿思维的提问等记录下来。有时这可能仅仅是一句话，但它对今后的教学将提供最直接的参考。

写失败之处。记失败之处就是将处理不当的教学重点、难点，安排不妥的教学内容，方法陈旧、演示失败、指导不力、知识性的错误，与实际教学脱节的教学，当堂没有处理好的幼儿的问题等记录下来，使之成为以后教学应吸取的教训。

写教学机智。就是把授课过程中偶然出现的灵感或解决问题的方法记下来，供以后参考。

写心得。即把教参、资料、相关书籍以及老教师的教学经验、学法指导以及公开课、观摩课的收获记录下来，写入教后记，在今后的教学中加以消化、吸收，从而提高自身的教学水平。

资料来源：王丽娟. 浅谈幼儿教师的课后反思. 四川省平昌县江口示范幼儿园

五、理答环节的语言表达

（一）理答语言的内涵与作用

理答是指教师对幼儿回答问题后的反应和处理，是教师对幼儿答问结果及表现给予的明确、有效的评价，可以引起幼儿的注意与思考。有效的理答语言能激发幼儿的学习兴趣，调动幼儿思维的积极性，营造一种积极探索、求知创造的人文化的课堂氛围。

（二）理答语言的类型

1. 激励性理答语言。

理答要以激励为主，积极的鼓励远比消极的刺激要好得多。它可以让幼儿用成果的力量来做好不足的地方，也就是先进激励后进。因此，教师不应该把精力放在专挑缺点的毛病上，而应该集中注意力来发现和赞美幼儿的优点，从而唤起他们学习的热情。鼓励的方式也很重要，如口头表扬表示接受幼儿的观点等。同时，教师还应借助丰富的肢体语言和面部表情对幼儿的回答作出评价，一个赞许的眼神、一个会意的微笑、一个佩服的大拇指、一次温柔的摸摸头、一次亲切的拉拉手、一次肯定的点点头，都能起到很好的效果。

2. 发展性理答语言。

发展性理答语言包括追问、探问、转问和反问四种。在课堂理答的各种方式中，发展性理答很重要。积极、善于运用发展性理答，容易建构深入思考、对话的有效课堂。

（1）追问。

追问，即当幼儿就某一问题回答后，为了引领幼儿深入思考，紧接幼儿的回答而创设一些问题。有时，当幼儿说出答案时，幼儿未必真懂或懂得透彻。这时，教师有意地追问，目的不是让幼儿措手不及，而是让幼儿由知其然进而为知其所以然。这里的追问有问个究竟、刨根究底的意思。

（2）探问。

探问，就是课堂上当幼儿由于知识欠缺、问题本身模糊或有一定难度等原因无法回答问题时，教师变换角度，或化大为小，或化难为易，或化虚为实，让幼儿换一个路径接近问题的答案，也就是一种问题分解的策略。

（3）转问。

转问经常出现在幼儿回答卡壳或回答不正确时，教师不代替幼儿回答，而是将问题抛向另一名幼儿，或是让幼儿自己转问同伴，目的是使问题得到更好的解决。有时，为了使问题得到更多幼儿的讨论，为了使某种情感引发大家的共鸣，也会出现转问。

（4）反问。

反问表面看来是疑问的形式，但实际上表达的是肯定的意思。这种无疑而问的形式比一般的陈述句语气更强，采用反问的形式就是为了更好地引发他人的思考。

3. 诊断性理答语言。

诊断性理答是指教师对幼儿的回答给予肯定或否定的评价，给幼儿指明方向，使其明确思路。在新理念的指导下，许多教师不敢给予幼儿明确的回答，有时含糊其辞，这样搞得幼儿也不置可否。一般来说，幼儿跟成人一样，在回答后很想知道对错、好坏，这时教师的应答应尽可能明确一些。这样有助于幼儿形成正确的态度和价值观。

4. 再组织语言。

再组织是教师理答的一种特殊形式，是指教师在理答的最后阶段，对幼儿的回答重新组织或概括，目的是给幼儿一个更加准确、清晰、完整的答案。课堂提问结束后，教师要对幼儿的回答及时总结，即进行"再组织"理答。如可复述正确答案或再做简单讲解，以照顾到中下等程度的幼儿的接受能力；或将正确答案进行梳理、扩充，给幼儿一个明确的方向，以加深理解。教师"再组织"理答的过程，对幼儿所学知识的系统与综合、认识的明晰与深化等，都起着重要的作用。

（三）理答语言的特征

1. 理答语言的针对性。

很多教师喜欢用"好的""不错""是这样吗"对幼儿的回答做一个简单、模棱两可的评价，或者对幼儿的回答不做任何评价，只是将幼儿的回答作为课堂的一个流程而已。教师问、幼儿答，幼儿只能笼统地知道对或错，并不了解对错的原因，因此，教师的理答语言应注意具有针对性。

2. 理答语言的情感性。

教师对幼儿的回答没有表情或漠然，长此以往，幼儿肯定不愿再回答教师的问题。而且，教师用这种漠然的情感对待幼儿，会伤害幼儿的自尊心和积极性，使师幼在情感上难以沟通。

3. 理答语言的鼓励性。

一些教师对幼儿的回答没有及时鼓励、引领，致使回答得好的幼儿积极性受到挫伤，回答不好的幼儿内心产生恐惧心理。课堂教学中，幼儿会从教师的理答中得到反馈、受到鼓励，在认识和行为上会得以强化，从而进一步激发求知的欲望，激活思维、触动灵感。

4. 理答语言的客观性。

一些教师为了营造气氛，对幼儿的回答盲目地高歌赞赏，缺乏客观评价。这样不严谨的做法，将很容易使受到表扬的幼儿造成认知上的混乱，使有的幼儿对教师理答产生怀疑，极大地削弱教师的权威性。

（四）理答语言的设计原则与要求

1. 理答要从尊重幼儿出发。

"以教师为主导，以幼儿为主体"是幼儿教育教学过程的基本规律之一。因此，在教学中教师必须尊重幼儿，承认幼儿的个性差异和发展潜力，对提问幼儿的理答要有针对性，让幼儿主动地学习、主动地发展。

2. 理答要以鼓励为主。

"积极的鼓励比消极的刺激来得好。"鼓励的作用是巨大的，它可以鞭策先进、激励后进，肯定正确、否定错误，起到积极的促进作用。教师在课堂教学中要善于运用鼓励，不应把精力放在专挑毛病上，这样，毛病会越挑越多；而是应把注意力集中在发现和赞美幼儿的闪光点上，让幼儿品尝到成功的喜悦，激发他们学习的激情。

3. 理答要注重因材施教。

对不同类型的幼儿的评价要求应不同。对表现较好的幼儿，虽然其问题回答得好，但不可褒奖太多，应该进行有效的追问或提升式肯定，对他们的鼓励少而精，从而让幼儿迈向更高的目标；对于大多数中等层次的幼儿，要善于找出他们的闪光点、共鸣点，逐个给予鼓励，整体给予引导，使这些幼儿产生巨大的内驱力；对于少数自信心不够的"弱势群体"，要设置一些容易的问题让他回答，如果答对了，给予肯定性的评价，如果答错了，要采用降低难度的探问式理答等形式，让他们一步步走出误区、接近成功。

4. 理答要体现多样化。

教师正确、恰当的评价，能激励幼儿积极思维，但长期使用一种方法，就会失去作用。所以，教师对幼儿的评价应多样化，恰如其分，不断推陈出新，给人一种耳目一新的感觉。这样，幼儿感到新奇，乐于接受，在这种气氛中没有任何心理负担，可进一步提高课堂教学的效率。

【思考与练习】

1. 目标解读：理答语言的内涵、特征及使用原则。

2. 情境假设：在教学活动中，淘淘和雷雷因为一个问题起了争论，教师应该如何使用理答语言化解争论呢？

3. 知识要点：理答语言的要求。

4. 案例解读。

案例一：在大班生活活动"垃圾的分类"中，教师询问幼儿："小朋友，什么是垃圾呢？"点点说："不要的东西是垃圾。"教师评价："真聪明！那不要的东西有哪些呢？"鹏鹏说："苹果皮是垃圾，切掉的青菜是垃圾。"教师说："你真棒！大家表扬表扬她。"教师又问："还有哪些也是垃圾呢？"芳芳回答："废纸是垃圾。"教师说："说得不错，还有呢？"君君说："喝过的酸奶盒是垃圾，矿泉水瓶是垃圾。"艳艳则反驳道："矿泉水瓶不是垃圾，可以拿去卖钱。"教师评价道："你真能干，觉得矿泉水瓶不是垃圾，那它是什么呢？"艳艳说："是废旧材料，做东西用的。"君君："废旧材料就是垃圾，因为它是不要的。"艳艳："为什么不要？我们班上小超市就有矿泉水瓶。"教师进行小结："刚才小朋友说得都很好，还有小朋友争了起来。那到底什么是垃圾呢？……"

资料来源：周霞. 教师评价的"五字诀". 早期教育（教师版），2010（6）

案例中的教师在课堂中对幼儿回答问题的理答语言大体有以下几种："真聪明！""表扬表扬她！""你真棒！""说得不错！""你真聪明！""你听得

真仔细!""你真能干!"……如果是第一次听到老师这类表扬，幼儿可能会十分高兴，但从课堂反应来看，显然幼儿对于自己到底哪些方面做得对、做得错并没有清晰的认识；并且幼儿听教师相似的理答语听的次数多了，基本毫无感觉，评价语失去了应有的激励作用。因此，教师的理答语言不能含混敷衍，应该具有针对性，这样才能有效发挥其激励作用。

案例二：教师在小班语言活动上讲完《龟兔赛跑》故事后，请那那回答问题。那那很害羞，声音特别小，大家都听不清楚。于是，教师笑着说："这只小白兔可能跑得太累了，话都说不出来啦！我们再请一只声音响亮的'兔子'来回答，好不好?"孩子们笑了，他们领会了老师的意思。举手的幼儿更多了，发言的声音也更响亮了。

资料来源：浙江省杭州市西湖区翠苑第三幼儿园

点评：试想在此案例中，如果教师对那那的评价是习惯性的——"那那，不要害羞、不要紧张，大声点儿回答这个问题"，那么相信当时的结局应该就是使那那更加不好意思、更紧张。而案例中的教师处理得非常好。教师的理答语言幽默有趣，有效调节了师幼情绪、激活了课堂气氛。由此可见，教师的理答语一定要多样化，不能单调，应使幼儿感觉到教师的理答语很新奇。教师可不采用直接的语言，而是结合活动中的情境对幼儿的表现予以反馈。

5. 拓展阅读。

幼儿园集体教学活动中的问答行为技术指导

师幼互动中的问答行为在幼儿园集体教学活动中普遍存在且发生频率很高。研究教师的问答行为技术，不仅有助于正确认识教师与幼儿对话、互动的重要性，而且对教师的问题教学水平、幼儿园教育教学质量的提高都具有重要的实践意义。

问答行为由相互衔接的几个环节构成，从教师施教的工作角度来说，包括问题的设计、发问、候答、叫答及理答。

（1）问题设计。

问题设计能增强教学的计划性和预见性，是提高问题教学质量的先决条件。幼儿教师设计的问题要能体现以下特征：

①要具有生成性。教师在教学活动中提的问题绝大多数是根据教学内容预先设定的，到了课上一个个抛出来让幼儿回答，"带着问题走向幼儿"。但教学活动是生成的、动态的，具有许多不可预测的因素。预设的问题要

在复杂多变的教学过程中不断纳入即兴的、始料未及的新成分，才有生命力，才有价值。只有根据真实的教学情形生成的问题，才能更好地激发幼儿的学习热情；也只有源于幼儿的困惑与体验的问题，才更能激发幼儿的问题意识和探究问题的欲望。教师要把幼儿的所思、所惑、所感、所需作为问题的增长点，带着幼儿走向问题。通过在真实教学情境中动态生成的问题，来激活幼儿潜在的问题意识与批判精神。

②要符合幼儿的认知水平和生活经验。有时，我们会发现幼儿对教师提出的问题没有回应，出现这种现象的原因是多方面的，其中之一是教师设计的问题多囿于教材，脱离幼儿的智力水平或生活经验。其结果或者是设计的问题太难，幼儿不会作答；或者是设计的问题完全无"认知冲突"，幼儿不愿回答。问题的设计要尊重不同年龄段幼儿的认知特点，要能架起幼儿新旧知识的连接与重组。

③要具有启发性和系统性。有研究表明，幼儿教师设计的开放式问题较少，封闭式问题居多。后者进行的更多是简单的判断性回答，无法有助于幼儿形成概念性理解。教师可设计丰富而多变的开放性问题，为幼儿提供广阔的思维空间，激励幼儿联想、创造，从不同方向、不同角度、不同途径探索问题的多种可能性，促使幼儿的思维向多向性、独立性、变通性、批判性发展。另外，设计的问题不应是独立的，而要注意所设计问题的难易层次，由简到繁，有表及里，环环相扣，构成一个有机的系统。或者，教师需要关注发问与后续教学行为的衔接，使整个教学活动构成一个有机的系统。

④要重视幼儿的情感因素。教师设计的问题习惯于瞄准认知方面的内容，偏重于解决幼儿对所学内容的知不知、懂不懂，而往往忽视幼儿思考问题的心理因素，致使幼儿的胆量变小、心理受抑、想象力受阻。教师要细心琢磨幼儿思考问题的真切体验，留意幼儿在教学活动时的表情、体态，了解幼儿的学习动机、需要、兴趣与态度，把准幼儿在教学过程中的情感脉搏，创设一种理解、宽容、心理自由的课堂气氛。只有这样，幼儿才能情绪饱满、思维活跃地投入到探索问题的过程中。

（2）发问技术。

发问技术，就是教师在提出问题时所需关注的一些操作策略。

①发问要言简意赅、目的明确。发问是教学活动的一种必备手段，但发问不应盲目，而要考虑幼儿的智力和能力水平，预先了解将要学习的内

容和教学任务，按照富有逻辑的和循序渐进的原则进行，才有助于幼儿的学习和思维训练。另外，发问中关键词的恰当运用，可以引领幼儿正确思考。教师提出同样指向的问题，不同的语词表述会导致幼儿产生截然不同的思维结果。教师要用正确、简洁、通俗明了的语言表述问题，调整词汇和句子结构以符合幼儿的语言和概念水平，避免问题出现歧义或词不达意的不良倾向。

②发问时机要适当。幼儿园教学活动中教师满堂问的现象比较普遍，这种低质量、高密度的发问方式不仅易使幼儿产生厌倦感，而且还限制了幼儿思维活动的空间，严重影响教学效果。"好雨知时节"，发问也是如此，要把握好发问的频率与契机，周密计划提问的数量。孔子曾说："不愤不启，不悱不发。"可见，只有幼儿具备了"愤""悱"状态，达到了"心求通而未得，口欲言而未能"之时，才是对其进行"开其心"和"达其辞"的最佳时机。

③丰富集体教学活动问答模式。日常生活中幼儿会问许多"为什么"，而教学活动中却很少提问，这与传统的"师问—幼答"这种单向、封闭的问答模式不无关系。很多时候教师没有为幼儿留出提问时间，而反复重述或打断幼儿发言等现象却普遍存在。这种"师问—幼答"的问答模式最明显的弊端就是不利于幼儿问题意识、提问能力和思维能力的培养。教师的提问更多体现的是教师的意愿与要求，而幼儿的提问却是发自幼儿内心的，是幼儿强烈求知的反应，也是其自主学习的表现。幼儿园教学活动可尝试采用"教师问—幼儿答""幼儿问—教师答""幼儿问—幼儿答"等多元化问答模式，引导幼儿敢于并乐于提出问题，从而发展幼儿的问题意识和思维能力。

（3）候答技术。

问答行为由提出问题和解答问题两个主要环节构成，然而在这两个环节中间的候答是不容忽视的，它起着承上启下的作用。所谓"候答"，是指教师提出问题后，等待幼儿回答这段时间内的行为。教师提出问题后到幼儿回答问题前所给予幼儿思考的时间，即候答时间。有的教师一提问题马上就叫幼儿回答；或幼儿回答后不进一步让其他幼儿充分发表不同意见；或幼儿还没有回应，教师又频频发问，结果是搅乱了幼儿的思维。因为候答时间不充足，幼儿的考虑不周全而回答不出或回答不完全，这反而耽误了时间，同时还挫伤了幼儿的积极性。也有的教师因急于获得问题的答案，只让个别能干的幼儿回答，致使大多数幼儿只是机械接受个别幼儿现成的思维成果。上述教师只关注自己的教学内容，只想如何顺利完成教学任务，而无视幼儿是教学活动的主体，忽视幼儿的认知水平与情感变化，致使师幼间的问答过程匆匆收场，问答行为流于形式。另外，候答时教师的体态语言在表情达意方面也有独到的功效。教师的一颦一笑，不仅能激发幼儿的自信心和求知欲，而且有助于养成幼儿良好的品质。当然，在教学实践中，教师面部表情的运用必须得当，要针对幼儿的不同反应而有所变化。教师还可以通过手势、姿态等肢体语言向幼儿传递思想感情、表达意见和要求。但运用中也要注意自然、协调、恰到好处，避免一些消极的或有贬义、歧视性的肢体语，以免对幼儿造成心理伤害。

（4）叫答技术。

叫答是承接候答的行为反应。这一环节教师主要需注意以下几点：

①叫答应面向全体幼儿。叫答面向全体是指叫答的范围要广，要保证每个幼儿有尽量多且均等的回答机会。叫答的范围越广，幼儿会表现出更多的专心行为，这样能鼓励全体或大多数幼儿参与到教学活动中去，教学效果也就越好。从目前幼儿园教师叫答现状看，叫答往往存在不公平现象。教师倾向于与活泼机灵、各方面表现主动积极、同伴关系中人际地位高的幼儿互动，导致一部分幼儿产生不被支持感和不被信任感。由于受教师忽视，幼儿合理的心理需要得不到尊重与满足，他们在教学活动中的主动参与度受到压抑，长此以往，会严重影响他们的自信心，导致他们缺乏主动进取精神和独立意识。

②叫答应尊重幼儿的个体差异。同一问题所传递的信息对不同幼儿而言是有差异的，教师叫答幼儿时，应根据该幼儿的个性、特点及能力，有针对性地提出不同类型或不同深度的问题。这样的叫答调动了不同喜好、不同基础、不同能力幼儿的谈话积极性，不仅能力强的幼儿展现了自己，也鼓励了能力弱的幼儿，增强了他们的自信。实践证明，因人施问对培养各层次幼儿的学习兴趣，尤其对破除中等、落后层次幼儿对提问的畏惧心理有很好的效果。

③不能忽视与没被叫答幼儿的互动。有的教师提问一个个幼儿时，只注意了与被叫答幼儿的互动。这容易造成没被叫答幼儿无所事事的状况，使他们忘了倾听同伴的回答，忘了根据同伴的答问来思考。

（5）理答技术。

所谓"理答"，即教师对幼儿回答的反应。教师的理答，直接关系到幼儿思维的积极性与深刻性。针对目前理答环节常见的问题，幼儿教师主要须避免以下两点：

①要避免理答只求"结论化"。在教学实践中，重问题结论、轻思维过程的现象普遍存在，现在常见的问答教学模式是由教师创设问题情境，幼儿思考或讨论由情境而引发的问题，最后教师提供问题的标准答案。这样的教学，表面上看幼儿经历了自主思考问题的过程，但教师真正关注的是幼儿的答案是否与自己的期望一致。当得到的是幼儿不够准确或近似的答案时，教师难免会对这些回答敷衍了事，进而急忙转问其他幼儿，直到问到他所认可的答案为止。这里的问答行为只是教师组织教学的手段，教师并没让幼儿充分展现自己的思维过程，也很少有对问题解决的方法、思路等方面的启发与点拨，更是无暇顾及幼儿在探索问题过程中的情感体验。结果，幼儿是知其然而不知其所以然，逐渐失去了对学习的兴趣。

②要避免理答缺乏指导性。教学活动中，幼儿有各自的心理活动和思维过程，对教师的问题自然就有不同的反馈。教师在理答幼儿时切忌笼统，要善于针对不同幼儿、不同信息，正确而迅速地给予反馈，只有这样，幼儿才能根据教师提供的准确信息找到答案。但是，一些幼儿教师往往由于缺乏理答技巧和策略，"不鼓励幼儿质疑"，又受传统教育观的影响，在理答时以简单的肯定、表扬赞赏、习惯性重述和不回应等低层次的方式居多。这种大而空泛、机械单一的理答方式不可能引导幼儿拓展和加深讨论，师幼互动的质量只能维持在较低水平。教师可以根据幼儿的回答，通过转问、反问和追问等理答方式，进一步提出具有探究性的问题，促使幼儿逐渐深入思考问题。当幼儿无法一次就给予明确而恰当的答案时，教师可以适当启发幼儿，给予多种提示；当幼儿给出的回答模糊不清时，教师可以进一步帮助幼儿概括和提炼，引导幼儿思考得更清晰、表述得更准确。教师还可以概括、汇总各幼儿的回答，使幼儿获得的经验得到整理、提升和系统化，使每名幼儿都能从同伴的回答中分享经验。

以上问答行为的五个环节构成了教师问题教学的全过程，幼儿教师只有不断探索和提高每一环节的技术水平，才能充分发挥问题教学的整体功能，从而全面提高幼儿园教育教学质量。

资料来源：李红. 幼儿园集体教学活动中的问答行为技术指导. 时代教育，2010（4）

第三节　不同活动形式中的沟通与表达

　　活动是幼儿一日生活的重要组成部分，在不同形式的活动中，幼儿会感知世界、认识世界、增长知识、发展智力、提高能力，因此活动是幼儿园非常重要的内容。不同形式的活动，因其内容不同、特点不同，幼儿教师在其中所运用的语言也有所不同，幼儿教师需要运用有针对性的语言组织、协调各项运动。

一、集体活动中的沟通与表达

（一）集体活动的内涵

　　集体活动是在幼儿教师的引导下、班中幼儿一同参与的活动，对于培养幼儿合群、乐群的性格，培养幼儿的集体主人翁意识和交往能力具有非常重要的作用。

　　在集体活动中，教师的沟通和表达技巧非常重要。教师要对整个活动进行布置、组织及全程把握，保障每个幼儿遵守活动规则，确保活动顺利进行，从而达到集体活动的教育目的。

（二）集体活动中沟通与表达的原则与要求

　　首先，在集体活动中，应保持幼儿的主体性地位。

　　以幼儿为主体，主要是从幼儿的兴趣点出发，引导幼儿进行互动学习。兴趣，是一切活动顺利进行的前提，特别是让幼儿参加的活动，更应该以兴趣为主。因此，教师在日常生活中应仔细观察幼儿的兴趣点是什么，并及时捕捉住加以引导，再把问题反馈给幼儿。

　　其次，教师要积极关注幼儿，与幼儿进行有效的互动。

　　瑞吉欧的理论中就曾把教学过程比做教师和儿童在进行乒乓球游戏，认为教师必须接住儿童抛过来的球，并以某种形式推挡回给他们，使他们想同我们一起继续游戏，并且在一个更高的水平上继续游戏，或许还能发展出其他游戏。这种游戏是双方合作进行的，离开任何一方游戏就无法进行下去。虽然合作双方的经验水平不对等，但教师不应因此去控制、限制幼儿的行为，或代替幼儿的研究探索，相反，教师应强调幼儿的主动探索和自由表达。

　　最后，情感交流是集体活动中师幼互动的重要因素。

情感交流是一种心灵的交汇，人们只有在相互信任、相互尊重的基础上，才会把自己的想法向对方进行表达，进行相互交流。幼儿同教师之间更是如此。如果教师在幼儿的心目中只是严厉的代表，那么幼儿怎么敢对教师表达心声呢？教师也就无法探知幼儿的所想，又何谈师幼互动呢？因此，教师应在幼儿碰到困难时，给幼儿以鼓励，让幼儿始终有一种动力：我一定能行！在幼儿体验到成功时，给幼儿以表扬，让幼儿品尝到成功的乐趣。情感的互动可以让幼儿在爱的滋润下养成自尊、自爱、不怕困难、乐于探索的良好品质。

（三）集体活动时的语言特点

第一，语言的精练性。

集体活动时，幼儿相对比较多，加之幼儿耐心比较差，此时如果教师的语言烦琐、冗长，幼儿的积极性就可能受挫，影响活动功能的发挥。因此，教师在集体活动中，语言务必精练、准确。在精练的同时，还要用富有童趣的语言与幼儿交流，达到师幼和谐相处。

第二，语言的号召性。

要想调动幼儿的积极性，教师就应该避免用一些苍白无力、不痛不痒的语言。具有感染性、煽动性的语言，则能使幼儿积极主动地参加到活动中来，乐于与他人沟通交流、合作配合。

【思考与练习】

1. 目标解读：了解幼儿园集体游戏活动中语言表达的特点。

2. 情境假设：在幼儿园集体活动"我爱我的家"全家福展示介绍过程中，教师的语言应如何设计？

3. 知识要点：教师在幼儿园集体活动中的沟通与表达。

4. 案例解读。

在一次观察菊花的活动中，强强无意中捉到了一只蝴蝶。幼儿对蝴蝶产生了浓厚的兴趣，拿花和草给蝴蝶吃，并且把它养了起来。可是几天后，蝴蝶死了。幼儿在难过之余，感到很奇怪：我们喂蝴蝶吃东西了，为什么它还会死呢？它到底吃什么呢？教师及时抓住这次机会，和幼儿一起讨论"蝴蝶吃什么"。开始，幼儿的答案千奇百怪，有的说："蝴蝶吃叶子和草。"有的说："它喝花上的露水。"有的说："它吃蜂蜜。"还有的说："它吃玉米叶子。"这时，教师并没有及时把正确答案告诉幼儿，而是给幼儿留了一个小问号：到底谁的答案对呢？几天后，幼儿纷纷找到了答案，也就自然知道了原来蝴蝶喜欢吃蜂蜜。

资料来源：杨伟琴. 我的教学故事. 浙江省幼儿教师专业发展培训网

点评：正如皮亚杰所言，教师应站在一边静静地等待一会儿，给幼儿让出时间和空间，仔细观察幼儿的所做所为，从中有所发现、有所感悟，而后教学就可能不同于平常。从这一案例中，我们也能看出教师将幼儿视为集体活动的主体，而自己作为协助者，只在必要的时候给予点拨与提示。

5. 拓展阅读。

幼儿园集体活动对宝宝的影响

当孩子离开家人来到幼儿园时，他的生活发生了很大的变化。从单一的家庭生活过渡到集体生活，环境的转变给孩子带来了很大的变化，幼儿园的集体生活也对孩子的成长产生了一定的影响。

（1）锻炼孩子的交往能力。

有些孩子在幼儿园很受欢迎，拥有很多好朋友；也有的孩子在幼儿园里没有好朋友。幼儿园的集体生活就像一个小小的社会，善于与人交往的孩子能很快融入集体生活中，建立自己的朋友圈子，而不善交际的孩子往往显得很孤独。

社会交往能力是孩子在今后生活与工作中非常重要的一项能力，集体生活给了孩子与其他小朋友接触、交往的环境。孩子面对的不再是家庭生活中少数几位随时都围着他转的成员，而是更多同样被大人围着转的其他小朋友，孩子以自我为中心的特点在集体生活中会慢慢弱化，渐渐学会分享、宽容、爱心等良好品质。而在与人交往的过程中，语言能力也能得到发展。

（2）提高孩子的自理能力。

现在多数孩子都是在爸爸妈妈、爷爷奶奶手心里长大的，在家的时候常常是衣来伸手、饭来张口。特别是隔代养育的孩子，很多老人喜欢什么都替孩子包办，总是帮孩子穿衣穿鞋、喂孩子吃饭等，不给孩子锻炼自理能力的机会，通常上幼儿园前孩子的自理能力较差。

当孩子来到幼儿园过上集体生活时，因为没有了大人的庇护，很多事情都需要自己来做。加上孩子喜欢模仿，当看到老师和别的孩子自己穿衣、吃饭时，也会想要尝试着自己做。渐渐地，孩子在集体生活中学会了收拾玩具、叠被子等自理能力。

（3）培养孩子的竞争意识。

孩子都希望自己是最棒的，在家里时大人常常宠着他们、经常夸赞他们，有时玩游戏故意输给他们。而在幼儿园里，没有小朋友会想着在游戏中要故意输给别人，通常为了获得老师的表扬，孩子会发挥出自己最好的水平。

幼儿园开展的竞争游戏会很好地激发孩子的积极性，锻炼孩子拼搏的精神，一些集体游戏还能增强孩子的团队合作意识，使其体会竞争胜利后的快乐。在各种活动竞争或能力竞争中，孩子不断地超越自己，学会独立做事和团队协作，增强竞争意识，会对今后适应社会发展会有积极的作用。

（4）建立孩子的集体观念。

当孩子离开家庭进入幼儿园，就是由"个体"向"集体"生活转化的过程。如果在这个阶段培育孩子良好的集体意识，就会对孩子今后的生活直接产生影响，例如，能够顺利融入小学生活、工作中具有团队精神等。

在日常的幼儿园生活中，教师会通过让孩子做游戏、讲故事等让孩子对集体观念有直观的理解。孩子会渐渐懂得自己是集体中的一名成员，自己做得好就会给整个集体加分；自己做得不好，就会影响别的小朋友或整个集体。

资料来源：幼儿园集体活动对宝宝的影响. 小精灵儿童网站

二、区角活动中的沟通与表达

区角活动，是指教师根据教育目标和幼儿发展水平，有目的、有计划地投放各种材料，创设活动环境，让幼儿在宽松、和谐的环境中按照自己的意愿和能力，自主地选择学习内容和活动伙伴，主动地进行操作、探索和交往的活动。

幼儿园设有多项活动区域，主要有生活区、语言区、美工区、科学区、建构区、角色游戏区等。在不同的区角活动中，幼儿教师的沟通语言应该有所区别，这样才能真正发挥不同区角活动的作用。

（一）生活区

生活区的主要功能是通过各种生活模仿性操作与练习，发展幼儿编、系、扣、穿、夹等基本生活操作能力。

生活区的语言要活泼。生活区是模仿现实的操作与练习，要想让幼儿真正感受到生活的气息，教师必须使用生动活泼、有生活气息的语言，这样能让幼儿感到更加亲切。当然，生活区游戏中的语言不能太俗语化，否则就违背了以普通话为标准语言教学的要求。

（二）语言区

语言区的主要功能是通过观察、操作、拼摆多种材料（如图书、图片、头饰、手偶等）的讲述活动，发展幼儿的观察能力和语言表达能力。

语言区的沟通语言要准确。幼儿期是语言发展的关键期，教师用语对幼儿的发展至关重要。2～3岁是口头语言发育的关键期，4～5岁是开始学习书面语言的关键期。教师在幼儿语言发育的关键期，应该利用一切方法，调动幼儿的积极性，充分发挥幼儿学习语言的关键期的作用。教师自己的语言要准确，发音要规范。特别是在进行双语教学的时候，教师更应该注意语言的规范性和准确性。

对小班幼儿，教师多采用直接指导的方法，通过语言示范、启发提问、具体讲解等手段，培养他们的听、说、读、写技能和语言表述能力。对中大班幼儿，教师多采用启发、引导的方法，培养幼儿用较完整的句子比较连贯地讲述，独立阅读感兴趣的图书，有礼貌地倾听别人讲话，并与同伴共同创编诗歌。

（三）美工区

美工区的主要功能是通过撕、贴、剪、画、捏、做等美术操作表现活动，发展幼儿的动作操作能力及欣赏美、表现美和创造美的能力。

美工区的语言要有绘画性。所谓"绘画性"，就是要求教师的语言能够形象地描述各种美术画面和实体，在幼儿欣赏美术时，充分运用语言的美，来引导幼儿深入地感知美。

（四）科学区

科学区的主要功能是通过各种科学小游戏及数学操作活动，从小培养幼儿对科学探索的兴趣，发展幼儿的数学能力、动手操作能力等。

科学区的语言要严谨。严谨是自然科学的一贯要求，否则失之毫厘、谬以千里。在科学区，教师的语言表达一定要严谨、规范，这样才能培养幼儿的科学思维、逻辑思维。

（五）建构区

建构区的主要功能是利用积木、酸奶盒、易拉罐、纸盒、玉米瓤等进行建构活动，培养幼儿的空间知觉，发展幼儿的空间想象力、动手操作能力及交流合作能力。

建构区的语言要有想象性。想象力是非常重要的思维能力。中国孩子目前最缺乏的是想象力。从幼儿期开始锻炼其想象力，对于幼儿今后的成长具有非常重要的基础性作用。

（六）角色游戏

角色游戏是幼儿通过扮演角色，运用想象，创造性地反映现实生活的一种游戏形式。主要有开心娃娃家、小小美发屋、娃娃超市、快乐美食城、快乐小吃吧等形式。模仿各种社会活动，有助于幼儿学习各种社会性行为，发展交往能力，培养主动性、独立性和创造性，促进社会性的发展。

角色游戏的语言要有表演性。所谓"表演性"，即要符合特定人物的角色定位。教师的语言要恰到好处地抓住各类角色的性格特征。

角色游戏的指导：

1. 确定游戏主题。

在确定游戏主题与内容时，要充分听取幼儿的意见，根据幼儿的兴趣点讨论、确定游戏主题。

2. 制订游戏规则。

在角色游戏中，教师应首先指导幼儿制订游戏规则。例如，游戏前引导幼儿讨论：扮演的角色在游戏中要做些什么？要怎样做？……确保游戏有序地进行。

3. 帮助幼儿丰富有关各行各业的知识。

可通过故事、讨论、图片展示、社区参观等形式，丰富幼儿关于各行各业的知识经验，促使游戏不断地向更深层次发展。

4. 灵活选择间接参与或直接参与的形式进行游戏指导。

角色游戏中，教师应以间接指导方法为主，帮助幼儿组织和开展游戏。一次在玩医院的游戏中，扮演护士的幼儿起初只知道做量体温、发药、打针等工作。教师就启发幼儿想一想："护士为了解除病人的痛苦，还可以为病人做哪些事呀？"引导"护士"去主动关心病人、搀扶病人、叮嘱病人吃药等。

游戏中，教师还可直接参与到游戏中，扮演角色，促进游戏情节的发展。例如，有一次，在游戏中，教师发现"医院"里面的"医务人员"多了，就以病人的身份参与到游戏中，扮演一个不懂怎么挂号的病人，需要导医人员的帮助，引导幼儿添加一名引导员，丰富了游戏的情节，也让空闲的幼儿有了新的角色可扮演。

在角色游戏中，教师既是活动的引导者，又是活动的支持者，因此，教师要巧妙地转换好自己的角色，这样才能更好地促进游戏的发展。

【思考与练习】

1. 目标解读：区角活动中教师的沟通与表达技巧。

2. 情境假设：在"喜羊羊与灰太狼"定点投射游戏中，教师如何运用语言使幼儿转入到喜羊羊的角色扮演中，从而勇敢地向灰太狼投射魔力球？

3. 知识要点：六种不同区角活动中教师的沟通与表达。

4. 案例解读。

案例一：小班角色游戏"开汽车"课中，幼儿玩开汽车的游戏，个个兴致勃勃，教师领着他们排队"开"在"路"上，口中还发出发动机的轰隆声，遇到迎面来的"车辆"，教师会和幼儿按喇叭"滴滴"响。壮壮、豆豆今天当司机，壮壮非常开心地开着"小车"来来往往。突然，豆豆飞快地冲了过来，把壮壮狠狠地撞了一下，壮壮摔倒在地上哭了起来。教师来到两辆"车"的身边，问他们："怎么了？"壮壮边哭边说："豆豆把我撞倒了。""什么，出车祸了呀！那可不得了，你一定受伤了，很痛吧？快，让我送你到医院里去检查一下。豆豆还不快来帮忙！"教师的语气中透露出极度的紧张。教师和豆豆一起扶着壮壮来到了"贝贝医院"，教师拿起"医疗器械"帮他检查起来，并说："你们呀，为什么把车开得那么快？"说着，用手抬了抬壮壮的腿，急切地说："不行，要住院开刀，以后可要慢一点，记住了吗？"豆豆在旁边不住地点头，说："我下次一定注意，慢一点开。"

资料来源：孔亚平. 康桥街道中心幼儿园五大领域班务总结. 安康家园网

点评：在这一活动中，教师运用动作与语言为幼儿创设了一个公路上开汽车的环境，运用充满角色感的语言扮演汽车、司机、医生等，使幼儿如临其境。教师在角色游戏中组织幼儿的游戏活动，并且通过自己的角色语言促进情节的发展。在这一案例中，教师适时抓住机会，对幼儿进行教育，使幼儿意识到自己行为造成的严重后果，从而加强自我约束力，其效果强于多次说教。在幼儿的角色游戏中，教师应以细致的观察、丰富的经验和专业的理论知识为基础，分析幼儿的情绪变化、行为背后的原因，然后灵活地运用教育的方法，设计游戏情境，有技巧地扮演角色，以游戏的口吻对他进行实地教育，从而达到说教达不到的良好教育效果。角色游戏活动中的教育是新颖、独特且有效的教育，力图帮助幼儿认识问题，学会自我约束，学习社会交往。

案例二：区角活动时，美工区剪纸的幼儿正认认真真地在使用剪刀；生活区穿珠子的幼儿，正根据大小不同的珠孔来穿插；益智区中的幼儿正有模有样地为小动物搭房子、建高桥，益智区中正在拼图与进行图形排数的幼儿也在很认真地游戏；而语言区的幼儿则呆呆地坐在那儿，虽然手里翻阅着图书却看着别的区的幼儿，刚开始还有点兴趣，后来就没劲了，为什么会这样呢？投放的材料都是我们精心准备的，同样的投放材料，为什么效果会差距那么大呢？

经过分析我发现，美工区的剪纸和生活区的穿珠子，幼儿只要通过一定的努力就可以看到成果，在这整个过程中，他们没有失败的压力，获得的都是浓浓的成就感，这让他们很高兴。每个幼儿都觉得自己很棒，自己又进步了，自信心不断增强，所以参与得很积极。而语言区的阅读读书只有一种选择，幼儿操作结束后当然就失去了兴趣。教师投放的材料如果是操作性强的，只要付出一定努力就可以看到成果的，就会受到幼儿的大力欢迎；如果是需要他们等待的东西，而且操作性不强，他们就不感兴趣。于是，我们在语言区投放了许多的材料，如动物手偶、图片排序、看图讲述等。这样幼儿对新材料的兴趣大大增加，开始喜欢戴着手偶创编故事等。

资料来源：区域活动教师心得. 九叶网中南大学校本部幼儿园

点评：材料的投放很重要，而且区域活动作为班级活动的延伸，可及时地把活动过后的材料投放到区域活动中，让幼儿在区域活动中继续进行相关的探索与操作。美工区里的材料基本上都是活动开展后投放的，这样幼儿基本都了解了怎样操作，也更感兴趣。通过我们的努力，区域活动开展得比较顺利，幼儿的游戏水平也有所提高，但在很多方面还是存在着问题，如在"超市"中，幼儿的交往性语言还欠缺；在表演区域中，准备的道具还不能满足每个幼儿的需要。因此，在开展游戏的过程中，要对这些问题制订出有针对性的计划和方案，让每个幼儿在愉快的游戏活动中发展自我意识，使他们的游戏水平登上一个新的台阶。

5. 拓展阅读。

"区角活动"真是好

以前，总是在参观别的幼儿园的时候，看到人家的区角活动搞得有声有色，非常羡慕。《幼儿园教育指导纲要（试行）》中也提出要充分利用自然环境和社区的教育资源，扩展幼儿的生活空间。但是，因为我们幼儿园的实际情况——孩子太多、地方太少，所以我们的区角活动计划一直无法真正进行。

今年，因为我们班孩子比较少，在园长的鼓励和支持下，我们也试着把多出来的几张桌子和三把小椅子简单地摆成了小小的活动区，设计了音乐角、图书角、养殖角、手工活动区、操作区、健身区六大区角。我们把三角铁、木鱼、铃鼓、碰铃以及用易拉罐装上豆子自制的沙锤、用瓶盖穿上铁丝自制的晃铃等打击乐器摆放在我们的音乐角里；把孩子从家里带来的各种画书摆放在图书角里；把小金鱼和各种花草，还有孩子们自己种植的大蒜、白菜根摆放在我们的养殖角里；把孩子们喜欢的橡皮泥、各种手工纸摆放在手工活动区里；把各种木制、插塑积木摆放在操作区里；把我们用易拉罐自制的脚踏高跷、木制的哑铃、羊角球等摆放在健身区里。这些东西孩子们会喜欢吗？

经过一段时间的练习和操作，我们不再担心了，感觉区角活动非常好。第一，丰富了孩子们的生活。以前，孩子们是一个个坐在椅子上看书或者听故事，时间久了，就不太感兴趣了。现在，每天早晨孩子们到了幼儿园，可以先到活动区里面玩一会儿，等待吃早饭。设立区角使孩子们兴趣盎然。第二，劳逸结合，调节课堂节奏。每天，孩子们在两个教育活动之间就会到活动区玩一会儿，活动活动小手、活动活动小脚，特别高兴、非常轻松。第三，培养了孩子们的爱心，激发了他们的观察兴趣。孩子对那些小鱼特别关爱，每天都去喂点吃的，平时没事就过去看看它们，还和它们说话。孩子们对自己种的植物也非常上心，恨不得它们一天就长出芽芽，有一点变化就连忙来告诉老师，我们看在眼里、喜在心中。第四，增强了孩子们的创新意识。区角里的自制玩教具使孩子们萌发了各种新奇的想法。有一次，朋朋妈妈说，孩子爷爷的月球车坏了，说再买一个吧，朋朋听了后说，不用，咱们自己用铁丝穿上乒乓球做一个就行，我们幼儿园里的好多东西都是自己做的呢！听了这个，我们心里真高兴。第五，促进了孩子良好的行为习惯的养成。区角活动建成后，我们也怕孩子们弄乱或发生意外，所以平时注意教育，让他们养成轻拿轻放、玩完了放回原处的习惯。开始时孩子们不太习惯，做得也不是太好，可慢慢地，就成了一种习惯。

现在，我们真切地感受到，区角活动真是太好了！孩子们的进步就在我们的不经意间，我们的工作太伟大了！

资料来源：肖航，马雪红．"区角活动"真是好．山东省德州市直机关幼儿园，有删改

三、小组游戏中的沟通与表达

（一）小组游戏的内涵

小组游戏是幼儿园游戏的重要组成部分之一。小组游戏对于培养幼儿的合作、竞争意识有着重要的作用。

（二）小组游戏中沟通与表达的原则与技巧

在小组游戏活动中，教师沟通与表达的原则与技巧有以下几点。

第一，应该充分培养小组内的协调、合作意识。

现代社会是高度合作、高度分工的社会，每个成员都有与他人合作的必要，协调、合作意识显得尤为重要。幼儿园培养幼儿的合作意识，是非常重要的一个环节。小组游戏对于培养幼儿的合作意识非常有益。小组要想赢得游戏，就必须充分发挥合作精神，小组内充分协调一致。教师在小组游戏中，充分发挥好引导者和组织者的作用，要有意识地引导幼儿之间互相合作、取长补短。相反，在小组游戏中，如果教师引导不当，小组成员就会乱成一团，游戏目的和意义就无法达到，协调、合作意识的培养就无从谈起。

第二，应该充分发挥小组之间的竞争精神。

现代社会既是高度合作的社会，同时也是高度竞争的社会，竞争无处不在、无处不有。在小组游戏中，小组间的互相竞争，既增加了游戏的趣味性，同时也培养了幼儿的竞争精神。竞争对于培养幼儿积极向上的进取精神具有十分重要的作用。在小组游戏中，教师应该引导幼儿正确对待输赢。对害怕竞争、胆小的幼儿应该以正面引导为主，使其克服内心的恐惧、胆小，敢于接受竞争；对于活泼、胆子较大的幼儿，应该让他们明白要遵守游戏规则，不能为了赢得比赛而不顾规则。

四、个别引导时的沟通与表达

教育提倡针对个体差异，因材施教。在幼儿园也一样，每个班级中都有教师眼中的"特殊孩子"，对于他们，教师要善于发现闪光点，尤其是要注意培养他们的自尊心和自信心，做到动之以情、深于父母，晓之以理、细雨如丝。在对幼儿进行个别引导时的沟通与表达，应该注意以下几点原则和要求。

第一，教师要善于观察和倾听。

教师对个别幼儿进行引导时，要善于观察幼儿的一举一动，透过其行为特征，了解其性格和内心。这样，在对他们引导时，才能够对症下药，找到问题症结。与此同时，教师须善于倾听幼儿的内心世界，这样才能真正走进幼儿的心灵世界，从而做到与幼儿有效沟通。

第二，教师要善于发现幼儿的闪光点，培养其自尊心和自信心。

美国心理学家威廉·詹姆斯认为，人性最深刻的原则就是希望别人对自己赏识。每个幼儿都有自己的闪光点，在对幼儿个体进行教育、引导时，教师尤其要捕捉他们的闪光点，适时加以赏识和表扬，这正如法国教育家卢梭所说："表扬学生微小的进步，要比嘲笑其显著的恶迹高明得多。"作为幼儿教师，及时发现幼儿的闪光点，满足其自尊心和正常的心理需要，可以为转化创造契机。

第三，教师要与幼儿进行心灵的交流。

在与幼儿沟通时，教师要能够同各种气质、不同性格的幼儿打交道，要能够因"心"施教。共情就是我们常讲的"心理换位"，即教育者能设身处地地去体会当事人的内心感受，用别人的眼睛看世界。所以，教师面对幼儿时，要避免一上来就评价或讲道理的习惯，要用自己的心去靠近、去触摸幼儿的心，设身处地地去感受他们的世界。真诚，是打开心灵之锁的钥匙。教育幼儿不是演戏，贵在真诚。真诚是内心的自然流露。如果教师戴着一副面具与幼儿交流，幼儿就会感到老师和他们之间有一道无形的墙，很难达到心灵的沟通。一句简单的话语，一般真情的流露，会使幼儿感到老师把他们当做真正的朋友，彼此之间可以无话不说。在个别引导的时候，只有真诚地走进幼儿的内心，才能达到有效沟通的效果。

【思考与练习】

1. 目标解读：个别引导时教师的沟通与表达技巧。

2. 情境假设：中班教师布置每个幼儿轮流给植物角的植物浇水，轮到不喜欢植物的淘淘给植物浇水时，教师应该如何运用语言引导淘淘热爱大自然中的绿色植物呢？

3. 知识要点：个别引导时教师的沟通与表达技巧。

4. 案例解读。

小班的小丽自理能力很差，十分胆小，别的孩子在玩滑梯，她却躲得远远的，用羡慕的目光看着。教师走过去问："小丽，你怎么不去玩滑梯？"小丽没有回答，却低下了头。教师又走近她问："那你觉得滑梯好玩吗？"小丽声音很小地说："好玩。"教师说："那我们走近点，好吗？"教师拉着小丽的手走近滑梯："你也来滑一个，好吗?"小丽吓得赶紧往教师身后藏，教师商量着说："那我抱着你来滑一次，好吗?"小丽勉强同意了，笑得很高兴，还一直叫着"好玩、好玩"。教师夸小丽勇敢，小丽高兴极了，接着去和小朋友玩滑梯了。我相信每个孩子都是勇敢的。我们应该为每个孩子设立一些他们能达到具体的目标，而不是去指责他们。应注意培养孩子对新鲜事物的兴趣，培养他们活泼开朗的性格，要相信每个孩子都能行!

资料来源：幼儿教育随笔8篇. 省心范文网

点评：这位教师在对班里的幼儿进行个别引导时，充分发挥了与幼儿沟通的技巧与原则。首先，教师观察到这个孩子的担心，教师的目光从其他幼儿转移到她身上，没有放弃不管，而是鼓励她去积极尝试。其次，教师有启发性、循循善诱的语言逐步走近了孩子的心灵，了解了孩子的内心世界，与孩子进行了心灵的交流。教师发现小丽特别想玩滑梯，但是又很担心，于是带着她一起玩，并以自己的实际行动帮助小丽克服了内心的恐惧，让她真正融入班级活动中。

5. 拓展阅读。

有些家长认为当着亲友的面批评，可以给孩子制造压力，促使他改掉错误。殊不知，孩子和大人一样爱面子，如许做只会损伤孩子的自尊心。所以，家长要根据场所选择方法，不要在公共场合粗鲁地嘲讽、讥诮和谴责孩子，应多采纳正面指导、个体谈心的法子，以理服人。孩子对一切事物充满乐趣，充满猎奇心，对任何事物都想看一看、摸一摸。当孩子做错了事时，家长不应一味谴责，而应弄清其念头由来，再加以指导，帮孩子找出缘由。在教孩子时，要有针对性，就事论事，不要把以前的"陈年旧账"抖进去，唠叨不绝，使孩子悲观丧气、安于现状。

资料来源：对孩子个别引导、正面教育. 安徽寿县张李乡孙庙小学网站小学论坛，有删改

第四节　教学研讨中的语言表达

一、说课中的语言表达

（一）说课的内涵

说课，就是教师口头表述具体课题的教学设想及其理论依据，也就是

授课教师在备课的基础上，面对同行或教研人员，讲述自己的教学设计，然后由听者评说，达到相互交流、共同提高的目的的一种教学研究和师资培训的活动。实践证明，说课活动有效地调动了教师投身教学改革、学习教育理论、钻研课堂教学的积极性。

（二）说课的类型与内容

1. 说课的类型。

说课的类型很多，根据不同的标准，有不同的分法。按学科分：包括语文说课、数学说课、音体美说课等；按用途分：包括示范说课、教研课、考核说课等；但从整体上来分，说课可以分成两大类：一类是实践型说课，一类是理论型说课。实践型说课就是指针对某一具体课题的说课；而理论型说课是指针对某一理论观点的说课。

2. 说课的内容。

说课的内容是说课的关键，不同的说课类型说课的内容自然也不同。实践型说课侧重说教学的过程和依据；而理论型说课则侧重说自己的观点。

实践型说课主要应该包括以下几个方面的内容：

（1）说教材：主要是说说教材简析、教学目标、重点难点、课时安排、教具准备等，这些可以简单地说，目的是让听的人了解要说的课的内容。

（2）说教法：就是说说根据教材和幼儿的实际，准备采用哪种教学方法。

（3）说过程：这是说课的重点。就是说说准备怎样安排教学的过程、为什么要这样安排。一般来说，应该把自己教学中的几个重点环节说清楚，如课题教学、常规训练、重点训练、课堂练习、作业安排、板书设计等。在几个过程中，要特别注意把自己教学设计的依据说清楚。这也是说课与教案交流的区别所在。

理论型说课应该包含以下几个方面的内容：

（1）说观点：理论型说课是针对某一理论观点的说课，所以我们首先要把自己的观点说清楚。赞成什么，反对什么，要立场鲜明。

（2）说实例：理论观点是要用实际的事例来证实的。说课中要引用恰当的、生动的例子来说明自己的观点，这是说课的重点。

（3）说作用：说课不是纯粹的理论交流，它注重的是理论与实践的结合。因此，我们要在说课时结合自己的教学实践，把该理论在教学中的作用说清楚。

（三）说课的意义

1. 说课有利于提高教研活动的实效，营造教研气氛。

以往的教研活动一般都停留在上课、评课上，教研实效得不到普遍提高。通过说课，让授课教师说说自己教学的意图，让听课教师更加明白应该怎样去教、为什么要这样教，会使教研的主题更明确、重点更突出，从而提高教研活动的实效。同时，通过对某一专题的说课，探讨教学方法，可营造较好的教研氛围。

2. 说课有利于理论与实际的结合，提高教师备课的质量。

教师的备课都是备怎样教，很少有人去想为什么要这样备，备课缺乏理论依据，导致备课质量不高。说课活动，可以引导教师去思考为什么要这样教，这就能从根本上提高教师备课的质量。

3. 说课有利于提高教师素质，提高课堂教学的效率。

教师通过说课，可以进一步明确教学的重点、难点，理清教学的思路。这样可以克服教学中重点不突出、训练不到位等问题，提高课堂教学的效率。同时，说课要求教师具备一定的理论素养，这就促使教师不断地去学习教育教学理论，提高自己的理论水平。教师用语言把自己的教学思路及设想表达出来，在无形之中提高了组织能力和表达能力，提升了自身的素质。

4. 说课不受时间和场地等的限制。

上课、听课等教研活动都要受时间和场地等的限制。说课则不同，它可以完全不受这些方面的限制，人多可以，人少也可以。时间也可长可短，非常灵活。

（四）说课的特点

1. 说理性与可操作性。

说课要求教师从教材、教法、学法、教学程序四个方面分别阐述，而且特别强调说出每一部分内容的"为什么"，即运用教育学、心理学等理论知识去阐明道理。说课的内容及其要求具有规范性，不受时间、地点和教学进度的限制，能很好地解决教学与教研、理论与实践脱节的矛盾。尽管说课的层次性较高，但并不会因此而降低它的可操作性。

2. 理论性与科学性。

理论在说课中占有突出的地位，其根据一方面来自现实，另一方面靠的是教育教学原理。没有理论，说课就没了分量，没了光彩。课堂教学要求教师以科学的理论为指导，用科学的方法解决教学的矛盾和问题。教师必须遵循教学原则去设计教学程序，力求使教材的处理、挖掘及传达程度具有科学性、逻辑性和思想性。

3. 交流性与高层次性。

说课是一种集思广益的活动，说课者与听课者要彼此进行教艺切磋，在交流教学经验中获益。说课的理论性促使教学研究从经验型向科研型转化，促使教师由教书匠向教育专家转化。说课要求教师把理论与实际紧密联系起来，用理论指导实践、说明实践。并且，说课对教师最基本的教学技能——教学语言及口语表达能力提出了更高的要求。所以说，说课是一种高层次的教研活动。

4. 预见性与演讲性。

说课要求教师不仅讲出自己怎样教，还要说出幼儿怎样学。说课者要对所教幼儿的知识技能、智力水平、学习态度等方面的差异进行分析，估计幼儿对学习新知识会有什么困难及解决的办法，这是说课的预见性。说课也是对备课的解说、上课的演示，主要靠语言来表达。这使它具有了演讲性的特点，即对同行或专家、领导发表自己的施教演说。

（五）说课应具备的语言技能

说课是一个教师专业素质和文化理论水平的综合体现。它是一门以说课者个人素养为基础，以说课的方法、手段的巧妙运用为核心，以显示说课者的艺术形象和风格为外部表现的综合性艺术。语言是联系说课人与听者的纽带，说课人也凭借语言鲜明地反映个人的素质。

1. 综合语言技能。

语言是说课的主要表达方式，由于说课主要是对教学方案的探究和理性阐发，因此其语言表达与上课相比又有不同的特点。说课要求交替使用几种语言形式，但总体的要求基本要保证：语言表述科学准确、用词恰当、句法规范、通俗简练、语言连贯、表述流畅、生动形象、具有逻辑性、富有节奏感；内容正确、完整、系统、有序、连贯、有详有略，重点突出；说课过程节奏统一、和谐、讲究风度，有条不紊地说完该说的全部内容。

（1）理论性语言。

由于说课是对课堂教学方案的理性阐发，这种理性阐发必须以理论为依据。从说课的评价标准上看，对教师的教育教学理论运用水平要求较高。在说课中，教师应准确使用教育教学理论的专门术语，使理论与叙述、说明、议论自然融合。

（2）专业性语言。

专业性语言指说课人在说课的过程中，应采用与说课科目相应的专业术语。教师语言要科学、规范，符合本学科的特点，善于运用专业术语。

（3）讲述性语言。

讲述性语言指的是一种客观的讲，就是把事情和道理讲出来，它是说者面对听者的一种"独白"性的言语活动。独白是一种长时间的独自言语活动，其特点是语言信息输出的单向性，没有听众的言语配合，而唯一依靠独白活动来阐明事理。说课应当以使用此种语言为主，是因为独白语言便于说课者系统地介绍自己的教学设想和所持的理论依据。说课不等于背课，不能按说课稿一字不漏地背；说课也不等于读课，不能拿事先写好的说课稿去读。说课时，应该紧紧围绕一个"说"字，突出说课特点，真正将说教材、说学情、说教学方法、说教学过程、说板书设计以"说"的形式展示在评委面前。除了教学设计过程中会涉及教学语言的使用以外，说课的其他环节尽量使用独白语言。说课者的独白必须条理清晰，陈述的内容要简明。说理论分析部分，尽量平缓，要用高低升降、错落有致的语调。

（4）教学性语言。

教学性语言是用专业的语言展示课堂设计和课堂安排，即教师在课堂上把知识、技能传授给学生的过程中所运用的语言。一般来说，说课中除了在说教学程序设计时要使用教学性语言以外，课堂教学的导语、课堂教学总结也应使用教学性语言。说课者通过自己绘声绘色的课堂语言，把预演或反思的教学情境展现在听者的面前，把听者带到真实的课堂教学情境中去，这是课堂语言在说课中的独特魅力。

（5）朗读性语言。

说课中，教师介绍重点词语、中心语段或其他相关内容时，要使用朗读性语言。所谓"朗读性语言"，就是有表情地运用各种语调、语气将文字读出声来的语言。说课者如果能在说课中根据说的材料的内容、所要反映的思想感情恰当地运用朗读语言，就可以增强说课的感受力，并产生良好的艺术效果。

（6）体态性语言。

尽管说课只是说课者的单项活动，但是如果说课者能充分运用好自己的体态性语言，则既能辅助有声语言以增强表达效果，有时还能代替有声语言表情达意。使用体态性语言应该注意：说课者不能手舞足蹈、目中无人，特别是要注意和听者做好眼神交流。微笑能给说课现场营造轻松、愉快的情境，给自己带来自信和好的心境。手势语言要与有声语言相配合，辅助有声语言的表达。在姿态上，多用站姿，做到抬头挺胸，站稳站正。说课人在着装打扮方面，应从教师这一特殊角色出发，研究服装款式、发型、饰物的风格、视觉感受及观者的心理感受。

（7）演讲的语言。

说课人运用演讲的语言可以吸引听课者跟随自己的思路，也能大大丰富说课的表现形式。演讲的语言可以使说课语言或激情奔放，或含情脉脉，或幽默诙谐，或耐人寻味，强化说课的效果。但使用演讲的语言要恰当，确是必要之时，又确实是精彩片段，才可使用。

2. 解说技能。

解说是说课的重要特征，解说包括解释和说明。解释就是对说课中知识的解释、分析和阐发，这种语言以简明、准确、条理清晰为要点，对某些观点等做出理论阐述。说明就是说清楚说课内容"是什么"和"怎样教""怎样学"。前者侧重于静态表述，常常运用概述法，如说教材，教师说清楚教材的知识结构、教学重点、难点等；后者侧重于动态描述，常常以夹叙夹议的方法论述，如说教法、说教程等。

3. 议论技能。

说课不仅要说清楚"教什么""怎么教"，而且要说清楚"为什么这样教"。实践表明，说课中的理论含量越大、理论水平越高，说课的价值就越大。因此，需要不断提高教师理论阐发、议事论事的能力。主要表现为证明、阐明和辨明三个方面。证明即对自己提出的观点能拿出准确的事实或事例加以佐证。阐明则是对自己运用的原理或原则，能从其内在因素和结构关系的阐发中揭示其本质。辨明即通过比较、对比以区分事理。此外，议论的逻辑顺序通常有就事论事、正反对比、夹叙夹议和由理而例等几种形式，在说课过程中可以根据具体情况和实际内容选择运用，且注意运用中的多样性，以避免议论的单一化，降低议论的说服力。

【说课案例】

中班英语活动"Fruits"说课稿

1. 说教材。

教材来源：我们都知道，水果是幼儿比较熟悉的，也是幼儿在日常生活中最喜欢吃的东西之一。水果在生活中随处可见，品种非常丰富，且取材方便，结合幼儿园主题活动"我们爱秋天"，我开展了英语教学活动"Fruits"（水果）。我通过带幼儿学习《水果歌》、关于水果的英语单词，使幼儿形成对水果的认识，加深对水果特征的理解，激发幼儿爱吃水果的情感。《纲要》指出，教育活动内容应"既符合幼儿的现实需要，又有利于其长远发展""既贴近幼儿的生活来选择幼儿感兴趣的事物或问题，又有助于拓展幼儿的经验和视野"。由此可见，此活动来源于生活，又能服务于幼儿的生活。

目标定位：根据中班幼儿的年龄特点、实际情况，以布鲁姆的教育目标分类学为依据，我确立了认知、能力、情感三个层次的目标，其中既有独立表达的成分，又有相互融合的一面，目标依次为：

（1）通过 listen，chant and sing 等方式让幼儿学会唱英文歌，培养英语语感。

（2）通过实物、图片、对话及游戏，引导幼儿识别水果单词。

（3）培养幼儿喜欢水果的情感，并在活动中乐于表现自己。

根据目标，我把活动重点定位于：通过实物、图片、对话及游戏来引导幼儿识别水果单词。通过多媒体课件、歌曲引路、游戏体验及品尝水果，使活动得以深化。活动难点是：幼儿能在所学单词前添画适宜的颜色。通过教师示范、情景表演解决以上重点和难点。总之，我努力树立目标的整合观、科学观、系统观，力求形成有序的目标运作程式，使活动呈现趣味性、综合性、活动性，寓教育于生活情境、游戏之中。为此，我做了如下活动准备：

（1）空间准备：把幼儿围成半圆形，操作台放于侧面。

（2）物质准备：小熊毛绒玩具、歌曲磁带、多媒体课件、各种水果实物（苹果、橘子、香蕉、西瓜、梨、桃、樱桃、葡萄）、水果单词卡及小动物的头饰。

（3）经验准备：幼儿已经认识多种颜色，在小班已经知道苹果（apple）、橘子（orange）、香蕉（banana）的英语名称，并对水果有一定的经验（吃过或看过）。幼儿已经会回答：Do you like apple? /Yes，I do. /No, I don't，I like banana.

2. 说教法。

《纲要》指出，教师应成为幼儿学习活动的支持者、合作者、引导者。

活动中应力求形成合作探究式的师幼互动。因此，本次活动教师除了以可爱的形象、饱满的情绪影响和感染幼儿，以生动清晰的英语口语指导幼儿外，还要采用适宜的方法组织教学，我采用的教法有：

（1）操作法。本次操作主要是探索各种水果的趣味性，让幼儿在看一看、摸一摸中感知水果。

（2）演示法。在活动中，我通过制作多媒体动画"小熊的果园"，让幼儿对水果有了全新的认识，在这一过程中，现代教学辅助手段的运用发挥了传统教育手段不可替代的功能，使幼儿更有兴趣学习。

（3）情境教学法。在此次活动的全过程中，我引入了幼儿喜欢的泰迪熊的形象，结合秋收，引发幼儿融入看水果、买水果、品尝水果的情境中，使幼儿主动探究、积极思维，达到科学素质提升与个性发展统一的效果。

（4）游戏法。游戏是幼儿的基本活动，幼儿又有好动的特点，所以在教学过程中穿插适当的游戏"小小送货员""买水果"，可使幼儿能在快乐的游戏中轻松学习。

3. 说学法。

以幼儿为主体，创造条件让幼儿参加探究活动，不仅提高了认识，锻炼了能力，更升华了情感。本次活动幼儿采用的学法有：

（1）多通道参与法。《纲要》中科学领域的目标明确指出，幼儿"能运用各种感官，动手动脑，探究问题""能用适当的方式表达、交流探索的过程和结果"。因此，活动中我们引导幼儿看一看、摸一摸、学一学、说一说、尝一尝等，多种感官的参与使幼儿不知不觉就对水果产生了兴趣。

（2）体验法。心理学研究证明，凡是人们积极参加体验过的活动，记忆效果就会明显增强。为了让幼儿对各种水果有更深的印象，我们采用了游戏体验法，在玩玩演演中引导幼儿认识、喜爱水果。

与此同时，我们还通过幼儿间互补学习、师幼合作的方法，表达各自丰富多样的认识，体现"以幼儿发展为本"理念。

4. 说教学程序。

我采用环环相扣的方式组织此活动程序，活动流程为：激发兴趣——提问讲解——自由探索——说说唱唱——情景表演——品尝延伸。

（1）激发兴趣（story time）。兴趣是最好的教师。活动一开始，我就利用幼儿熟悉的泰迪熊形象，为幼儿创设了"小熊果园的水果丰收了"的情境，通过多媒体展示，引发幼儿观察水果的兴趣。在以下环节中，我都以小熊作为情节发展主线，从形式上、内容实质上深深吸引幼儿。

（2）提问讲解（listening time）。在此环节中，我会把故事情节再梳理一遍，采用边提问边讲解的方式，学习五种颜色各异的水果（西瓜"watermelon"、梨"pear"、桃"peach"、樱桃"cherry"、葡萄"grape"），通过出示实物及其图片帮助幼儿记忆单词。

（3）自由探索（game time）。教师安排适当的游戏，帮助幼儿巩固所学单词。

①游戏"小小送货员"。在学习英文歌曲"Fruits"中，一名幼儿当送货员，把水果送到小朋友手中，请拿到的小朋友说出水果的英语名称，再把它送给自己的好朋友。

②与以前所学颜色联系起来，以旧引新，温故知新；新旧结合，创造出新的语境。教师要先做示范，如：a red apple. 幼儿再根据教师的示范，自己尝试着给水果添画颜色，如：a green watermelon, a pink peach，a yellow pear, a yellow banana, a red cherry.

（4）说说唱唱（music time）。在词汇复习阶段，可以借助孩子们最喜欢的学习方式——歌曲，歌曲里包括很多同类的英文单词，简单好记。我带幼儿学习了水果歌"Fruits"，程序如下。

①听磁带（Let's listen）：教师根据歌词点指黑板上的水果卡片，让幼儿了解歌词内容及曲调。

②说儿歌（Let's chant）：请幼儿以节奏儿歌的形式边拍手边说儿歌。

③唱歌曲（Let's sing）：和教师一起边做各种好玩的动作边唱"Fruits"，finger play, do actions. 在英语教学中，动作是帮助幼儿记忆歌词的好方法，有趣的动作也可以增加幼儿唱英语歌的兴趣。

（5）情景表演。根据幼儿喜欢模仿、扮演小动物的特点，教师让幼儿扮演成小动物去小熊的果园买水果，喜欢吃哪种水果就买哪种，但要用英语表达，Do you like apple? /Yes，I do. /No，I don't, I like banana.

（6）品尝延伸。幼儿从果园买回水果后，到家洗一洗，品尝不同水果的不同味道，并把自己品尝的结果讲给伙伴听，进一步让幼儿了解各种水果的特征，从而培养幼儿喜欢水果的情感。

要想学好英语，必须做到家园配合，因此亲子游戏也是英语活动必留的作业。此次活动后的任务就是让家长带幼儿到水果店购物时，请幼儿用英语说出自己认识的水果名称。这不但是对教学的复习巩固，同时也是让幼儿学以致用，把知识活用于生活之中。

大班语言活动"小猫生病了"说课稿

1. 设计意图。

生病，每个孩子都经历过，孩子们对此有切身的感受。生病时的所感所想是孩子们所熟悉的，但同时又是因人而异、各不相同的。生病，又是孩子们所害怕的事。他们害怕吃药、打针，害怕一个人在家。为了使他们树立一种正确对待病痛的健康心理，为了让他们体会到相互关心的乐趣，第三个环节便由此展开，并为第四个环节"关心生病的小朋友"埋下了伏笔。大班语言活动"小猫生病了"恰恰来源于生活，又能服务于幼儿的生活，整个活动始终以幼儿的生活经验为依托，幼儿在这样的情境下丰富了经验，发展了思维，提高了语言表达能力，也培养了良好品德。

2. 目标及重、难点定位。

《纲要》"语言"部分提出，"发展幼儿语言的关键是创设一个能使他们想说、敢说、喜欢说、有机会说并能得到积极应答的环境"，要"鼓励幼儿大胆、清楚地表达自己的想法和感受""发展语言表达能力和思维能力"。活动的目标是教学活动的起点和归宿，对活动起着导向作用。根据大班幼儿的年龄特点及实际情况，我确立了情感、认知、能力三个层次的目标，其中既有独立表达的成分，又有相互融合的成分。目标如下：

（1）鼓励幼儿根据已有的生活经验，大胆、合理地进行想象和讲述。

（2）引导幼儿学习词汇"愁眉苦脸""眉开眼笑"。

（3）激发幼儿感受到同伴之间相互关心、相互帮助的情感。

我确立了目标的整合观、科学观、系统观，使活动呈现趣味性、综合性、活动性。《纲要》的基本点是以幼儿发展为出发点和归宿，因此，在教学目标的确定和教学方法、过程的设计上，我努力体现以幼儿发展为本的现代幼儿教育理念，把"乐意参与讲述活动，并能根据已有的生活经验，大胆、合理地进行想象和讲述"作为本次教学活动的重点。

由于本班幼儿对早期阅读已经产生了比较浓厚的兴趣，因此在这一活动中，我把早期阅读与讲述紧密地结合在了一起，把"引导幼儿学习词汇'愁眉苦脸''眉开眼笑'；激发幼儿感受到同伴之间相互关心、相互帮助的情感"作为本次教学活动的难点。

3. 活动准备。

为了更好地服务于本次活动目标和完成活动内容，我做了以下准备工作：

（1）幼儿已认识信，了解信的基本格式。

（2）图片两大张，大信封一个。

4. 活动流程及目标达成策略。

根据大班幼儿的年龄特点，结合幼儿园教学工作原则和本次活动的目标，我设计了以下四个环节：

（1）谈话，鼓励幼儿帮助小猫想办法。创设情境：有一只小猫生病了，只能整天躺在床上。它想：要是好朋友小兔子能来看看我，该多好啊。可是，小兔子家离得挺远的，怎样才能让它知道自己生病了呢？兴趣是最好的老师，活动一开始，我就以情境导入，提出问题，为下面的讲述做铺垫。

（2）理解信的基本内容。这一环节，通过请幼儿猜一猜小猫在信里对小兔说了些什么、小猫信中画的三张画分别是什么意思，你看懂了哪张画，请和旁边的小朋友轻轻地说一说小猫脸上的表情是怎么样的、小猫为什么哭、小猫心里会想些什么等，让幼儿乐意参与讲述，并大胆把自己所看到的、所想到的表达出来，提高口语表达能力。它是解决活动重点、突破活动难点最关键的一个环节。在此基础上让幼儿读信，使幼儿语言表达的完整性得到了发展。

（3）以小兔收到信后会怎样做自然过渡到很多小动物都在关心小猫。向幼儿提问：好朋友为小猫做了什么事？它们为什么要这样做？现在小猫脸上的表情变成了什么样？让幼儿了解相互关心的乐趣，并为第四个环节"关心生病的小朋友"埋下伏笔。

（4）移情讲述。请幼儿想一想：相信以幼儿为主体，启发幼儿思考小猫生病后得到了这么多朋友的关心爱护，我们的伙伴生病了怎么办，引导幼儿说出祝小朋友早日康复等话语。

（5）设计亮点。

①讲述在前，故事在后。我在设计这一活动时，打破以往上语言课的常规模式，通过读信的方式让幼儿用较连贯的语言把三幅图表达的意思说出来。这个环节的巧妙之处在于，既让幼儿复习巩固了信的基本格式的常识，也让幼儿将自己生病时的感受以小猫的口吻表达了出来，因为一封完整的信是由一小段文字组成的，所以幼儿的口语表达能力得到了发展。

②本次活动采用了开放式提问、开放式情境。在语言教学活动中，提问的恰当与否非常关键。传统的语言活动的提问比较单一、封闭。开放式

提问则是一种全新的提问方式，它是以幼儿为主体，强调幼儿已有的知识经验和技能水平，引导幼儿自己观察和认识世界，从而建立起全新的师幼互动关系的提问方式，它不仅有利于培养幼儿思维的独创性、变通性、精密性，还有利于锻炼幼儿实际解决问题的能力。如教师通过两个问题"小猫为什么哭"及"小猫是怎么想的"，让幼儿在已有的生活经验的基础上合理想象。

③根据大班幼儿的语言教学目标和本班幼儿的实际发展水平，以幼儿的需要为基础，能把语言讲述活动与早期阅读有机地结合起来。

资料来源：韦王春. 大班语言活动"小猫生病了"说课稿. 第一范文网

小班语言活动"故事《小鸭找朋友》"说课稿

1. 说活动的教材。

《小鸭找朋友》是一个简单的故事，语言比较简单、有重复，有利于小班幼儿的理解与学习。故事介绍了不同动物的生活习性，可让幼儿知道有的动物能和小鸭在池塘里玩，有的动物不能和小鸭在池塘里玩。重复性的动物对话，适合小班幼儿的语言发展水平。但是课程的提示中从另一个角度——学说拒绝别人的礼貌用语来理解故事，我觉得跳出了平常故事教学的局限，将语言与社会领域的目标有机地结合，既可以在故事中发展语言，又可以在活动中享受礼貌交往的快乐。

刚开学时，我们就开展了一系列有关朋友的活动，如音乐活动"找朋友"。对"朋友"这两个字幼儿还是很熟悉的，也很乐意做大家的朋友，但在这个活动中我看到了"新"的交朋友的方式——拒绝别人时的礼貌用语，这也是我选择此故事的主要原因，这个语言活动倘若能顺利地开展，对我班孩子交朋友肯定是有帮助的。

2. 说活动的目标及重、难点。

(1) 说活动的目标。

根据故事及我班幼儿的特点，我从认知、能力、情感三个层次制订了活动目标，活动目标如下：

①通过模仿小动物之间的对话，培养完整的语言表述能力。

②亲近小动物，了解一些常见动物的生活习性。

③能大胆运用有礼貌的语言拒绝别人。

分析：第一条是主导目标，也是能力目标，意在通过这个活动让幼儿模仿小动物之间的简单对话，从而发展幼儿的语言表达能力，我想小班初期要注重幼儿语言表达的完整性，所以也就在目标中体现了这一点。第二条是认知目标，在这个故事中，有的动物会游泳，有的动物不会游泳，因此不能下河，让幼儿通过这个故事了解一些动物的习性是一个很好的契机。第三条目标是情感方面的，与以往的情感目标所不同的是，这次是婉言拒绝别人的艺术，这是人与人之间交往的艺术。

（2）说活动的重点：理解故事内容，学习故事中小动物的对话。

分析：我们制订重、难点时往往从所定的目标出发，因为是语言活动，又是以故事的形式出现，所以理解故事内容、学说小动物之间的对话就成了本次活动的重心，通过生动的 Flash 带动幼儿的表达欲望。

（3）说活动的难点：区分会游泳的动物和不会游泳的动物。

分析：在活动中出现的小动物有的会游泳，有的不会游泳，这也是每个小动物的特有习性，要让幼儿知道不会游泳的动物是不能下水的动物，否则要淹死。

3. 说活动的准备。

（1）前期知识准备：我们班开学后的第一个主题是"高高兴兴上幼儿园"，意在培养幼儿喜欢上幼儿园的情感，其中有一个很主要的内容就是和每个人做好朋友，所以朋友对幼儿来说并不陌生。通过一个多月的幼儿园生活，幼儿已拥有了很多好朋友，也懂得了一些粗浅的礼貌用语，如"老师早""老师再见"等。

（2）活动中的准备：利用电脑、多媒体自制动画故事，并对故事进行简单的改编和加工，以利于幼儿对故事的理解，再加上幼儿表演用的小动物挂饰等材料，帮助幼儿明确自己的角色，增加兴趣。这些材料可以在语言活动后放在区角里让幼儿操作。

4. 说活动的设计流程。

本次活动我共设计了四个环节，根据小班幼儿的年龄特点，以一只正在哭的小鸭子为切入口引起幼儿的兴趣，通过生动有趣的 Flash，让幼儿了解故事，学说小动物之间的对话等。第一个环节是语言导入，引起幼儿的兴趣，发展幼儿的想象力和求异思维。第二个环节是完整欣赏，熟悉故事中的角色及它们的习性，主要针对第二个目标设计，这也是本次活动的难点。第三个环节是分段欣赏并学说小动物间的对话，主要是为第一个目标即本次活动的主导目标服务的，这是本次活动的重点。第四个环节是让幼儿模仿故事中的小动物进行表演，也可以说是整个活动的高潮和延伸，可巩固幼儿已掌握的对话，如未掌握，可延伸到区角活动。

5. 说活动的过程。

(1) 兴趣导入。

出示一只在哭的小鸭子，问：小鸭子怎么了？它为什么哭呀？（幼儿自由回答）

教师小结：小鸭子一个人玩，真没劲儿，它想找好朋友和它一起玩。

问：它会找谁和它一起玩呢？（幼儿猜测）

(2) 完整欣赏。

观看Flash动画故事《小鸭找朋友》，并提问：小鸭子找谁和它一起玩了？小动物和它一起玩吗？为什么？

小结：原来，小鸟和小兔子不会游泳，所以不能到水里和鸭子一起玩，小乌龟会游泳，能到水里和小鸭子一起玩。

(3) 分段欣赏Flash动画故事并交流故事内容。

①故事的名字叫什么？（学说"小鸭找朋友"，并认故事名称中的字）

②一天，一只小鸭在池塘里游泳，这时，一只小鸟飞来了，小鸭对它说什么了？小鸟是怎样回答的？小鸟很有礼貌地拒绝了它，小鸟为什么不能和它一起游泳呢？

③一只兔子走过来了，小鸭说什么了？小兔子是怎么回答的？

④一只乌龟爬过来了，小鸭说什么了？小乌龟是怎么回答的？

(4) 表演《小鸭找朋友》。

教师扮演小鸭，请幼儿扮演小鸟、小兔子、小乌龟，学说故事中的对话。

资料来源：李健. 小鸭找朋友说课稿. 安康家园网

中班语言活动"儿歌《晒太阳》"说课稿

1. 设计意图。

《晒太阳》这首儿歌从多角度引导幼儿感觉、发现自然界万物和太阳的联系，概括了事物依属太阳的特点，告诉了幼儿太阳对我们的重要性以及晒过太阳后植物颜色的变化。儿歌描绘了美丽、丰富的色彩——小草的绿衣裳、稻子的黄衣裳、苹果的红衣裳，帮助幼儿从全新的视角想象周围的世界，并以拟人化的形象表达出来，最后一句"娃娃晒太阳，身体才健康"贴切地结合到了幼儿，给了幼儿亲切的感觉。

2. 说教材。

（1）教材分析。

儿歌《晒太阳》语言朴实、短小精悍，是一首优美的儿童诗，以清新的语言、形象生动的比拟描述了大自然与太阳之间和谐而美妙的关系，唤起了幼儿热爱大自然和喜爱太阳的情感。这首朗朗上口的儿歌能很快吸引幼儿的注意力，源于生活的题材能丰富幼儿的生活经验，也符合中班语言教学目标中提出的"让幼儿理解简短的文学作品内容，初步感受其语言美，培养幼儿的想象力、口语表达能力"的要求，因此适合中班教学。

儿歌鲜明的结构特点，拟人化、富有人情味的语言风格，给了幼儿清楚明了的记忆和想象线索，便于幼儿理解和感受，能够充分发挥他们的想象力。重复性的结构形式便于幼儿记忆与仿编，通过仿编活动，可以发展幼儿的语言表达能力和思维能力，还能提高幼儿与同伴交流的能力，促进幼儿社会性的发展。而中班幼儿已有一定的生活经验，能观察到身边事物的各种变化，同时语言能力也有了很大的发展，能基本讲清楚自己所看到的事物及其变化。

（2）目标定位。

《纲要》中指出，应"引导幼儿接触优秀的儿童文学作品，使之感受语言的丰富和优美，并通过多种活动帮助幼儿加深对作品的体验和理解"。因此，我设计了以下几点目标：

①理解诗歌的内容，学习大胆朗诵诗歌。

②观察周围事物，想象事物之间的关系。

③运用添画，学习仿编诗歌。

（3）活动重、难点。

中班幼儿的理解能力和模仿能力较强，语言能力发展得较快，但让他们将自己的生活经验用散文的形式表现出来还是有一定难度的。经过分析我们确定本次活动的重点为理解、掌握儿歌内容；难点为学习仿编诗歌，发展创造性思维，培养口语表达能力。因此，学习按儿歌的内容仿编句子既是本次活动的重点，也是难点。

（4）活动准备。

为了使活动的趣味性、综合性、活动性协调统一，寓教育于生活情境、游戏之中，特做以下活动准备。

①知识经验准备：教师在活动前利用散步、谈话引导幼儿观察太阳和

人类的关系。

②物质准备：与儿歌内容有关的课件；各种各样的简笔画每人一张、蜡笔若干；《种太阳》的歌曲磁带、背景音乐。

3. 说教法。

遵循"幼儿是通过自由观察、积极探索进行学习的"这一认知发展规律，为了给幼儿今后独立学习、独立思考奠定基础，本次活动运用的方法有倾听表述法、趣味游戏法、视听讲结合法、探索仿编法。这些教学方法交替使用、互相补充，配合意境优美的背景音乐、教师亲切自然的激励性语言、自由宽松的学习氛围等，初步培养了幼儿对文学作品的感受力、欣赏力和理解力。

（1）说过程。

本次活动，以《纲要》为指导，从"理解——感受——体验"三大块由浅入深，从理解到感受，使幼儿已有经验与新经验之间建立有机联系，让幼儿在互动式、开放式、直观式的教育活动中，自主地、能动地、创造性地学习。为了让幼儿真正理解并学会仿编，我将活动设计成了两大部分。

第一部分：幼儿通过直观地看、听、想以及教师启发式地运用课件，理解散文诗的内容。

第二部分：给幼儿提供一定的参考，让幼儿在添画的基础上，学习仿编句子。

具体安排如下。

第一个环节：提问导入，出示课件灰暗色的背景和生长得不健康的小草、稻子、苹果和娃娃的图片。

——设计提问：这里怎么是灰灰的颜色？小草、稻子、苹果和娃娃怎么啦？（让幼儿讨论，目的是让幼儿说出是因为缺少太阳，知道太阳对人类和自然界的作用）

第二个环节：欣赏诗歌，目的是让幼儿对儿歌内容有了解。

第三个环节：教师一边朗读儿歌，一边演示课件，让幼儿从视觉上直观地接触到儿歌的内容以及小草、稻子、苹果和娃娃的形象变化。

——设计提问：有了太阳的照射，它们发生了怎样的变化呢？

第四个环节：幼儿跟随教师有感情地朗诵诗歌，目的是让幼儿感受、理解儿歌。

——设计提问：小草、稻子、苹果各自穿了什么样的衣裳？为什么这么说？

目的是让幼儿知道有了太阳的照射后，小草变绿了，稻子变黄了，苹果变红了，用了拟人化的手法；像是穿了不同颜色的衣服一样，这样的描述更符合中班幼儿的年龄特点。

——讨论：为什么说娃娃晒了太阳才健康？（以小组形式讨论，最后选代表说看法，教师再小结，目的是让幼儿知道我们人类也是要晒太阳的）

第五个环节：大胆添画，仿编诗歌。目的是让幼儿发挥想象，联系实际运用已有的生活经验，去大胆地发现身边其他事物和太阳的关系。在引导幼儿仿编诗歌的同时，提供各种与太阳有密切关系的图片，让幼儿大胆添画，引发幼儿的思考，让幼儿在探索中自主学习，突破活动的难点。

——设计提问：那你们知道还有什么事物离不开太阳的照射，它们被照射后有什么变化？

教师给幼儿提供已勾好线的画，让幼儿根据实际去添画，主要是添不同的颜色，如葡萄（紫色）、天空（蓝色）、桃花（粉红色）等。待幼儿完成作品时，教师与幼儿进行趣味性互动游戏，使幼儿在游戏中发展，在游戏中学习。趣味游戏法是实现《纲要》要求，激发幼儿想说、敢说愿望的最好途径。活动中，我请幼儿根据自己添画的作品去扮演各种形象，教师扮演太阳，手拿一根魔术棒，当这根魔术棒点到谁的时候，这名幼儿就说"我是××，穿上了×衣裳"，并做出生动形象的动作造型，类似角色扮演游戏在帮助幼儿理解儿歌内容的同时，也激发了幼儿的想象。

第六个环节：播放《种太阳》的音乐，让幼儿在音乐声中随意起舞，进一步懂得太阳对人类和自然界的重要性，使幼儿产生对太阳的喜欢之情。

（2）活动延伸。

《纲要》中提出，要"为幼儿创设展示自己作品的条件，引导幼儿相互交流、相互欣赏、共同提高"，满足他们交流成果的愿望。因此，我请幼儿把自己添画的作品展示出来，课后让他们相互欣赏、相互仿编，获得成功的满足感，并从与他人的交流中获得有益的经验，得到提高。

4. 说亮点。

（1）运用课件展示有太阳和没太阳的情况下自然界的变化，生动、直观，刺激了幼儿的视觉。

（2）根据中班幼儿创编能力有限的特点，让幼儿通过添画来完成仿编，使每名幼儿都参与进来，大大降低了难度，使幼儿有满足感和自豪感。

(3) 师幼一起进行趣味互动游戏，增进了师幼间的情感，也营造了轻松的学习氛围。

附儿歌：《晒太阳》

小草晒太阳，穿上绿衣裳。

稻子晒太阳，穿上黄衣裳。

苹果晒太阳，穿上红衣裳。

娃娃晒太阳，身体才健康。

资料来源：晒太阳说课稿. 中国教育资源网

二、评课中的语言表达

（一）评课的内涵与类型

评课即评价课堂教学，是在听课活动结束之后的教学延伸。是指对课堂教学成败得失及其原因进行中肯的分析和评估，并且能够从教育理论的高度对课堂上的教育行为作出正确的解释。评课是加强教学常规管理、开展教育科研活、深化课堂教学改革、促进幼儿发展，推进教师专业水平提高的重要手段。

评课是教学、教研工作过程中一项经常开展的活动。评课的类型很多，有同事之间互相学习、共同研讨的评课；有学校领导诊断、检查的评课；有上级专家鉴定或评判的评课等。

（二）评课的意义

1. 有利于促进教师转变教育思想。

先进的教育思想不仅是课堂教学的灵魂，也是评好课的前提。评课者要评好课，必须研究教育思想。在评课中，评课者只有用先进的教育思想、用超前的课改意识去分析和透视每一节课，才能对课的优劣作出客观、正确、科学的判断，才能给授课者以正确的指导，从而促进授课者转变教育思想、更新教育观念、揭示教育规律、促进幼儿发展。

2. 有利于教师提高教育教学水平。

在评课中，评课者必须十分注意去发现、总结授课者的教学经验和教学个性，要对教者所表现出来的教学特点给予鼓励、帮助总结。让教者的教学个性由弱到强、由不成熟到成熟，逐步形成自己的教学风格。

3. 有利于教学反馈、评价与调控。

通过评课，可以把教学活动的有关信息及时提供给师生，以便调节教学活动，使之始终目的明确、方向正确、方法得当、行之有效。评课的目的不是为了证明，而是为了改进，以有利于当前新课程的教学。它集管理调控、诊断指导、鉴定激励、沟通反馈及科研于一体，是研究课堂教学最直接、最具体、最有效的一种方法和手段。

（三）评课的方法

1. 评目标设定。

教学目标是教学的出发点和归宿，所以，评课首先要评教学目标。首先，从教学目标制订来看，要看是否全面、具体、适宜。其次，从目标达成来看，要看教学目标是不是明确地体现在每一个教学环节中，教学手段是否都紧密地围绕目标、为实现目标服务。

2. 评教材处理。

在评课时，授课者对于教材的组织、处理是否精心也是评课的重点。教师必须根据教学内容、教学目的以及幼儿的知识基础、认知规律、心理特点，对教材进行合理的调整充实与处理，重新组织、科学安排教学程序，选择好合理的教学方法，使教材系统转化为教学系统。

3. 评教学程序。

教学目标要在教学程序中完成，教学目标能不能实现要看教师教学程序的设计和运作。因此，评课就必须要对教学程序进行评析。教学程序评析包括以下几个主要方面。

（1）看教学思路设计。

评课者评教学思路，一是要看教学思路设计符不符合教学内容实际、符不符合幼儿实际；二是要看教学思路的设计是不是有一定的独创性、超凡脱俗，给幼儿以新鲜的感受；三是要看教学思路的层次、脉络是不是清晰；四是要看教师在课堂上的教学思路实际运作是否有效果。

（2）看课堂结构安排。

课堂结构侧重教法设计，反映教学横向的层次和环节，也称为教学环节或步骤。通常，一节好课应结构严谨、环环相扣、过渡自然、时间分配合理、密度适中、效率高。

4. 从教学方法和手段上分析。

教学方法是指教师在教学过程中为完成教学目的、任务而采取的活动方式的总称，是"教"的方法与"学"的方法的统一。评析教学方法与手段包括以下几个主要内容。

（1）看教学方法是否得当。

一种好的教学方法总是相对而言的，它总是因课程、因学习对象、因教师自身特点而相应变化的。也就是说，教学方法要恰当选用。

（2）看教学方法的多样化。

教学活动的复杂性决定了教学方法的多样性。教师的教学方法要具有多样性，才能使课堂教学常教常新、富有艺术性。

（3）看教学方法的改革与创新。

教学方法的改革与创新包括课堂上的思维训练的设计、创新能力的培养、主体活动的发挥、新的课堂教学模式的构建、教学艺术风格的形成等。

（4）看现代化教育手段的运用。

现代信息技术为教师提供了更广阔的知识空间，已成为教师教学的工具与幼儿学习的工具。但在运用现代化教学手段时，要注意适时、适当。

5. 从教师教学基本功上分析。

教学基本功是教师上好课的一个重要方面，所以评析课还要看教师的教学基本功。通常，教师的教学基本功包括板书、教态、语言、教具等。

6. 评学法指导。

（1）要看学法指导的目的要求是否明确。

（2）要看学法指导的内容是否熟悉并付诸实施。

7. 评能力培养。

即评价教师在课题教学中能力培养情况，可以看教师在教学过程中：是否为幼儿创设良好的问题情境，激发幼儿的求知欲？是否培养幼儿敢于独立思考、敢于探索、敢于质疑的习惯？是否培养幼儿善于观察的习惯和心理品质？是否培养幼儿良好的思维习惯？等等。

（四）评课的语言表达

1. 真实、具体。

评课的语言应做到真实、有效、实事求是，正确把握评课的角度和艺术。在评的过程中，可适当举出课程中的例子做具体的说明，语言要准确、简洁、干练；也可从一堂课整体的角度对优势与问题做概括性的总体说明，语言要有多样性、针对性和理论性，使评课活动真正成为促进教学质量的一种有力保障。

2. 坦率、诚恳。

坦率、诚恳的评课态度是评课者必须具备的一种修养和素质。评课是一种以发现问题、促进教改、指导教学、共同提高为目的的教学活动，授课者和评课者都应以积极、正面的心态对待教学中出现的问题，悉心研究、共同探讨，坦率、诚恳有利于形成良好的研究氛围，切实提高教研的质量。

3. 肯定、鼓励。

评课应该秉持求真的观点，但任何层次的课、任何人上的课都不可能是十全十美的，也绝不是一无是处的，所以评课人的语言应注重肯定性与鼓励性。通常情况下，评课应该多赞扬、少批评，在肯定优点的同时，直言不讳地指出需要改进的方面，但是批评应该注意方式、讲究策略，不要引发负面的对抗或消极情绪，从而真正促进课堂教学的改进与提高。

【评课案例】

中班语言活动"大灰狼开心了"评课稿

今天上午，和中班的教师、实习生们一起聆听了J老师的——中班语言活动"大灰狼开心了"。J老师规范的语言、生动的教态、流畅的教学设计给我留下了深刻的印象。这个活动从聊大灰狼开始，将开心、生气、难过、再次开心这样的情感体验融合在一个故事中，让幼儿随着情节的发展体验这几种情感，知道做错事只要想办法就会使自己重新快乐的道理。

大灰狼的表情图片制作得很成功，幼儿非常直观地看到了大灰狼的不同表情。但是表现故事情节发展的五幅图片画得不够清晰，有教师建议用勾勒的方式体现出画面的主体，我觉得也是可行的。

在教学环节的设计上，围绕故事一步步展开，线索很清晰。这个故事情节比较简单，在故事语言的设计上如果再精练、规范一点的话，会更有利于幼儿学习语言和运用语言，也就是说，每幅图用一两句话进行归纳，只要把发生什么事情、大灰狼心情怎么样说清楚就可以了，句式统一、规范，这样的话，在完整讲述的时候，更有利于幼儿一起来学说。

这个活动的目标之一是知道做错事后只要想办法补救就会使自己重新快乐，所以我觉得最后一个环节，"当别人不开心的时候，你会想什么办法"这个问题可以改成"你以前做错过事吗？做错了事该怎么办呢"，这样会跟这个故事的主题更匹配一点。

资料来源：习冬花. 中班语言活动"大灰狼开心了"评课稿. 江西省分宜县中心幼儿园网站

小班美术活动"美丽的格子布"评课稿

小班幼儿年龄小、动手能力较弱，因此适合小班幼儿的美术活动就必须富有情趣、能吸引幼儿，对技能要求不能太高，要能让幼儿比较容易就体验到成功感。高老师组织的这一活动正是抓住了这一关键，让小班幼儿在欣赏格子布、比画格子布、学画格子、用格子装饰服装的过程中，体验了艺术创作的乐趣，激发了想象力，充分感受了色彩之美。

1. 活动选材贴近幼儿生活。

活动一开始，高老师身穿红格子衣服，巧妙引入主题，并让幼儿找找身边哪些小朋友也穿了格子衣服，这个环节贴近幼儿生活，幼儿十分感兴趣。接着，教师逐步引导幼儿仔细观察格子布的图案特点。事实表明，幼儿在这样的活动中兴趣盎然、思维活跃、情绪愉快。

2. 情境的创设自然、有趣。

幼儿艺术活动就要让幼儿在活动过程中获得审美愉悦，用游戏的形式来进行艺术活动，使艺术活动充满生机和趣味。高老师在活动中创设了"为喜羊羊设计服装"的情境，激发了幼儿的兴趣，同时为说一句完整的话创造了条件，体现了美术与语言的整合。

3. 教师的定位——合作者、引导者。

欣赏完格子服装后，学画格子时，教师没有直接教幼儿画格子，而是让幼儿比画格子图，自己尝试画格子图，我们可以清晰地看到幼儿由于原有水平不同，有的拿起笔就会画；有的迟迟不动笔，看到别人画后受到启发慢慢也开始动手了；有的在教师的引导下才开始画。无论怎样，幼儿都很乐意尝试，虽然画得不是尽善尽美，但这是幼儿按照自己的思维方式画的，是自己创作的独一无二的作品，加上教师预设的技能符合幼儿的年龄特点，幼儿"跳一跳就能摘到桃子"，个个都能体验到成功的感觉。在幼儿自己探索出画格子的方法后，教师展示幼儿的作品，让画得好的幼儿介绍画法，幼儿可以按自己画法，也可以尝试别人的方法，使成功经验就得以推广。

4. 注重快乐评价。

在评价过程中，高教师把所有幼儿的作品汇集在一起，变成了服装展览馆，一方面教师给予肯定和鼓励的评价，另一方面幼儿自己对作品进行比较，对自己和同伴的作品的诠释也非常大胆、独特。

资料来源：小班美术活动"美丽的格子布"评课稿. 浙江学前教育网专题导航

中班语言活动"醒来了"评课稿

今天我组织的活动是中班主题四"春天，您好"中的语言活动"醒来了"。现在正值春天万物复苏的美好季节，结合现在的季节特征，从幼儿的兴趣点出发，我选择了本次语言活动。

这个活动主要有三个目标：第一，激发幼儿对春天里的小动物的喜爱和好奇，萌发幼儿对文学作品的兴趣；第二，幼儿能记住故事的主要情节，学说小动物之间的重点对话；第三，通过视、听、讲结合的方法，发展幼儿连贯讲述的能力。"视"，就是引导幼儿去看、去观察课件中的内容；"听"，就是倾听教师的语言启发、引导、暗示和示范；"讲"，就是幼儿的讲，满足幼儿想说的愿望。这种方法能充分调动幼儿的各种感官，让幼儿处于一种积极的学习状态中。

在这个活动当中，力求将情感教育贯穿于整个语言活动当中。开始部分，以趣激情，做了一个新的尝试，利用多媒体课件，通过猜谜语的形式，以动态的画面、小动物的声音再现等，吸引了幼儿的眼球，从而激发了他们对春天里的小动物的热爱和好奇的情趣，能饶有兴趣地参与到活动中来，并且也很自然地引出了故事中的动物角色，为幼儿理解故事情节做了一个很好的铺垫。

接下来，在让幼儿了解故事情节部分，我以情代情，运用了极富感染力的配乐，以教师自身的激情和语言感染力，为幼儿讲述故事内容，同时也是为了给幼儿一个完整的故事形象，给幼儿以很好熏陶和感染。在了解故事情节的基础上，在让幼儿学会故事中小动物之间的重点对话部分，我采用了恰当的提问方式，引导幼儿分段欣赏课件，突出了多媒体课件的作用，一是将故事中的角色对话、动物形象，用小动画的形式表现出来，声情并茂；二是替代了以往呆板的图片讲述方式，使得故事的内容更加生动、角色更加鲜活，让幼儿有身临其境的感觉，逐渐掌握和学习与小动物之间的重点对话。

资料来源：金雪梅. 中班语言故事"醒来了"评课稿. 安康家园网

第三章　幼儿园教育教学活动中的沟通与表达

第五节　有关幼儿评价的语言策略

一、说服幼儿的语言策略

（一）说服语的内涵与特点

说服语，通俗来讲，就是摆事实、讲道理，以情感人、以理服人，循循善诱，使幼儿听从和接受正确的意见或主张的话语。说服语是使幼儿听从、接受知识的好办法，是教育幼儿的一种本领，也是一门艺术。幼儿园生活中存在着大量的说服教育工作，许多优秀教师不仅"诲人不倦"，而且"教育有方"。当幼儿遇到争执、纠纷等问题时，教师应该采取恰当、及时的说服教育，帮助幼儿树立正确的认识问题与解决问题的观念及意识。

说服语的特点主要表现在三个方面：一是说服的目的要明确；二是采取疏导与规劝相结合的方法，既要让幼儿有充分发表自己意见和看法的机会，又要帮助幼儿对具体问题作认真分析，对于幼儿不正确的看法，要帮助他们把认识引导到正确的方向上来；三是不说大话、套话、空话，不以教师的权势压服幼儿，而是要晓之以理、动之以情。

运用说服语时，还应该注意以下几个方面的问题：第一，说服者始终要保持以理服人的说服方式；第二，说服过程中双方要善于沟通、交流；第三，要随机调整说服的方式与策略；第四，说服行为要耐心诚恳，力求达到说服的目的。

（二）说服幼儿的语言策略

说服教育法的具体方式是多种多样的，因人、因事、因地而异，概括起来可以分为两大类：一类是运用语言文字进行教育的方式，有讲述、讲解、报告、讲演、谈话、讨论、辩论、指导阅读等，侧重讲理、明理和思想交流；另一类是运用事实进行说服教育的方式，侧重通过耳闻目睹、亲身体验等弥补口头说服的不足，增强教育的可信性和感染性。

比较常用的方式有以下三种。

1. 目的明确，正面说服。

有效的说服应该目的明确，摆出事实、说出道理，指出危害、提出要求。这就要求教师对幼儿要有充分的了解，能够考虑到幼儿的身心特点和接受能力，帮助幼儿分析出现问题的根源，寻求消除问题的合理方式，避免将自身的想法强加给幼儿。

2. 劝导。

劝导即劝阻行为，对于出现问题的幼儿，教师不应一味地批评，而应帮助幼儿疏导不良的情绪与心境，然后再进行适当的劝导，从而起到事半功倍的效果。幼儿年龄较小，辨别能力与判断是非能力较弱，很容易犯各种各样的错误。作为教师不应该怕幼儿犯错误，而是应采取正确的方式帮助幼儿认识到自身的错误。这就要求教师热情诚恳、态度和蔼地劝导幼儿改正缺点，帮助幼儿养成优良的品德及与人交往的能力。

3. 以情动人、以情育人、以情感人。

在对幼儿进行说服教育的过程中，要注重情与理的结合，将情感教育灌注其中。情感教育关注教育过程中幼儿的态度、情绪、情感以及信念，是使幼儿身心感到愉快的教育。情感教育倡导用心去关怀被教育者，用善良的、美好的、温暖的、正面的、积极的引导方式指导与帮助他们，使受教育者拥有崇高的道德修养与美好的人格品质。

【思考与练习】

1. 目标解读：在幼儿出现某些问题及情况之时，教师能够运用亲切、有理的语言去说服幼儿，帮助幼儿解决问题，避免不良情绪与后果的发生。

2. 情境假设：文文是个挑食的孩子，每次吃饭都把不喜欢的饭菜扔到饭桌上或其他小朋友的碗里，教师应该怎样运用语言去说服文文养成珍惜粮食、文明就餐的好习惯呢？

3. 知识要点：说服幼儿的语言策略。

4. 案例解读。

案例一：一天下午，午睡结束，中班幼儿玲玲却怎么也不肯起床。王老师大声地训斥玲玲："怎么还不起床呢，你也太懒了，快点起床。"玲玲不但没有起床，而且还大哭起来，李老师走到玲玲的床边，轻声地对玲玲说："玲玲，还没睡够，对吧？可是，你看其他小朋友都起床了，你是不是也应该起床了呢，我们可不要做一个小懒猫啊。"

资料来源：张姝. 说服语及其训练说课稿. 道客巴巴网

点评：对于孩子的一次小小的失误，王老师对玲玲的说服就显然没有考虑到幼儿的身心特点，而且由于没有注意斟酌语言，伤害了孩子。相反，李老师的说服语言就比较明确，就事论事，并且亲切和蔼、热情诚恳，劝导孩子自己作出决定，既保护了孩子的自尊心，又起到了良好的说服效果。

案例二：中班的游戏课上，明明和东东吵架了，原因是明明一直在玩玩具小火车，不肯给别人玩，东东情急之下从明明手里把玩具抢走了，明明哭了起来，东东也觉得很委屈，开始掉眼泪。这时，高老师走到明明和东东中间，摸摸两个孩子的脸，对东东说："东东，你也想玩玩具小火车，对吗？"东东点点头，"可是你说，当我们想要别人手里的东西时，应该怎么做啊？一个讲礼貌的孩子会怎么做、怎么说呢？"东东听了高老师的话，回答道："老师，我做得不好，我不应该从明明手里抢玩具，我应该好好地说：'东东，你的小火车能借我玩会儿吗？谢谢！'""嗯，东东说得对，东东要做一个讲礼貌的孩子呀。"高老师又转身与明明说了一番话，两个孩子最后都向对方承认了错误。

资料来源：张姝. 说服语及其训练说课稿. 道客巴巴网

点评：在劝导的过程中，教师与幼儿始终保持沟通与交流，而不是以自己的教师身份批评幼儿，始终注意以理服人，并且态度亲切、耐心，使幼儿认识到了自己的错误，并主动改正。

5. 拓展阅读。

说服用语

说服，使他人相信自己；说服，使对方接受并产生积极行动。说服引导，工作中常会遇到。下面提供一些说服的有效方法，供读者参考。

（1）心理接触法。

"有人说我们班学习成绩不好，是'垃圾班'，是处理品，这是没有道理的，就拿体育锻炼来说，我们班不但不是垃圾班，而且可以当先进班……"

（2）借此说彼法。

"把水淘干了，不是得不到鱼，但明年恐怕就不会有鱼了；把森林烧光了，不是猎不到野兽，但明年就不会有野兽了；如果把工作骨干都抽出来，生产怎么办？"

（3）以褒代贬法。

"嗨，你小子真有本事，三枪都打到靶子外面，真不容易呀。"

"三个客户都让你气走了，下次如果有类似比赛，一定让你参加。"

（4）融情动心法。

"小伙子，这次改了发型，挺大方的。但是今天迟到啦，快去车间加把劲，把任务赶出来。"

"别着急，看你跑得上气不接下气，准是家里出了什么事把时间耽误了吧?"

（5）侧击暗示法。

一位作曲家带自己七拼八凑的曲子请教大师，大师在听演奏时不断脱帽。作曲家问："大师，是不是屋里太热?"大师说："不热。我有碰到熟人就脱帽的习惯。在阁下的曲子中我碰到那么多熟人，不得不连连脱帽。"

（6）鼓动激励法。

"你信任他，任用他，赋予他更多的责任，这正是调动他积极性的最好手段。"

"×××，你脑子灵活，技术又好，我考虑再三，还是觉得你办这件工作最合适。这件工作要求很急，我相信你一定会做好的。"

资料来源：说服用语.成功之路网"口才技巧"

二、表扬幼儿的语言策略

（一）表扬语的内涵与要求

表扬语是对幼儿良好的思想、行为、成绩以及某种进步给予表彰或肯定的用语，一般以表彰和赞扬两种形式出现。表扬有助于培养幼儿良好的习惯，增强自信心。表扬好行为有利于幼儿的健康成长。但是表扬也是一门艺术。表扬并不是教师手中廉价的"糖果"，可以随心所欲地散发，它有其标准和尺度，要运用得恰到好处。表扬的基本要求是客观、公正、及时、真挚。

（二）表扬幼儿的语言策略

1. 要公正、合理。

表扬要实事求是、恰如其分。表扬言过其实或与事实不符，很容易被幼儿觉察，不但失去了表扬的作用，反而会给幼儿留下不诚实的坏印象。因此，教师对于幼儿的评价力求客观、公正，对是对、错是错，不夸大、不缩小。要做到公正、合理、实事求是，表扬的同时，可给得到表扬的幼儿提出某些方面的不足或提出更高的要求，使表扬的意义和目的得到更大的提升。

2. 要有分寸感。

对于幼儿，教师不要吝啬表扬的语言，但心理学研究也表明：过多的表扬不但不能使人奋发向上，反而会使人产生惰性。因此，使用表扬一定要把握好"度"。教师运用表扬要有分寸感，不要为了表扬而表扬，中肯、适度的表扬能够激发正面情绪，使幼儿信心倍增、行动更积极。

3. 要及时、具体。

幼儿园应对幼儿多使用鼓励的语言，让他们分享自己成功的喜悦。作为幼儿教师，要善于发现幼儿的优点和长处，及时对幼儿的出色表现加以肯定和鼓励，以激发他们动手动脑、探究问题的积极性。表扬不但要及时，还要具体，表扬得越具体，幼儿越容易明白哪些是好的行为、越容易找准努力的方向。在幼儿良好行为之后及时、具体地鼓励与表扬，可以起到强化幼儿良好行为的积极作用。

4. 要富有感情。

古人有句话，叫做"感人心者，莫先乎情，莫使乎言"，能够温暖人心的语言一定是饱含深情的。教师的表扬语应该是发自内心的对于幼儿的一种情感体现，热情、真诚地鼓励与表扬是一种肯定的赞美，能为幼儿的健康成长营造宽松、愉悦的氛围。其实，表扬也不仅仅局限于语言，仔细、用心地倾听，肯定、赞许的目光，甚至一个小小的肢体动作，都能使幼儿感受到教师的关爱与鼓励，达到帮助幼儿建立自信心并促进他们健康成长的目的。

5. 注重过程表扬。

表扬不仅要看结果，还要看过程。毕竟表扬不是一种教育过程的结束，而是一种教育过程的起始。过程表扬重视肯定幼儿的进步，而不是取得的绝对成绩。心理学研究表明，培养幼儿的成就动机不应过多地夸奖幼儿的成绩或任务完成的结果，而应该更多地表扬幼儿做出的努力。过程表扬强调只要幼儿的态度积极、过程努力、尽力就应该得到表扬，这样可以促使幼儿形成不怕失败、勇于挑战、不断进取、积极向上的人生态度。

【思考与练习】

1. 目标解读：教师能够运用表扬的语言帮助幼儿建立自信心，促使幼儿养成良好的习惯与优良的品质，健康快乐地成长。

2. 情境假设：雷雷每次午睡后都能自己穿衣服、系鞋带，但是他的扣子经常系错，鞋带也松松的，容易摔跤，教师如何运用语言来表扬雷雷的自理行为，并鼓励雷雷学会穿衣服、系鞋带呢？

3. 知识要点：表扬幼儿的语言策略。

4. 案例解读。

案例一：幼儿园中班的语言课上，教师讲了一个《不爱洗脸的小熊》

的故事。讲完故事后，教师提问："小朋友们，听了这个故事后，你知道小熊为什么会被蜜蜂追赶吗?"孩子们纷纷回答："它爱吃蜂蜜。""它和蜜蜂不是好朋友。"……这时，洋洋举手告诉教师："小熊被蜜蜂追赶，是因为小熊不爱洗脸，脸上还有以前吃过的蜂蜜呢。我们可不能像小熊一样那么不讲卫生。"教师听到洋洋的回答，马上大声说："洋洋真棒！现在我们一起为洋洋鼓鼓掌吧。"

资料来源：不爱洗脸的小熊. 浙江台州江灵幼儿园学前班的博客

点评：教师对洋洋的评价很及时，这是好的，但是不够具体，"你真棒"三个字对于我们成人来说非常简单，但幼儿并不能真正理解老师表扬他的是什么。教师可以说："洋洋，你的耳朵真厉害，找到了故事中的小秘密。"或者说："洋洋找到了问题的关键，我要表扬你！"教师对于幼儿的评价要具体、有针对性，不是对于幼儿人格的表扬，而是对其具体行为的表扬，这样幼儿能够了解什么是好的行为，并在今后的活动中更加努力。

案例二：在一次社会活动课的最后总结时间，教师总结全课，表扬幼儿时说："今天表现最好的有莉莉……"莉莉听到教师表扬自己非常开心，兴奋得小脸红扑扑的，其他小朋友也都向莉莉投来既美慕又敬佩的目光。但教师继续说道"还有明明、萌萌、亮亮……"，小朋友们一开始听着还很激动，后来就都不以为然了。

资料来源：黑龙江幼儿师范高等专科学校教师高珊

点评：其实，一个"最"字表达的是独一无二的意思，但教师却随意地在"最好的"后面说出了好多个，这种看似微不足道的小错误，时间一长，也会对幼儿产生影响。因此，我们在使用语言对幼儿进行表扬时，不能不假思索地随意表扬，应谨慎，力求具有逻辑性、客观性，这样才能表扬得公正而真挚，具有可信性与权威性，从而对幼儿的行为具有良好的导向性。

5. 拓展阅读。

23种幼儿园课堂表扬语及肢体动作

(1) 金咕噜棒，银咕噜棒，我是宝宝我最棒！（左右手先后左右转，然后放胸前交替转圈，最后竖起大拇指）

(2) Gu ga ga, gu ga ga. Gu ga ga, gu ga ga.（左右手心合并再弯空，慢慢往上游动）Boom!（双手臂相离，再垂直放置在胸前做爆炸的样子）

(3) Yummy, yummy, good!（双手向嘴巴方向夹两下，双臂前伸并顶出两根大拇指）

（4）nice，nice，very nice（拍手，两慢三快）great，great，very great.（拍手，两慢三快）

（5）hey! hey! we are great!（对着天花板大吼两声，然后双手露出大拇指从身前突然举过头顶）

（6）你的想法很特别哦!（竖起两个手指）

（7）Good，good，very good!（双手竖立拇指，双臂在胸前交叉转动，双手竖立拇指）

（8）淅沥沥（右手刷左臂），哗啦啦（左手刷右臂），Good（竖立右手拇指）good（竖立左手拇指），very（双臂交叉滚动）good.（两根拇指前面）

（9）Gu ga ga，gu ga ga.（右手做嘴巴往左走）A ya ya ya，A ya ya.（左手做嘴巴往右走）You are super!（左手往左做 shoot 的动作）

（10）表扬竞赛获胜的幼儿 Best，best winner!（双手上下交替垂两下，双手竖立拇指指向获胜的幼儿）

（11）Give me five/ten.（幼儿跟随老师拍手）Come and kiss me.（右手向自己招手，左手指向自己的脸颊，亲一下幼儿的脸，或者在幼儿的脸上贴一个大大的嘴唇的贴画）

（12）Hey hey wonderful! Hey hey wonderful!（先拍两下手，然后双手竖立大拇指）

（13）点点头，叉叉腰，我的表现最最好。（先点头，叉腰，然后双手交替上下转几下，最后竖起两个大拇指）

（14）小脚，小脚，踩一踩，你的表现真不错!（左右脚交抬起，踩踏地板，然后拍手竖起两个大拇指）

（15）小手转一转，你棒，我棒，大家棒。（双臂前伸转一转，然后拍手，两慢三快）

（16）你的表现好，你的表现棒，你的表现 NO.1。（拍腿、拍手，然后双臂前伸竖起食指）

（17）左边小红花，右边小红花，奖给我们小朋友顶呱呱!（伸出左右手，双手做花状移动，最后快速拍三下手）

（18）请你伸出左手，请你伸出右手，变成奥运选手，耶! 耶! 耶!（交替伸出双手，然后做个跑步运动员的样子，最后举起双手伸出食指和中指上下动三次）

（19）唧唧唧唧，小鸡小鸡喜欢你，也来表扬你。（双手十指交叉做小

鸡吃食，在幼儿跟前移动，最后拍手用食指指向被表扬幼儿）

（20）棒！棒！棒！你真棒！（拍手六下后竖拇指）

（21）噼里啪啦，噼里啪啦，碰！（慢拍手两下，然后碰肩膀，也随意碰，如碰屁股）

（22）拍拍我的小手，请你吃菠菜，变成大力水手，耶！耶！耶！（拍手，双手放嘴边做吃状，然后双手握拳上举，也可双手叉腰，做大力水手，最后，双手伸出食指和中指上下动三次）

（23）拍拍我的小手，我可真不赖，我是拼音能手，耶！耶！耶！（先拍手，然后甩手，接着伸出右手大拇指指向自己，最后，右手伸出食指和中指上下动三次）

资料来源：23种幼儿园课堂表扬语及肢体动作. 中国婴幼儿教育网

三、批评幼儿的语言策略

（一）批评语的内涵与要求

批评语，是对幼儿的缺点、错误思想和不良行为进行否定评价的一种教育口语。批评是常用的教育方式之一。对幼儿进行批评，就是对幼儿所表现出来的不符合教育者所预期的认识或行为进行否定性评价的过程。批评要从幼儿的个性心理出发，根据错误、缺点的性质和严重程度，把批评、严格要求和尊重结合起来，注意批评的场合、方法和艺术。批评大致可分三大类：一是针对人的批评；二是针对做事的结果进行批评；三是针对做事情的过程进行批评。

批评语具有准确性、分寸性、亲切性和激励性等特点。使用批评语需要注意：一是要明确应重点针对什么事情进行批评，不可一次批评所有问题，否则会令幼儿无从理解和接受。二是教师要了解事情经过，判断幼儿是否会同意改正、能够改到什么程度，并向幼儿指明怎样做才是正确的。三是要注意运用正确的批评方式。

（二）批评幼儿的语言策略

1. 目的明确。

教师要明确和牢记批评的目的。批评是一种教育手段，不是"出气""泄愤"的方法。教师批评的目的就是让幼儿认识到自己的错误，并帮助幼儿改正它。所以，批评时应明确指出幼儿错在哪里、错的根源是什么、有什么危害、今后应当怎样做才不会再犯这类错误。批评幼儿应就事论事，避免翻旧账。同时，教师的批评应以关心、爱护幼儿为前提，有理、有度，和风细雨、灵活多样，多肯定，少否定。批评幼儿缺点和错误时，应尽量使用平和、亲切的语气，批评的轻重、时间、场合和分寸等，都要视幼儿的错误情节、性质和后果而定，切不可感情冲动、没有节制。

2. 讲究技巧。

(1) 批评方式因人而异。

每个孩子都是一个独一无二的。幼儿性格各异、情趣不同、接受能力千差万别，教师在批评时应因人而异，对不同幼儿采用不同的批评方式，万不可千篇一律。对于自尊心较强的幼儿，批评时应该逐步传递出批评信息，使幼儿逐步适应、逐步接受；对于有惰性、依赖心重的幼儿，批评时不妨开门见山，直接指出缺点和不足，但绝不能挖苦讽刺；对于脾气暴躁、性格倔强、容易激动的幼儿，应以商讨的方式，平心静气地使其在友好的气氛中自然地接受批评意见；对于善于思考、性格内向、各方面比较成熟的幼儿，批评时要委婉一些，可以用提问的方式让幼儿意识到自身的过错，自我调整。

(2) 引导。

引导式教育，主张在教师的启发下，受教育者在观察、分析、思考中自己获得答案。教育幼儿需要批评，更需要引导，将两者结合起来往往具有良好的教育效果。幼儿犯错后，教师应多一些引导，少一些批评。甚至可以直接采用提问方式来引导幼儿对自己错误的根源和后果进行自我反省、自我评价，让幼儿明白错在哪里、为什么错了、什么才是正确的、怎样改正和避免，使批评教育起到积极的正面作用。

(3) 暗示。

暗示批评，即不直截了当地把批评意见说出来，而是通过含蓄、委婉的方法使被批评者通过内省的方式意识到自身的错误。暗示批评的教育作用往往是当面批评尤其是训斥所不能达到的，既达到了批评的目的，又不伤害幼儿的自尊心，因此不会使幼儿产生抵触情绪，一般比较乐于接受。暗示有语言暗示、动作暗示、文字暗示等方式，虽有利于批评教育，但不是任何批评都适用，也要根据时间、地点、事件和对象等具体情况而定。

3. 真情关爱。

教师的批评要以关爱为基础，主要表现在对幼儿自尊心的保护上。苏霍姆林斯基说过，宽容引起的道德震动比惩罚更为强烈。教师对于幼儿的批评最好单独进行，批评前必须调整好自己的心理和情绪，态度要和蔼，这样可以驱散幼儿的紧张感，消除其抵触心理，使批评能在愉快中进行。切不可轻易使用暴力语言责骂幼儿，使幼儿的人格尊严、心理健康遭到侵犯和损害。宽容、温馨的话语，亲切的动作体态，理解、信任和尊重，比起严厉的责骂更能产生巨大的动力，更能帮助幼儿正确地对待批评，并从批评中吸取教训，及时地改正错误，在不断的改进中得到提高和完善，健康、快乐地成长。

4. 幽默、风趣。

哲学家卡莱尔说过，幽默不是轻蔑，而是爱。幽默的语言轻松、自然，给人一种温和、友善的感觉，一般较容易被人接受。幽默的批评能避免严厉的批评带来的逆反心理，不仅可使幼儿认识到自己的错误，也不会伤害到幼儿幼小的心灵。幽默是智慧的表现，冷静、宽容、幽默的教师更容易获得幼儿的喜爱。这是因为幽默创设了和谐、融洽的教育情境，可让本来难堪的批评变得友好起来，更为重要的是，幽默传达了教师对幼儿的尊重和信任。幽默的批评语能够诱发幼儿的心灵感应，使之在美感共鸣中得到净化，达到人格塑造的目的。但幽默也有个"度"，教师切不可用挖苦的幽默来表现自己的高明。

【思考与练习】

1. 目标解读：在幼儿犯错时，教师能够适时、适当地批评幼儿，既制止、规劝幼儿的错误行为，又不损伤幼儿的自尊心，帮助幼儿改正缺点、积极进步。

2. 情境假设：在户外活动时，大班的淘淘和雷雷追跑打闹，淘淘绊倒，摔破了膝盖，教师应该运用怎样的语言批评两个淘气、不注意安全的孩子？

3. 知识要点：批评幼儿的语言策略。

4. 案例解读。

案例一：孩子们在进行餐前准备——洗手，几个男孩子趁教师不注意开始玩水，结果不仅自己的衣服被弄湿，其他小朋友也未能"幸免于难"，纷纷跑到教师那里告状。教师快步走进盥洗室，大声训斥起来："谁让你们玩水的？把衣服弄湿了怎么办？就你们几个整天调皮捣蛋，以后再玩水就把你们关在里面让你们玩个够。说，下次玩不玩了？"几个孩子你看看我、我看看你，忙说："下次不玩了。"可是，没过几天这些孩子又开始重复着他们喜欢的玩水活动，批评后照旧保证说"不敢了"。

资料来源：黄晶嫒. 如何合理地批评幼儿. 浙江诸暨教育网

点评：这位老师虽然用自己严厉的语言对幼儿进行了批评，但她的话语并没有明确地指出幼儿错在哪儿、这样做的后果是什么、应该怎样做，而是试图让幼儿互相"揭发"，并加以威胁。这样的批评常常会导致幼儿将自己该承担的责任推卸给别人，同时迫于老师的威严承认错误，而无法真正认识到自己错在哪里，也难以真正改正错误。这种批评方式往往可以使幼儿较快地承认错误，但其效果是暂时的，过不了多久，幼儿又会犯同样的错误。并且，这种运用严厉的语言批评幼儿、强制压制幼儿的方式会使教师的威信丧失。而比较合适的方式是运用直接、具体的语言，有针对性地批评幼儿，以保证幼儿在最短的时间内知道自己的错误所在，知道该怎样做才是正确的，这样才能帮助幼儿改正错误、健康茁壮成长。

案例二：强强活泼外向、多动机灵，经常在全班都非常安静的时候大叫大闹。一天课上，强强又有几次突然之间喊叫起来，张老师一开始对强强说："强强，别叫了。"强强几次喊叫之后，张老师冲着强强大喊："别再乱喊乱叫了，再叫我们班就不要你了，把你扔出去!"可是不仅没有一丝效果，强强反而越发地闹得欢，其他幼儿都被强强的表情、动作逗得前仰后合，几个男孩子也和强强一起又叫又跳。

资料来源：黑龙江幼儿师范高等专科学校教师于磊

点评：像强强这样性格特别开朗的孩子，比较喜欢受到别人的关注，有一些出格表现大多是希望能接收到教师更多的关注目光，所以，对于他们不能一味地粗暴批评，而应该先对其表示出关心，找到其闪光点，再进行批评。案例中的情形，教师可以这样处理：用关注的目光看着强强的眼睛，用温柔地、商量的语气对他说："强强，你是一个活泼又懂事的孩子，现在是上课时间，其他小朋友都那么安静，你也应该遵守纪律，对不对?"我想，这样轻柔语气的适度批评，效果会更好。所以，在对幼儿进行批评时要注意对象的性格特点，因人而异，采用不同的批评方法，并且注意保护幼儿的自尊心，语言亲切、平和。

案例三：一次课上，丽丽在认真地听老师讲故事，她身后的宁宁偷偷地揪丽丽的头发，丽丽一开始甩了甩头，可是宁宁还不罢休，一直在玩，结果把丽丽弄哭了。这时，教师批评宁宁说："宁宁，你在干什么？你这样做就是坏孩子，以后我们都不喜欢你了。"宁宁听了老师的话，松开了握着丽丽头发的手，默默地流泪。

资料来源：黑龙江幼儿师范高等专科学校教师于磊

点评：面对宁宁的错误行为，教师应该用正面的语言指出她的错误，要鼓励她勇敢地承担责任，使其了解丽丽之所以哭是由于自己的错误行为造成的，但在批评的语言中不要加入成人情绪化的行为。在批评中，不要一味反复批评的语言，而应强化正确的行为："我知道你很喜欢丽丽的长头发，你很想和她玩，课下你可以告诉她，也可以与丽丽一起玩，可是刚才你揪丽丽头发的行为可不够好啊，让丽丽觉得很疼，向她表示抱歉，怎么样？"教师可以陪宁宁一道向丽丽道歉。家长和幼儿一起弥补过失，能让幼儿学会承担责任。此外，在批评过程中，可以允许幼儿对事件进行解释，但也要让他明白，解释不是为了推卸责任，而是让他知道自己错在哪里。

5. 拓展阅读。

批评语与引导语

常用批评方式：

（1）发问式批评。

发问式批评也叫做启发式批评，是指通过教师的层层设问，引导学生对自己错误的根源、后果进行自我反省、自我评价，从而达到认识错误、改正错误目的的一种批评方式。

为了批评而用来发问的语句比较多，如：

如果当初不这样，又会怎样？

如果你是旁观者，该怎样看待这件事？

结果怎样？

有无影响？

发问时要注意程序，问题要问到点子上，并具有启发性，促使幼儿思考。一般来说，发问的口气不要过于严厉，要留有时间给幼儿思考和反省，最后结论最好由幼儿自己得出，教师也可加以点拨。

通过对自己错误的思考和回答，幼儿会对错误的认识更加深刻，记忆更加牢固，自我评价和自我教育能力会得到发展，辨别是非能力与省察能力会得到提高。

（2）转弯式批评。

转弯式批评是指教师面对被动的或一触即发的场面，能沉着冷静，及时转舵，通过间接方式或较为平和的方式对学生实施批评。

请看下面一个案例：

新来的班主任赵兰老师刚跨进初二年级的教室，突然发现黑板上画着一个人头像，上面写着"赵兰遗像"四个大字。赵老师面带笑容对黑板上的画像欣赏了一下，转脸扫视全班，平静地说："画得很像我，字也写得比较端正。可是多写了一个字。谁能说出来多写了个什么字？"此时，全班学生除了王小虎低头以外，都注视着黑板。

"刘俊，你能说出来吗？"赵老师看了一下座次表，点名提问。

"多……多了一个'遗'字。"

"为什么呢？"

"因为……因为赵老师还没有死，所以不能说是遗像。"

"对！回答得好！"。

赵老师微笑地点头赞许。下课前，赵老师说："开学好几天了，班里的黑板报还是空的，我建议学习委员刘俊和王小虎两个同学利用课余活动时间负责编起来。我希望王小虎能发挥美术方面的特长，并且一定要首先把基础学科学好。"

第二天，赵老师走进教室，看见班里黑板报已经图文并茂地呈现在眼前。王小虎走到赵老师面前，递给她一张纸，一鞠躬，下去了。赵老师一看，纸上开头三个大字：检讨书。随即叠好，笑着说："王小虎是个好同学，知错就改，有决心，有行动，我们相信他会有更大的进步。"

赵老师是成功的。在这种出格的事件发生时，她没有像有些老师那样：大发雷霆，一查到底。而是心存爱意，沉着应对，耐心做好学生的启发、引导和转化工作，成功避免了"硬碰硬""火上加油"等场面火爆的批评可能带来的后遗症。既维护了自己的尊严，同时又收到良好的批评效果。

（3）勉励式批评。

这是一种以肯定和表扬为主的批评方式。这种方式是通过肯定学生的"闪光点"来打动学生、感染学生，使之正视自己的错误，并在和谐的气氛中接受教育。

这种批评方式的特点是，首先对学生的优点（哪怕是微弱的"闪光点"）或错误中的可取因素加以肯定，使学生体会到一种自尊感或优越感，然后再指出其错误，使其"心甘情愿"地接受批评。戴尔·卡耐基曾十分形象地说："用赞扬的方式开始，就好像牙医用麻醉剂一样，病人仍然要受钻牙之苦，但麻醉却能消除苦痛。"勉励式批评实际上就运用了牙医的"麻醉剂"原理。

陶行知先生当年在育才中学担任校长期间，曾发生过这么一件事情：一天，他看到一位男生欲用砖头砸同学，遂将其制止，并责令其到校长室。等陶行知回到校长室，见男生已在那里等候。陶先生掏出一块糖递给他："这是奖给你的，因为你比我按时来了。"接着又掏出一块糖给男生："这也是奖给你的，我不让你打同学，你立即住了手，说明你尊重我。"男生将信将疑地接过糖果。"据我了解，你打同学是因为他欺负女生，说明你有正义感。"说着，陶先生又掏出了第三块糖。这时，男生再也忍不住地哭了："校长，我错了。同学再不对，我也不该采用这种方式的！"陶先生又掏出第四块糖说："你已经认错，再奖你一块。我的糖已经分完，我们的谈话也该结束了。"

对这个差点用砖头砸人的学生的教育，陶行知运用的是勉励式批评。陶行知故意不提学生的错误而大大鼓励、夸奖其闪光点，对严重过失问题采用一反常态的处理方式。勉励式批评比较适用于处理那些好心办坏事的错误。一般来讲，学生头脑中其实已经形成了一定的是非观。教师能抱着相信学生的心态来宽容他们成长中出现的错误，勉励他们发扬优点，等候他们自省并改正错误，会收获到意想不到的教育效果。

（4）体语式批评。

体语式批评是指教师对犯错误的学生进行批评时，主要依靠人体语言，通过向学生传达对其错误行为不满、不快等信息，引发学生自我评价，使学生在自我批评、自我教育中接受批评并改正错误。

体语式批评主要是运用眼神、表情、手势、姿势、坐向、空间距离等人体语言，向犯错误的学生进行暗示和警告。它不易伤害学生的感情，可保住学生的面子，因而学生易于接受。

某校有一个学生，由于迷恋康乐球而常常缺课。一次，他又在上课时间去打康乐球。猛然回头，发现校长正站在他背后严肃地看着他，一言不发。他放下球杆，背起书包，随校长一块儿回校。一路上两人都不说一句话。到校后，校长用手朝教室方向指了一下，学生便进了教室。以后，校长也不再提起这桩事。学生反倒越来越感到不安，一连几天心事重重，终于忍不住主动找到了校长。"校长，你什么时候批评我啊？"校长回答："不必了，你现在不迟到、不旷课，又没有什么错误，批评什么？"他这才如释重负地笑了。现在回忆起这件事，他仍记忆犹新。他说："校长当时如果像其他老师那样骂我一顿，我也许不会记得这样牢。校长越是不声响，我就越是自己想得多，倒是此时无声胜有声啊！"可见，体语式批评如果运用得好，可以起到有声语言批评无法取代的效果。

资料来源：批评语与引导语. 四川师范大学精品课程网，有删改

第四章　幼儿教师工作交际中的沟通与表达

第一节　幼儿教师工作交际口语概述

一、工作交际口语的内涵及特点

工作交际口语是一个专业工作者与他人沟通、交流的交际用语，是开展工作的重要手段，是组织内部协调一致的重要基础，是完成工作目标的必要条件。在良好的人际沟通氛围下，工作才能不打折扣地、按时按量地有效完成。

各行各业都需要紧追时代的脚步，一成不变的发展模式无法适应高科技发展的今天。所以，要有对新事物的敏感度，有敢于创新的思维，有把复杂问题简单化的能力。人与人之间的沟通与交流是一种复杂的过程，特别是面对面的沟通更是如此。在这个过程中，人们调动了自己的多种感官与能力来表达自己并了解别人，这些众多的因素共同作用，最终表现为一种能力，一种与别人建立信任的能力，一种达成信任开放、和谐一致境界的工作交际的口语沟通能力。

美国科学家、政治家、外交家富兰克林说过："说话和事业的进行有很大的关系，你如出言不慎，或跟别人争辩，那么，将不可能获得别人的同情、别人的合作、别人的助力。"具有适宜的工作交际口语能力，会在一次谈话中获得效果、受人欢迎，能使许多不相识的人携起手来，能使许多彼此不发生兴趣的人互相了解、互相感到需要，在工作中排难解纷，消除人与人之间的误会，清除他人的疑虑和迷惑。工作场所中的沟通与口语表达是一个人文明的标志，也是一个人文化、学识、修养、道德、情操、能力、才华等各方面素质的综合体现。

（一）工作交际口语中称呼的使用

1. 在交往中，为了表明与对方的熟悉程度或尊敬之意，对不同的人可以分别称呼其姓名、职务、职称、学衔或职业。

2. 长辈对晚辈可以姓名相称，省略姓氏直呼其名更显亲切；同事、同学、平辈的朋友、熟人之间，也可以直接以姓名相称。

3. 可在姓氏前分别加上"老""大""小"字称呼，如"老李""大陈""小王"等，而免称其名。

4. 对于职务、职称较高者，可以只称呼其职务、职称，也可以在其职务、职称前加上姓氏。在极正式场合，可在职务、职称前加上姓名。

5. 对有学术头衔、官衔、军衔的人士，可称呼其头衔。如果一个人有多种头衔，应学术头衔在前。

6. 可直接以对方的职业作为称呼，如"老师""教练""医生""护士""会计"等。

7. 对成年男性，通常称为"先生"。

8. 对成年女性，可以统称为"女士"。对已婚女性，可以称"太太""夫人"。

（二）工作交际口语中称赞语的使用

1. 称赞语的内涵及使用特点。

称赞语是在人际交往中，一方给予另一方褒奖和肯定时使用的言语。称赞的同义词有夸赞、夸奖、赞扬、赞美、赞赏等。可以对对方的外貌、气质、体能、工作、学习、作风、交际等不同方面表现出来的优点或长处，给予肯定、提出表扬、表示钦佩或欣赏。

在使用称赞语时，应注意以下几点：

（1）实事求是，措辞适当。

（2）具体、深入、细致。

（3）注意区分时间、场合以及对象。

对象的性别、年龄、职业、阅历、性格不同，称赞语的内容也有所不同。男士——气质风度；女士——容貌、体态与魅力；青年人——创造才干与好学精神；中年人——所获成就与敬业精神；老年人——经验丰富与身体健康。在别人急需鼓励或有微小进步时，称赞效果最佳。两人交谈，赞美会产生互动效应；如果多人在场，则会因为赞美某人而引起其他人的不自在甚至不满。

2. 称赞语的表述方式。

（1）直言夸赞。直截了当地表白自己对对方的赞赏、倾慕，是最常用的一种称赞方法。

（2）目标导引。在赞美对方某一方面的才能时，可给他树立一个目标，增添其信心，坚定其信念，使其勇往直前，为实现目标而努力。

（3）充分肯定。

①维护对方的自尊，点燃对方希望之火，常用的话是"第一次有这样的成绩就不错了"。

②赞美对方在同一事件、事情中所作出的贡献或所取得的成绩。

（三）工作交际口语中常用语的使用

1. 求助语。

向别人请求帮助时，可说：

"请您帮忙，好吗？"

"麻烦您帮一下忙，好吗？"

"请问，去中山纪念堂怎么走？"

"请您递给我。"

"劳驾，请您传过去。"

2. 感谢语。

对于别人给予的帮助、理解、支持、关注或倾听，要表示感谢，常说：

"多谢！"

"幸亏您的帮助！"

"真不知怎样感谢您才好！"

"非常感谢！"

"谢谢您的理解和支持！"

"您辛苦了！"

"让您受累了！"

"给您添麻烦了！"

3. 致歉语。

由于种种原因，我们做了影响他人或妨碍他人的事情，浪费了对方的时间、精力，给对方造成了某种不愉快、损失甚至伤害，需要向对方致歉时，可说：

"抱歉，打扰您了。"

"请您不要介意。"

"给您添麻烦了，真不好意思。"

"不好意思，又让您跑一趟。"

"请多原谅。"

"对不起。"

"实在对不起。"

"真过意不去。"

"真抱歉!"

4. 婉拒语。

对于别人的要求或请求如不能接受时，可说：

"我还有其他事情。"

"能不能让我再考虑一下?"

"其他人可能比我更适合。"

"过几天我再答复您。"

"今天我真的不方便。"

"请允许我再了解一下。"

"请让我请示一下。"

【拓展阅读】

工作交际小贴士

1. 记住对方的名字。

2. 神情专注。

3. 身体微微倾向于发言者，这是用心聆听的肢体语言。

4. 仔细观察对方的表情变化，揣摩对方的心态和说话要点，了解对方所谈论问题的重心，表现出对话题感兴趣及愿意学习的态度。

5. 适时地作出一些反应，点头、微笑、语言鼓励、赞赏等。

6. 在未弄清对方全部的真实意图之前，不可贸然向讲话者提出刁难性问题或进行反驳。

7. 要有宽容、忍耐的气量。即使对方的讲话又臭又长，出于礼貌，也要耐着性子听完。

资料来源：商务礼仪. 道客巴巴网站

工作交际口语六大忌

1. 不非议党、国家和政府。

2. 不涉及国家机密和行业。

3. 不非议交往对象。

4. 不事后议论领导、同行和同事。

5. 不谈论格调不高的话题。

6. 不谈论个人隐私的问题。

资料来源：公选课礼仪教案资料. 豆丁网

礼貌用语集锦

初次见面说"久仰"，好久不见说"久违"。

请人评论说"指教"，求人原谅说"包涵"。

求人帮助说"麻烦"，感谢别人说"多谢"。

麻烦别人说"打扰"，向人祝贺说"恭喜"。

请人改稿称"斧正"，请人指点用"赐教"。

求人解答用"请问"，赞人见解用"高见"。

看望别人用"拜访"，托人办事用"拜托"。

宾客来到用"光临"，送客出门称"慢走"。

招待远宾称"洗尘"，陪伴朋友用"奉陪"。

请人勿送用"留步"，欢迎购买叫"惠顾"。

与客握别称"再见"，归还原物叫"奉还"。

对方来信叫"惠书"，老人年龄叫"高寿"。

资料来源：礼貌用语集锦. 百度文库

二、幼儿教师交际口语运用的原则

幼儿教师交际口语，常用于幼儿教师与相关领导、同事以及家长之间的交流与沟通，是幼儿园工作中的重要组成部分，也是一种超越知识的智慧。它需要教师根据不同的人际交往对象，结合实际，采取灵活多样的方法，使双方在沟通过程中达成共识、互相配合，共同做好幼儿的教育工作。《纲要》中指出，幼儿园应与家庭、社区密切合作，共同为幼儿的发展创造良好的条件。良好的语言是沟通工作的第一桥梁，语言交流艺术也就成了工作能力的一大重点。教师工作交际口语使用适宜，幼儿园工作才会更融洽、更和谐、更有序地发展。

（一）与领导的口语交际原则

沟通是消除隔阂、增进友谊、达成共识的一剂良方，与领导的交往也是幼儿教师人际交往中的一个重要方面。与领导的沟通与交流，可以使领导了解自身的工作状态、能力与优势，获得领导对自身工作业绩的支持、认可与正确评价。每位教师在能力、性格、专业特长等方面都有所不同，通过与领导的交往、交际展现自身的优势，从而获得合理的人事安排以及外出学习、交流和培训的机会，有助于增强教师间的创造力和凝聚力，提高工作的质量和效率，也能为教师专业技能的提高与发展打下坚实的基础。幼儿园里呈现出积极向上的研究、学习氛围，也间接保证了幼儿的健康成长。但是，现实中，绝大部分教师在与领导交往的过程中，总会存在不自觉的防范、掩饰心理，给沟通与了解造成了一定的障碍。因此，为了确保幼儿教师与园内外各级领导的正常交际与交流，应将平等、欣赏、倾听、尊重、鼓励、信任等因素作为沟通的中介与桥梁。

幼儿教师与领导的口语交际应遵循以下原则。

1. 尊重与理解。

幼儿教师应顾全大局，尊重、关心与体谅领导，相信领导的决策，了解领导的需要。一位教师只有尊重和信任领导，听从领导的指挥，才能获得领导的支持。尊重领导，就要支持领导的工作，服从领导的正确决定，不公开表示对领导的不满；对领导的努力、工作成绩给予充分的肯定和承认，不只看到缺点和不足；有合理性的意见或建议单独找领导谈，态度诚恳，避免冲突与正面冲撞。领导也是普通人，也需要正常的人际交流与友谊，因此，与领导交往时首先要消除心理上的距离感，不要因为身份、职位的限制望而却步。只要能够与领导平等相处，在正常的交往中加深彼此的了解，即使是普通教师，也完全可以与领导成为朋友。

2. 尊重与自重。

幼儿教师要服从领导的安排，支持领导的工作，恪守岗位职责，争取领导的支持与肯定；应认真做好本职工作，在教育、教学质量上创优争先，也可以在幼儿园管理、教育科研或教学改革方面多做一些事情，多提一些建议，帮助领导出谋划策；应敬业爱岗、积极进取，以自己积极踏实的工作作风去赢得领导的认可；切忌以逢迎巴结的方式去亲近领导，人际交往的基本要求就是要在尊重他人的同时有礼有节，不贬损自身的尊严与人格，当你过分亲近、逢迎领导的时候，就已经失去了人们对你的尊重了。

3. 微笑与热情。

幼儿教师要关心幼儿园的发展，善于接受领导的建议和意见，自身也要为幼儿园的发展献计献策、不遗余力；应积极向领导汇报自己的工作情况与需要解决的问题，还应该将一些具体的建议或解决问题的方案提供给领导，便于领导选择和决策，获得领导的肯定与支持。在向领导汇报工作时，要牢记以下六句口诀：明确目标，有的放矢；先总后分，巧分层次；巧用素材，精确数字；抓住中心，用例典型；用语朴实，态度乐观；多种形态，能简能详。面对领导的认可与赞赏，教师要回赠领导以微笑、热情和反馈；面对领导的困惑与迟疑，要有耐心，等待时机，而不要立即表示不满，背后随便议论，或者发牢骚、说坏话，这样容易造成误会，影响上下级的关系和团结，给同事间的正常交往带来障碍。

【拓展阅读】

领导如何与教师沟通

1. 领导与中层领导的沟通

中层领导是学校的核心力量，他们的一言一行直接影响到学校工作的贯彻执行，影响着教师工作情绪的好坏，影响到学校工作的成败，因此，做好学校班子成员的思想沟通显得更为重要。领导既要真心实意地关心和尊重中层领导，又要以严父的身份严格要求他们，要求他们一定要争先创优、做好表率，要求他们一定要顾全大局、维护团结。

2. 领导与有误会的教师沟通。

领导与教师之间往往会产生一些误会，而误会正是影响工作、影响团结的最可怕的东西。一旦有了误会，工作往往很难能协调，甚至引起敌意。要解决这一问题，领导首先要向与该名教师亲近的人了解误会在什么地方，根据具体情况，选择适当场合、时机心平气和地找他谈谈，解释这是误会；其次请和他要好的人在适当的场合证实是场误会，从而消除隔阂、融洽关系。

3. 领导与被错怪的教师沟通。

有时领导会错怪教师，教师很受委屈，尤其是年轻或内向的教师，他们不会主动找领导谈，但会憋在心里，内心很痛苦，情绪很低落，影响正常工作。这时领导要换位思考，以平等的身份主动找他们谈心、认错，并在适当的场合消除影响；绝不能因为自己是领导，说错了无所谓，放不下臭架子，这样不但会伤及教师的心，而且会影响自己在教师中的威信。

4. 领导与年轻教师的沟通。

年轻教师绝大多数是积极上劲、努力工作的积极分子，但他们往往内心也有一些痛苦，如教学竞争的压力、工学矛盾的存在、教学成绩不能如愿的不满、看到同龄人提拔而自己得不到重用的苦闷等。在这种情况下，他们急切想获得领导的肯定和鼓励。与年轻教师沟通，领导首先要肯定他们的成绩，肯定他们在学校各行工作中的重要作用，真诚地点拨他们在哪些方面如何去做会更好，同时帮助他们解决一些实际困难，为他们提供平等竞争的机会，并表示愿意做他们的后盾和知心朋友，这样年轻教师就会信心百倍，轻松、愉快地投入工作。

5. 领导与年老教师的沟通。

年老教师都是从教育一线走过来的，有的甚至曾经担任过学校领导。他们大多有过辉煌的昨天，今天虽然退了下来，但他们仍然是学校的宝贵财富，是学校稳定的镇山石。年老教师最需要什么？他们最需要的是领导对他们的尊重与关心。对他们，领导必须倍加珍惜好、保护好、利用好。要经常与他们谈心，重大事情先听听他们的意见，请他们出出主意，有什么难事请他们出面做做工作。这样既能发挥他们的作用，又可让他们体验到学校对他们的尊重。当然，领导在用好他们的同时，切不可忘记对他们的关心和照顾，哪怕只是一句亲切的问候、一个甜蜜的微笑，都会温暖他们的心。

6. 领导与女教师的沟通。

女教师占学校教师队伍人数的比例不是个小数，她们是一支强大的教育教学力量。她们中大多数担任班主任工作，对一些细小问题更为敏感，对工作、荣誉更为看重，所以做好女教师的思想沟通工作更为重要。女教师较为敏感，谈心时要特别委婉，要在表扬之下提希望、肯定之下提不足，这样她们才能容易接受；谈话时应保持一定的距离，防止感情冲动；谈话内容要健康文明，更不要触及她们的隐私。

7. 领导与弱势教师沟通。

学校也存在弱势教师，尽管他们工作也很努力，但由于种种原因往往成绩欠佳，很少得到领导的表扬和肯定，很少享受到成功的快乐。他们往往因自己工作落后而抬不起头，内心很痛苦。领导对这一群体应倍加关爱，体贴他们、理解他们、帮助他们。应客观地评价他们，与他们沟通时，首先要平等地对待他们，倾听他们的声音，而不能怀着救世主的心态，居高临下地怜悯他们，更不能片面地宣传、强调弱势的价值观，并把这种价值观强加给他们，而应该寻找他们的发光点，肯定他们的成绩和对学校作出的贡献，真诚地帮助他们寻找和解决在工作中存在的实际困难，尽可能地为他们创造成功的条件和机会，增强他们争先的信心和勇气。

（二）与同事的口语交际原则

与同事相处是一种职场智慧和技巧，融洽的同事关系能为个人的成功

Rész

奠定一个良好的基础。幼儿园是个大集体，要求教师之间必须建立起一种团结协作、互相帮助的同事关系，这样才能优势互补，形成强大的教育合力，共同完成好教书育人的任务。幼儿教师的同事关系包括与配班教师、本班保育员以外的教师、园领导等之间的关系。幼儿教师要正确处理自己与他人的关系，与领导和同事要多交流、多沟通，相互融合、紧密合作、共同进步，善于发现别人的优点和长处，取他人之长补己之短。对别人的弱势，要善于站在对方的角度考虑问题，以宽容之心对待他人。

幼儿教师与同事交际应遵循以下原则。

1. 尊重他人，恭敬谦虚。

在人际交往中，对待他人的态度往往决定了他人对自己的态度，你若想获取他人的好感和尊重，首先必须尊重他人的隐私和秘密，要谨记，没有尊重就没有友谊。幼儿教师必须重视自己的礼貌言行，即对对方人格上的尊重、工作上的支持与合作。谦虚，也是每位教师必须做到的，教师必须要谦虚为怀、戒骄戒躁。谦虚为怀是指要有一种谦虚、博大的胸怀，实事求是地看待问题，正确地认识自己的长处和短处，做到有自知之明，严格要求自己。如果每位教师都能正确认识自己的优、缺点，真正做到知己之不足、知人之所长，就会更多地发现别人的长处。虚心向他人请教，虚心对待别人的意见和建议，既有利于沟通、协作，又能尽快地提高自己的业务素质。对待同事不存疑虑、坦诚相见，是获得他人信赖的法宝。应尊重同事，虚心倾听同事的想法，不挫伤同事的感情，不训斥他人，善于宽容他人。看到同事身上的优点，正确看待同事的成绩，并及时给予赞美、肯定，对一些不足给予积极的鼓励，这是良好沟通的基础。但也要克服为了恭敬、谦虚而刻意逢迎，千万不要为了尽快取得同事的欢迎，而刻意改变自己去适应别人。应正确地对待和开展竞争，要尊重老教师，帮助青年教师进步。

2. 心地坦率，避免冲突。

幼儿教师要做到善于与人沟通、合作。在与人交往中常会碰到一些不如意的事情，同事之间难免会有利益或其他方面的冲突、矛盾，种种矛盾交织在一起，可能会引发人际交往的冲突与障碍。此时，教师要做到以诚待人，以谅解、宽容的态度多为他人着想。在处理矛盾的时候，第一个想到的解决方法应该是和解，和谐的同事关系会使人际交往变得更简单、使工作更有效率。幼儿教师应该以大度和谦让之心对待他人，容许每个人有自己独立的思维和行为方式，不要妄图改变任何人。作为同事，在发生误解和争执的时候，要换个角度，站在对方的立场上考虑问题，千万别情绪化；保持单纯的心态，少存城府，为人坦率，以简单、诚挚的心态去面对复杂的人际环境；既要与同事坦诚相待，又要保持适当的距离，保持一定距离也是对他人习惯、爱好、秘密的尊重；不背后议论同事，不揭短，不当众嘲笑他人。

3. 巧用语言，团结合作。

幼儿教师应该尽量让自己融入集体，以一种平和、积极的心态对待身边的同事，主动利用各种工作、生活和休闲机会与同事接触，扩大交往范围。力戒说长论短，卷入事非，参与小集团、小圈子。同事之间真心地交流、真诚地合作，不仅能构建一个和谐向上的团队，发挥出卓越的功效，也体现了人与人之间相互支撑的美好情感。与人交往时，应以不伤害他人为原则，使用委婉的语言，不用直言伤害的语言；使用鼓励的语言，不用斥责的语言；使用幽默的语言，不用呆板的语言等。重视同事间的友好合作，时常与其他教师共同探讨教育问题，积极主动地参加互动性的学习讨论，交流心得、分享经验，互相帮助、互相交流，取长补短、共同提高，在集体奋斗的成功中实现个人的价值。反对有些教师把自己的知识和经验当成私有财产，对其他教师搞资料封锁、专题保密、自私保守、故步自封的不良倾向。关心集体、和睦相处，对每一位身边的同事都要热情招呼，调动园内每一位员工对自己工作的支持和配合。遇到困难用协商的语气和他人沟通，他人有难主动帮助，别人有误悄悄提醒。真诚地理解同事的难处，并热心地伸出援助之手，提供一些力所能及的帮助。这不仅体现了自己的大度与宽容，更会获得他人的尊重和钦佩。而任何幸灾乐祸、落井下石的行为都是为人所不齿的。

【拓展阅读】

和同事相处的原则

1. 无论发生什么事情，都要首先想到自己是不是做错了。如果自己没有错，那么就站在对方的角度，体验一下对方的感觉。

2. 让自己去适应环境，因为环境永远不会来适应你。即使这是一个非常、非常痛苦的过程。

3. 大方一点。如果大方真的会让你很心疼，请努力克服这种心理，尽量学大方一点。

4. 低调一点，低调一点，再低调一点。

5. 嘴要甜，平常不要吝惜你的喝彩声。

6. 如果你觉得最近一段时间工作顺利得不得了，那就要倍加小心了。

7. 有礼貌。打招呼时要看着对方的眼睛。以长辈的称呼和年纪大的人沟通，因为你就是不折不扣的小字辈。

8. 少说多做。言多必失，人多的场合少说话。

9. 不要把别人对自己的好视为理所当然，要知道感恩。

10. 手高眼低。

11. 如果有人在你面前说某人坏话时，你要微笑。

12. 信守诺言，但不要轻易许诺。更不要把别人对你的承诺一直记在心上并信以为真。

13. 不要向同事借钱，如果借了，那么一定要准时还。

14. 不要借钱给同事，如果不得不借，那么就当送给他好了。

15. 不要推脱责任。

16. 在一个同事的背后不要说另一个同事的坏话。要坚持在背后说别人的好话，别担心这好话传不到当事人耳朵里。

17. 避免和同事公开对立。

18. 经常帮助别人，但是不能让被帮的人觉得理所应当。

19. 对事不对人；或对事无情，对人要有情；或做人第一，做事其次。

20. 经常检查自己是不是又自负了、又骄傲了、又看不起别人了。

21. 忍耐是人生的必修课。

22. 新到一个地方，不要急于融入其中哪个圈子里去。等到了足够的时间，属于你的那个圈子会自动接纳你。

23. 有一颗平常心。没什么大不了的，好事要往坏处想，坏事要往好处想。

24. 尽量不要发生办公室恋情，如果实在避免不了，那就在办公室避免任何形式的身体接触，包括眼神。

25. 学会赞美别人。

26. 资历非常重要。不要和前辈们要心眼斗法，否则你会死得很难看。

27. 好心有时不会有好结果，但不能因此而灰心。

28. 待上以敬，待下以宽。

29. 如果你带领一个团队，在总结工作时要把错误都揽在自己身上，把功劳都记在下属身上。当上司和下属同时在场时，要记得及时表扬你的下属。批评人的时候，一定要在只有你们两个人的情况下才能进行。

资料来源：刘文民．与同事相处的30个原则．职业经理人周刊，2010（1），有删改

（三）与家长的口语交际原则

一个孩子的健康、健全成长，仅靠幼儿园或仅靠家庭都是不够的。教师观察不到幼儿在家的情况，家长也很难看到孩子在园的表现，教育需要两者的共同努力。当然，和家长沟通是一个深奥的问题，如何让家长明白幼儿园、教师只是协助他们进行教育的，让家长成为幼儿园工作的支持者，也是幼儿教师工作的重要内容之一。

幼儿教师与家长进行口语交际时应遵循以下原则。

1. 与家长沟通时要注意态度和语气。

教师与家长交谈时应语气委婉、温和。先肯定幼儿，再指出存在的问题，先扬后抑。报忧也报喜，教师不能等幼儿犯了错误后才去与家长沟通，找家长告状，而是平时要主动向家长反映幼儿在园情况，以拉近教师与家长之间的距离。教师向家长反映情况要客观，不能掺杂主观色彩，注意态度要平和，语气要委婉，这样便于家长接受教师的意见和建议。

2. 尊重是教师与家长沟通的前提。

教师必须尊重家长的人格，与家长保持平等关系，这是保证与家长顺利交谈的必要条件。《纲要》指出，家庭是幼儿园重要的合作伙伴，应本着尊重、平等、合作的原则，争取家长的理解、支持和主动参加。家长出于对幼儿园和教师的信任，将幼儿托付给幼儿园，家庭和幼儿园的教育目标是一致的，都是为了让幼儿健康成长。这时，如果教师以一种平等友好的态度来对待家长，将家长视为朋友，尊重家长的意见，虚心听取家长的建议，乐意与家长交谈，那么教师与家长的关系就会比较融洽。教师面对家长时尽量不要当众责备他们的子女，更不能训斥、指责家长。教师与家长的沟通是双方的，教师是专业人员，在与家长沟通中要更主动一些，本着一切为了幼儿的原则，真诚地与家长交流，尊重家长、平等对待家长，以获取家长对自己工作的支持。

3. 多途径与家长交流。

为实现与家长的有效沟通、交流，幼儿教师应充分发挥家长园地、半日开放、家访、作品展示、家园联系本和接送环节的作用，注意多种沟通

方式的互相补充、灵活运用，提高工作成效，取得家长的满意和信任，从而使自己的工作获得更多家长的良好评价。

4. 多征求家长的愿望、需求、意见。

任何教师都不可能把复杂的教育工作做得十全十美、不出差错，而且家长的需求与意见也有许多值得教师学习和借鉴的，因此，教师要放下"教育权威"的架子，经常向家长征求意见，虚心听取他们的批评和建议，以改进自己的工作。这样做，也会使家长觉得教师可亲可信，从而诚心诚意地支持和配合教师的工作，维护教师的威信。

5. 让家长多角度地了解自己的孩子。

由于家长对幼儿教育理念不太了解，又被亲情蒙住了眼睛，认为自己的孩子是最棒的、即使有点缺点也会树大自直，所以对孩子的情况不太关注。对于这样的家长，可以利用半日开放、作品展示等方式，引导家长了解教育目标及幼儿应达到水平，发现自己孩子和其他小朋友的差距，与家长一起找出原因，共同制订解决办法并一起努力，使家园共育取得最好的效果。通过这些活动，家长会清楚意识到和教师配合的重要性，会更多地求助教师、依赖教师，特别是在获取帮助后，会更加信服教师、尊敬教师。

6. 充分发挥语言艺术的魅力。

语气的婉和，语态的真诚，语调的亲切，语势的平稳，会使家长一听就明白，能从教师的谈话中受到启发。在沟通时，要把握好沟通的时序。如果家长的情绪过于激动，就不是交流的最好时机，我们不要急于给家长更多的意见，等待时机成熟后再做进一步的交流，家长会更乐于接受。赞扬孩子、赞扬家长是与家长交流的法宝。在与家长交流的过程中，要注意倾听家长的意见，当家长谈到孩子在家中的良好表现时，要及时或适时地给予孩子赞赏，给家长良好的教育方式以肯定，以激起孩子和家长的自尊、自信、自爱、自强的心理，在这种心理的推动下，他们更愿意配合教师的工作。

7. 保护家庭隐私。

幼儿教师在与幼儿家长沟通交流的过程中，应有意识地保护幼儿家庭隐私，这可为教师与家长的和谐交往打下坚实的基础。

保护幼儿家庭隐私包括能尊重家长，为家长不同的文化价值观（如相信宗教）、居住条件（如简易平房）、极端的经济条件（如极高的薪水和待遇或极低的薪水和待遇）、较差的就业状况（如下岗、待业）保守秘密，而且还能对家长不妥的兴趣爱好（如打麻将）、残缺的婚姻状态（如夫妻离异）、敌对的家庭关系（如婆媳不和）、消极的生活方式（如过于重视吃穿）等方面的信息严加保密，不在大庭广众之下揭家长的短处，对家访中看到的不良现象不点名道姓，使家长能消除顾虑，欢迎教师的继续来访。

【拓展阅读】

幼儿教师面向个体家长时的文明用语

1. 您的孩子表现不错。

2. 您有需要我们特别帮助的事情吗？

3. 这孩子太可爱了，老师和小朋友都很喜欢他，继续加油！

4. 您的孩子今天情绪不太好，请好好和他谈谈。

5. 真对不起，由于我们的疏忽，孩子的头上撞了一个包。

6. 请您放心，我们会照顾好您的孩子。

7. 请相信孩子的能力，他会做好的。

8. 您的孩子一直有进步，只是……还需要努力。

9. 谢谢您对我们工作的支持。

10. 谢谢您的理解，这是我们应该做的。

11. 麻烦您协助我们填写……

12. 耽误您一点时间，我想和您交流一下孩子的情况。

13. 我们有做得不够的地方请指正。

14. 请您不要着急，孩子偶尔犯错是难免的，我们一起来慢慢引导他。

15. 孩子之间的问题可以让他们自己来解决，放心吧，他们会成为好朋友的。

16. 我们非常欣赏您这样直言不讳的家长，您的建议我们会考虑的。

17. 我们向您推荐好的育儿知识读物，您一定有收获的，孩子也会受益。

18. 幼儿园的食谱是营养配餐，为了他的身体健康，我们一起来帮他改掉挑食的习惯，让他吃饱吃好。

19. 您的孩子最近经常迟到，我担心他会错过许多好的活动，我们一起来帮他好吗？

20. 您的孩子最近没有来园，老师和小朋友都很想他，真希望早点见到他。

21. 您有这样的心情我很理解，等我们冷静下来再谈好吗？

22. 您有什么想法，我们可以坐下来谈谈，都是为了孩子好。

23. 这件事是××负责，我可以帮您联系一下。

24. 近期我们要举行家长开放日活动，相信有您的参与支持，会使活动更精彩。

25. 谢谢您的提醒！我查查看，了解清楚了再给您答复，好吗？

资料来源：浙江省义乌市幼儿园幼儿教师文明用语

幼儿教师对家长忌语

1. 你的孩子今天又打人了。

2. 你的孩子太吵了。

3. 老师拿你的孩子没办法。

4. 你们家长在家也该管一管孩子了。

5. 怎么那么迟来接？

6. 你的孩子什么都不会。

7. 他今天在教室里乱跑的时候头上撞了一个包。

8. 你走吧，让他自己吃。

9. 午睡不睡觉，还影响别人。

10. 在家不要再给他喂饭了，他是吃饭最慢的一个。

资料来源：幼儿教师对家长忌语. 江西省南丰县幼儿园网站

三、幼儿教师交际口语的基本要求及注意事项

教师被喻为人类灵魂的工程师，幼儿教师更是人类灵魂的最初启蒙者。在幼儿教师交际口语中，帮助别人是提高沟通效果的基础，也是人际关系中的关键因素。良好的沟通与交流，可以形成吸引力、向心力，利于合作共事。

（一）幼儿教师交际口语的基本要求

1. 与时俱进，努力提高自身素质。

幼儿教师应不断完善自己，明确自己的神圣职责，加强职业道德修养；勤奋学习，理论联系实际，掌握丰富的科学知识和高超的教学技能。充分利用时间向书本学习，博览群书；向媒体学习，了解有益的新闻、知识，把自己培养成一专多能的教师。要有良好的交际沟通品质，掌握与人交际中口语沟通的策略。

2. 善于聆听，并积极地给予反馈。

幼儿教师在交际口语中应注意在表情、体态、语言上支持和鼓励对方表达自己的观点，如注视对方的眼睛，用简短的话语回应对方，用点头表示认同等，使对方感到教师是真诚的，从而愿意与教师进一步交换意见。同时，教师在聆听的过程中，还要及时了解对方的需要、困难，从而有针对性地交流讨论。

3. 坦诚相待，与心相约。

在幼儿教师交际口语中，只有敞开心扉，才能赢得对方的尊敬和信赖，才能"亲其师，信其道"。在交际中，应对领导尊敬，对家长尊重，对同事友爱。

（二）幼儿教师交际口语的注意事项

1. 不可"添油加醋"。

幼儿教师要反思自己工作中的不足和失误，切不可当着家长或其他人的面，数落幼儿的过失，更不能不调查实情，"添油加醋"，误导别人。应该就事论事、实事求是地指出过失，提出合理的教育建议。

2. 要实事求是地评价自己。

幼儿教师应给人谦虚、诚实的形象，不炫耀自己。工作中热情待人，彼此尊重，团结互助。不论是为人处世还是学习生活，只有正确地对待自己，实事求是地评价自己，辩证地看待自己的长短、得失、成败，才有可能做好人、做成事。正确对待自己，既不妄自菲薄，也不狂妄自大，要敢于自我剖析、自我批评，力求做到"三省吾身"。

第二节　与幼儿家长沟通的技巧

一、迎送幼儿时与家长沟通的技巧

语言交流是一门艺术，是一项技术，也是一种智慧。用于沟通的语言，是有"温度"的。"温度"过高，会烫坏人；"温度"过低，会冻伤人。在幼儿教育这个复杂的工程中，家长的作用无人可以替代。谁把家长工作做得扎实到位，谁就能抢占幼儿教育的制高点。我们应充分发掘、利用家长的教育资源，努力发挥家长的教育主动性，密切家园联系，促进家园共育，实现幼儿园教育与家庭教育的双赢，从而展现教育的神奇魅力。在迎送幼儿时，教师与家长的沟通一般都是幼儿在园的生活情况，即吃得怎么样、水喝得多不多、中午睡觉了没有等。这样，家长就能利用接送孩子的短暂时间充分了解幼儿在园的生活情况。

（一）迎送幼儿时与家长沟通的注意事项

1. 幼儿正在成长，可塑性很强，对他们的评价要留有余地。

不要过度夸奖，这样会使家长过分宠爱幼儿，从而放松必要的管教；也不能把幼儿说得一无是处，这样会使家长对幼儿丧失信心，增加幼儿的逆反心理和偏激心理，影响幼儿的身心健康发展。要用热情、感人的语言，促使家长满怀信心地进一步配合教师教育好孩子。

2. 和家长沟通要讲究谈话的策略性和艺术性，把谈话建立在客观、全面的基础上。

要让家长感到教师在关注自己孩子的成长和进步，感到教师比自己更了解孩子。同时，教师要抓住时机向家长了解幼儿的情况，以请教的态度耐心地听取家长的意见，使家长产生信任感，从而乐意与教师进行充分的交流，以达到预期的目的。利用迎送环节，可汇报幼儿近来的发展情况（进步与问题所在）；了解幼儿在家情况及家长的教育方法，找出问题的原因；提出解决问题的设想和方法及需要家长配合做的事。

3. 语言交流需要教师有扎实的理论基础、实践经验，对幼儿各方面有详细的了解。

需要教师加强理论的学习，用理论指导实践，同时还要认真观察幼儿，熟悉幼儿在各领域的发展、进步及存在的问题，直接向家长反映幼儿的学习效果，比如：今天我们学习了什么？孩子掌握了什么？哪些地方还需要培养？在这个过程中，向家长慢慢渗透教育理念和教育目标，逐步在思想上达成共识，以获得家长的理解和支持。

（二）迎送幼儿时与家长沟通的原则

1. 与家长沟通时要注意态度和语气。

2. 要多途径与家长交流。

3. 多征求家长的愿望、需求、意见。

4. 可以经常更换信息栏。

5. 以恰当的方式谈幼儿的行为问题。

6. 特殊事件要主动、坦诚与家长沟通。

7. 保护家庭隐私。

8. 冷静处理与家长、幼儿的关系。

【思考与练习】

1. 目标解读：通过与家长的语言交流，了解幼儿在家情况，共同商讨、解决幼儿的问题。

2. 情境假设：淘淘在与小朋友做游戏时，经常打骂其他小朋友，教师应如何与淘淘的家长交流，使淘淘与小朋友友好相处？

3. 知识要点：教师与家长交流的艺术。

4. 案例解读。

雯雯在幼儿园抓了小朋友的脸，教师没有一见到其家长就告状"今天雯雯又抓人了"，因为直接告状的后果只会导致家长反感，使家长感到不舒服，觉得没面子。教师换了一种方式，说："雯雯能独立吃完自己的一份饭菜，今天画画很认真，雯雯进步非常大，但有攻击性行为，不太会与小朋友交往，这不，今天她又抓人了。"然后趁机提出："我们希望与家长能互相配合，共同帮助孩子改掉这个不良习惯，使孩子能够做得更好。"

资料来源：幼儿教师与家长交流的艺术. 小精灵儿童网站教学资源"幼教教研教育探索频道"

点评：教师在与家长交谈时语气委婉，先肯定了孩子的优点，再指出存在的问题，先扬后抑、有褒有贬的谈话方式，家长会很乐意接受。

5. 拓展阅读。

幼儿教师与家长交际口语中的用语和忌语

(1) 当家长提出要求或意见时。

用语："我们一定认真考虑你的意见。""您的要求我们明白。""请您放心，我们会转达你的建议。""谢谢你的帮助。"

忌语："那怎么可能？""你想得太多了！""这是不允许的。"

(2) 当幼儿生病需要服药和照顾时。

用语："您放心，我们会按时给孩子服药，有特殊情况及时与您联系。""药我们已经按时给孩子吃了，据观察，孩子的病情已有所好转，请回家再接着服药。"

忌语："知道了。""他的药真多。""他怎么老是吃药啊！"

(3) 当家长打电话或亲自来为生病幼儿请假时。

用语："谢谢您通知我们。""病情怎么样了？""您别着急。""孩子病情稍好些，可把药带到幼儿园，我们会帮您照顾的。"

忌语："知道了。""好的。""没事的。"

（4）当幼儿遇到困难时。

用语："别着急，我来帮助你。""你能行，再试试。""有不会的，请老师或小朋友帮忙。""不错，有进步了。""挺好的。""加油。"

忌语："人家都会，就你不会！""你做不完就别……""你就吃行，什么都不行。"

（5）当幼儿无意出现过失时。

用语："伤着没有？""下次要注意。""不要紧，老师帮你。""勇敢点，自己站起来。""有大小便要跟老师说。"

忌语："你怎么那么傻？""你自己给擦了！""真讨厌。""你怎么回事？"

（6）当幼儿出现打闹等不良行为时。

用语："怎么回事？有事好好说，不能动手。""自己解决不了的可以找老师。""别人打你，你高兴吗？""这样影响多不好。""相信你们是知错认错的好孩子，以后不会再做这种事。"

忌语："你们两个到外面去吵。""看你们吵到什么时候。""现在你们打吧，让大家来看看谁赢。"

（7）幼儿在园发生意外事故，主动向家长报告。

用语："真对不起，今天……""你别着急，是……""麻烦你观察孩子，有什么不舒服时，需要我们做什么，您尽管与我们联系。"（次日如幼儿未来园，主动打电话询问）

忌语：指责孩子，推诿责任。

（8）放学时家长晚接孩子。

用语："没关系，不着急。""请商量好谁接，免得孩子着急。""准时来接孩子，孩子会更觉得家庭的温暖。""帮助家长是我们应该做的。""孩子玩得很自在，晚点接没关系。"

忌语："明天早点来接。""你怎么老是那么晚？""我终于可以下班了。"

（9）找个别家长谈话。

用语："对不起，耽误您一会儿时间，反映一下××小朋友近期情况""在……方面要……希望您给予配合"（态度平和，说话和气、委婉）

忌语："××一点儿不聪明。""太吵了。""在班上属于中下等。""真让人心烦，小朋友也讨厌他。"

（10）家长送孩子随意及走进教室。

用语："家长请留步，让孩子学做自己的事情。""孩子能做好自己的事情，请您放心。""孩子们正在用餐，请您留步。"

忌语："家长不要进来！""走来走去不卫生。""让他自己放书包得了。"

（11）家长送幼儿来园上交家庭作业。

用语："做得真棒。""宝宝的作业真有创意。""做得很认真。""您的手真巧！""谢谢家长的配合。""你的××真是个好老师。""又有进步啦！""真漂亮！""老师知道你做得很认真。""老师知道你尽力了。""相信你下次做得更好。""下次听清要求会做得更好。"

忌语："这是你自己做的吗？""怎么做成这样啊？""哎呀，做错了。""实在难看。""老师不是说了吗。"

资料来源：幼儿园教师礼仪规范. 亿童网

二、召开家长会时与家长沟通的技巧

召开家长会，是为了更好地拉近家长和幼儿教师的距离。共同的爱使家长和教师的距离拉得更近，使家园的交流更加自然、融洽。幼儿教师加深对幼儿的热爱和关怀，是幼儿教师教育好幼儿的根本，也是与家长良好沟通的根本。教师与家长沟通的艺术，关键在于与家长间建立起相互信任、相互尊重、相互支持的伙伴关系与亲密感情。家长感受到教师工作尽心尽责时，自然会产生信任感，并由衷地尊重教师，乐于与教师拉近心理距离。在家长会中，应努力让家长明白教师的教育思想、育儿之方、知识技能等。

家长会上，教师语言表达应遵循的原则主要如下。

1. 有目的地与家长沟通。每个家长都有自己的个性特征，由于职业、性格、文化水平等不同，家长的教育观念、教育方法和对幼儿的评价也不尽相同。幼儿教师一般受过专业训练，有一定教育素养。家长的教育素养则因人而异，教师和家长的教育素养不同，因而观察幼儿的角度和了解幼儿的程度就会存在差异。幼儿教师在教育工作中遇到困难，不能取得令家长满意的效果时，有的家长可能会指责、埋怨教师工作做得不好，有的家长可能会给予理解。在日常教育工作中，有的家长对幼儿管理严格，有的家长则放纵溺爱，有的家长重能力发展、智力开发，有的家长要求幼儿识字写字、多长知识。了解到这些家长的不同想法和做法后，教师便可以在家长会上有目的地与他们沟通。

2. 在聆听家长谈话的同时，还要有策略地向家长描述幼儿的行为，要充分肯定幼儿身上的闪光点，使家长感到教师对幼儿充满信心和关爱，从而愿意接受教师提出的意见或建议。幼儿教师应巧妙地提出意见或建议，要克服偏见，防止出现对班级中发展较好并善于表现的幼儿评价过高，对较内向、发展较为迟缓或不守纪律的幼儿评价过低的倾向。

3. 倡导家长参与丰富多彩的亲子活动，让家长直接感知幼儿园教育的途径和方法。亲子活动是让幼儿教师与家长相互交流、自发研讨教育方法和经验的好机会，会给家长和孩子留下难以忘却的美好记忆。

【思考与练习】

1. 目标解读：家长会上，教师如何与家长进行语言交流，使家长了解幼儿园一日活动、在园表现？

2. 情境假设：设计家长会上教师总结幼儿学习生活、行为表现等系列内容的发言稿。

3. 知识要点：教师与家长沟通的语言策略及对幼儿在园表现的评价语言。

4. 案例解读。

一次家长会上，教师从不同角度表扬了全班每一名幼儿的优点，每位家长都很满意，纷纷用满意、感激的目光看着老师。接着，教师又把班上存在的问题不点名地归纳了一下，并提出了今后的要求。散会后，不少家长主动找教师说明自己孩子的缺点，探讨共同教育的良方。

资料来源：王素珍. 幼儿教师口语训练教程. 上海：复旦大学出版社，2009

点评：欲抑先扬、点到即止，是家长会上讲话的语言策略，能维护家长的自尊心，争取家长的主动合作。相反，当着其他家长的面批评孩子，甚至用讽刺、挖苦的言辞教训家长，是家长会的大忌。

5. 拓展阅读。

家长会发言稿

尊敬的各位家长：

大家好，每学期的家长会又见面了，很感谢各位家长在百忙之中抽空来参加我们班的家长会，首先衷心地感谢你们一直以来对我们工作的理解和支持，这次召开家长会的主要目的是向各位家长汇报您的孩子从开学至今在园的生活、学习情况，同时通过本次家长会进一步加强家园联系，听听你们有什么好的建议和意见，促使我们不断改进工作和提高自身素质。今年本班老师基本没变，就新来了一位曾老师。

我园经过多方努力，改善了本园的硬件设施与软件设施（如回收了门口店面、扩建了大厅、增设了大型玩具和各种教学教具等）。我园是本县唯一一所市级示范幼儿园，所以请家长们放心，我们也将以高标准严格要求督促自己，与各位家长和幼儿一同进步。下面就将本学期的教育、保育工作及家长关心的问题向家长汇报一下。

（1）教育任务。

实行保育和教育相结合的原则，对幼儿实施体、智、德、美全面发展的教育，促使其身心和谐发展。首先还是要做好保育工作，把每个孩子都当成自己的孩子一样，他们是祖国的花朵、社会的未来、父母的希望，我们和各位家长一样有责任和义务来保护、教育好孩子，保证他们身心健康发展，照料他们的生活，提供孩子生长发育的必要营养，建立合理的生活制度，预防疾病和事故的发生。

①每天保证有两个小时的户外活动时间，早锻炼内容丰富，课后有课间游戏。

②每周保证一次户外活动（登梅山）。登梅山要看天气情况，我班为星期三，在这里我提醒家长要为孩子穿上合脚的鞋子，以确保活动安全。

③幼儿一日生活各个环节

A．入园：晨检工作，早上我们的晨检工作是一问、二看、三摸、四查，要求家长不要让孩子带危险物品入园，如打火机、小刀、指甲剪、蛋糕棍子等。

B．膳食的安排：我园的膳食安排根据幼儿生长发育所需科学安排，根据幼儿消化系统的特点安排，提供幼儿所需的各种营养素，而且注重营养搭配、甜咸搭配、干稀搭配、粗细搭配，花色品种多样，保证幼儿的供给量，希望家长少买些油炸的食品给幼儿吃（解释说明幼儿告诉家长的在园天天吃酸菜、榨菜的情况）。我园的点心上午有苹果、牛奶、豆浆、香蕉、山楂片，下午主要吃绿豆稀饭、红枣稀饭、瘦肉稀饭、三鲜粉丝、火腿花卷等。

C．中午进餐方面：保证幼儿每天吃饱、吃好，不挑食，逐步培养幼儿独立进餐的能力。培养幼儿良好的进餐习惯与进餐卫生，保证桌面、地面、衣服三干，引导幼儿正确使用勺子。中午进餐方面我说一下，有些家长担心自己的小孩在园吃不饱、吃得晚，其实大可不必，我们这里吃中午饭是11：15，全天有加餐，营养全面。现在已经是中班了，很多孩子在进餐方面有很大的进步，如怡婷、王纯等。现在天气逐渐变冷，我园更注重饭菜的保暖性与质量，所以请家长放心。

D. 洗漱方面：喝水、洗脸每人一巾一杯，做到随渴随喝，洗脸也是用自己的毛巾，所以家长要在毛巾上绣上自己孩子的名字，以防其他小朋友弄错。本学期设置"小红花"奖励专栏，到现在还有部分家长没交幼儿照片，请及时补交。

E. 午睡方面：会保证孩子有两个小时的睡眠时间，老师值班时会巡回检查孩子是否盖好被子、睡姿是否正确，对一些不良的午睡习惯及时纠正，培养孩子独立睡眠的习惯。回家吃饭的孩子也应保证他们有两个小时的睡眠时间，有些回家的孩子老是下午上课打瞌睡，在这里也请家长在家时尽量让他们睡一会儿，这样才能保证他们下午上课有精神。

F. 卫生消毒工作：幼儿的毛巾、水杯由保育员每天消毒，餐具每天由后勤人员消毒，除了做好消毒工作以外，同时也做好疾病的防治工作和隔离工作，如在园生病、发热、拉肚子等老师会及时处理，对处理不了的及时送医院，也会同时打电话给你们（要求教师有每位幼儿家长的联系电话）。在小班时有很多小朋友生病，但到了中班，随着年龄的增长，幼儿的抵抗能力有所提高，所以这半年生病的幼儿更少了，但也要提醒家长在季节转换的时候要注意预防流行性感冒。

（2）培养幼儿良好的行为习惯。

①培养幼儿正确的书写姿势，教给幼儿正确的执笔方法，及时纠正幼儿不正确的书写姿势。

②培养幼儿的自我保护能力，即幼儿受到危险或可能发生危险时的应变能力及其应变能力的具体表现。防止意外事故的发生，使幼儿身心健康得到保障。引导幼儿了解119、120、110等最基本电话号码所代表的含义。

③培养幼儿爱清洁、讲卫生、不滚地、不随地乱扔果壳和不涂墙画壁的行为习惯。

④安全工作关系到全体幼儿的生命安全，牵动着家长的心，我园把安全工作放在头等重要的位置上，加强老师的责任心，同时请家长与幼儿园共同教育幼儿，注意防火、防水、防电、防摔伤、防刺伤、防吞异物、防中毒、防拐骗、防交通事故等。

⑤家长应把家中的危险物品放到幼儿够不着的地方，以免幼儿接触到并带危险物品入园。

⑥在安全事故中，最容易出现的就是抓伤，但抓伤也是可以避免的，

那就是给幼儿剪干净指甲，这样可使幼儿的卫生和安全得到保证。在这里，我说一下蹦床，它只能承受 20 个小朋友，有时下班时不开放，就是怕小孩子多，不安全，并不是不让玩。

（3）教育工作。

①培养幼儿良好的行为习惯，使幼儿的品德和性格有良好的开端，对幼儿进行礼貌教育、友爱教育（如何处理与同伴之间的人际关系）、爱国教育和简单的道德行为教育（如爱护文具、图书、花草树木等）。要求家长配合来园时检查幼儿是否带玩具入园，以免幼儿上课玩玩具，而影响注意力。

②我园根据《纲要》规定，开展以游戏为主要形式的教育活动，下面谈谈孩子在幼儿园都学了哪些课程。

A. 语言：语言包括讲故事，学古诗、儿歌，培养孩子的学习习惯和语言表达能力，我们班语言表达能力较强的有……

B. 数学：计算的目的在于培养幼儿思维的敏捷性、灵活性和抽象思维能力，提高对数学的兴趣，我们班比较好的有……

C. 音乐：主要发展幼儿对音乐的感受力、想象力、记忆力和表现能力，我班绝大部分幼儿都喜欢这门课，这方面较好的有……

D. 美术：美术可培养幼儿对绘画、手工、欣赏的兴趣，提高审美能力和动手操作能力，幼儿能在活动中表现自己的思想感情，发展想象力、创造力、审美能力及美的表现力，美术也是绝大部分幼儿都比较感兴趣的课程，发展较好的有……

E. 健康、社会、体育：主要是使幼儿的身体得到全面发展，幼儿正处于长身体时期，可塑性强。这里也包含了劳动和思想品德教育。我班幼儿这方面发展较好的有……

③家长工作：每位家长都渴望自己的子女身体健康、品德优良、聪明好学，具有良好的性格和习惯，长大能成为优秀人才。家园要互相配合、达成一致，沟通信息，讲求科学教育方法，实现同步教育。

④接下来说一下我园的作息时间表：每天入园时间为 7：30～8：40，中午离园时间为 11：15～11：30，下午来园时间为 14：20～14：50，下午离园时间为 16：50～17：30，请各位家长遵守作息时间。

⑤家园联系表每月发放一次，此表是家庭与幼儿园携手教育幼儿的纽带和桥梁，起着互相沟通、密切配合的作用。家园联系表对幼儿每月在园和在班的生活、学习情况和本月教学内容有介绍，请家长配合我园、我班

对您的孩子进行针对性教育，并将孩子在家的情况以及宝贵意见或建议反馈给我们，以便协同教育，请家长按时交上家园联系表。

还有，在这里说一下伙食费的问题，每月 1～5 日是交伙食费的时间，因为我们月底要做账，请家长配合按时交费。

⑥家长讨论问题。

A. 当孩子与别人争执时（打架、被欺负），家长是否要介入？

B. 对于孩子告状的事情你怎么处理？

C. 对于我们中班的作业情况有什么意见（是多还是少）？

D. 对于老师在园批评幼儿，你持何种态度？（当然教师也不会乱批评）

资料来源：幼儿园家长会发言稿. 小学语文吧网站，有删改

三、特殊情境下与家长沟通的技巧

与家长的沟通，可能很多是在特殊情况下的语言交流。幼儿园的工作会出现不尽人意的地方，对于园方和教师自身出现的工作失误，教师一定要有勇气承担责任，敢于面对家长的质疑，以坦诚、负责的态度处理善后工作，达到令家长满意的结果。这就需要幼儿教师扎实掌握并合理运用特殊情境下与家长沟通的语言技巧。

（一）与带有负面情绪的家长沟通

平心而论，家长生气肯定有其原因，教师和家长从工作关系上讲是平等的，都是幼儿的教育者；目标是一致的，都想培养好幼儿。所以，面对家长时，教师的说话态度要谦和，要有礼貌。在与家长交流时，要立足为幼儿成长而忧、为幼儿进步而急，坦诚相见、推心置腹，站在家长的角度寻求原因。家长来访时，第一件事就是给家长让座，可以的话再帮他（她）倒杯水，然后心平气和地开始谈事情，这样效果会很好，教师在处理事情的时候也就显得主动了。

（二）反映幼儿在园情况时与家长沟通

家长视自己的孩子为"掌上明珠"，都喜欢听到自己孩子进步的消息。听到孩子的进步，家长才能更加积极地配合教师以及幼儿园的工作。对于幼儿的进步，教师必须实事求是，不盲目夸耀。教师与家长沟通时要坦然、大方，开诚布公地指出幼儿的缺点，不要吞吞吐吐，否则家长会觉得教师性格懦弱、缺少经验、不可信赖，内心还会对教师有排斥心理。

（三）幼儿发生意外时与家长沟通

在幼儿园，幼儿难免会发生磕磕碰碰。当幼儿不慎发生意想不到的事情时，教师要寻求自身的责任，不要推卸责任，否则会让家长对教师的综合素质印象大打折扣。作为教师，一定要坦诚地告知家长幼儿受伤的缘由，要站在家长的角度去考虑事情。在与家长交流时，思维要清晰，态度要诚恳、坦然。主动接受家长的建议，等待家长情绪平稳了再与其进行平心静气的交流，力求稳妥地解决突发事件，将不良后果降到最低。

【思考与练习】

1. 目标解读：通过语言沟通，妥善处理突发事件。

2. 情境假设：淘淘最近来园经常迟到，上课注意力不集中，常与小朋友发生冲突，经教师了解，淘淘的父母正在闹离婚，教师应怎样与淘淘家长沟通，处理淘淘出现的一系列问题呢？

3. 知识要点：特殊情境下幼儿教师与家长沟通的语言策略。

4. 案例解读。

跳绳回来后，皓皓跑过来说："老师，我的脖子上有点痛。"教师看到他脖子上有一条长长的伤口泛着淡淡的血丝。询问原因后得知，原来皓皓想证明是自己的脖子厉害，还是亮亮的手厉害，他主动将绳子套在自己的脖子上让亮亮拉，两人一番拉扯后就留下了这道伤痕。教师带皓皓去医务室消毒，确认皓皓的伤口很轻、没有大碍后，对两人进行了安全教育。离园时，教师主动向皓皓家长承担了自己疏忽的责任，见皓皓家长没有不良情绪，才向家长说明了事情的经过，并让皓皓和亮亮友好握手，保证以后游戏的时候注意安全。双方家长对教师处理突发事情的做法表示认同，这一事件得到了妥善解决。

资料来源：黑龙江幼儿师范高等专科学校教师于磊

点评：幼儿园无小事，宽容、理解、重情、沟通是处理家长工作最基本的方针，有了这种共识，教师与家长的合作就成了一件轻松而愉快的事情。

5. 拓展阅读。

家长工作中语言的巧妙运用

（1）"不可能，绝不可能有这种事发生。"应该说："我查查看。"

有些教师对自己的保教工作充满信心，当遇到家长抱怨时，本能地顺口溜说出这样的话。殊不知，这样的语言会严重伤害家长，因为既然"这样的事不可能发生"，那么，家长的抱怨就一定是"谎言"了。无形之中，教师把家长置于不被信任的境地，会使本来情绪激动的家长更加气愤。

（2）"不行!"应该说："我能做到的是……"

当家长对教师提出了超出幼儿教育目标以外的要求，如教孩子写汉字、写拼音等一些小学知识时，幼儿教师大多会理直气壮地对家长说："不行!"然而，使用这种生硬的语言拒绝，容易给家长留下这个教师难以沟通的印象。因此，对于家长的不合理要求，幼儿教师应多考虑：我能为家长做些什么？即使我们的教育观念是正确的，也应对家长晓之以理地说明不能这样教育的原因，用"我能做到的是……"这种句子开头，能委婉地表达幼儿园教育的意图，易于达成家园共识。

（3）"那不是我的工作。"应该说："这件事该由……来帮助你……"

当家长请求教师做教师职责以外的事或对幼儿园工作有疑虑时，教师不能以"那不是我的工作"来简单应付了事，而是应该采取积极帮助家长解决疑难的态度，带家长去找能帮助他解决问题的有关部门或班级，表现出对家长的重视。

（4）"你是对的——这个教师（班）很差劲。"应该说："我能理解你，但是……"

如果一位家长对本班其他教师或另一班的保教工作表示不满时，教师千万不要通过对他表示安慰而把矛盾弄得更大，以"我能理解你"这种带有移情作用的语言来表达对家长的理解、关心，而不必通过同意或不同意来回答家长的问题。移情作用在于已明白和意识到家长的心情，但没有必要非得赞同他们。教师通过使用移情语言能让家长有一个发泄的机会，再转而引导家长去倾听教师的意见，这样有利于幼儿园与家长之间架起一座相互倾听、相互理解的桥梁。

（5）"我绝对没说过那种话。"应该说："让我们看看这件事该怎么解决。"

如果一位生气的家长想要指责一位幼儿教师对他（她）造成的麻烦时，这位教师本能的反应可能会是自卫。然而，如果让这种本能占上风，这位教师就会听不进家长的话，失去达成一致的可能性。所以，当教师发现类似"我绝对没说过那种话"——这种对自己的言行进行辩解的话要到嘴边时，应闭上嘴，深吸一口气，然后，对家长说："让我们看看这件事该怎么解决。"通过抵制这种迫切的自我保护意识，幼儿教师便能很快地、轻松地把问题解决掉。

（6）"这事你应该去找我们园长说。"应该说："请你放心，我会把这件事传达给我们领导的。"

家长有时会向教师提出一些可能超出幼儿园常规做法的要求。在这种情况下，把这种事情很快推给园长其实是一种对家长和幼儿园不太负责的做法，教师应该考虑自己能做些什么来帮助家长解决这一问题。如果确实需要园长参与此事，教师可以把这一原始情况反映给园长，然后带着解决办法来到家长面前。这样，在家长眼里，教师就能树立起一个值得信赖的形象。

（7）"你的孩子今天又犯……毛病了。"应该说："你的孩子一直有进步，只是……还需努力。"

教师在向家长指出调皮幼儿的缺点时，容易以十分肯定的语气把幼儿的问题陈述出来，造成家长较为难堪的局面，严重的还可能使气急败坏的家长对幼儿有过激的行为。为了让家长积极配合教师共同教育幼儿，教师在指出幼儿的缺点时，语言应以"你的孩子一直有进步，只是……还需努力"这种正面赞扬形式提出较为合适。

（8）"这事太简单了。"应该说："我认为，这事的解决办法是……"

幼儿教师每天在幼儿园接触幼儿，对幼儿常规及保教内容可能是烂熟于胸，但有些年轻家长对幼儿及幼儿园不甚了解，时常会提出一些在幼儿教师看来是"幼稚"的问题，此时幼儿教师绝不能有欠考虑地说出"太简单了"之类的话。因为这种话极容易使家长的自尊心受到伤害，认为教师是在贬低他的智力水平。因此，幼儿教师特别是年长教师，在和年轻家长沟通时，要以平等的而不是居高临下的态度与家长交流，以达到家园配合教育幼儿的目的。

（9）"我忙着呢！"应该说："请您稍微等一会儿。"

要教师停止正在做的事情而去为一个请求帮助的家长服务，并不总是那么容易。尤其当家长接送幼儿时，教师常常要面对许多家长的询问或要求，如教师正在跟一位家长交谈时，另一位家长在旁边急于提问。面对这种情形，一些教师容易对家长说："我忙着呢！"这就等于在对家长说："干嘛打扰我，没看见我正忙着吗？"优秀的教师在这种情况下往往会得体地说："请稍候。"这样简短的一句话再加上令人愉快的语调，可以使家长领会教师已意识到他的存在，一定会尽快帮助他。

(10)"冷静点。"应该说："很抱歉！"

当家长失望、生气、沮丧和担心时，告诉他们冷静下来就意味着他们的感情不重要。如果教师想让家长的心情平静下来，就采取相反的方法——向他们道歉。道歉并不意味着教师赞同家长的观点或教师有过错，而只是说明教师对所发生的一切和对家长造成的负面影响表示抱歉。

资料来源：与家长沟通时应避免使用的习惯用语. 中大黄埔国际教育网

第三节　与领导、同事及相关部门沟通的技巧

一、与领导沟通的技巧

（一）初次和领导见面时

初级见面时，和领导握手，要等领导先伸出手，下级才伸手，伸手时手心向上。用力适当，保持热情的微笑，眼睛保持交流。

和领导沟通谈话时，保持一定的距离（1米）。眼睛要平视对方，对视对方的眼睛或是看对方的额头，经常保持微笑，最好是就座于斜前方，正襟危坐。

如果是和对方的观点有冲突时，可以换种方式说话，本着能解决问题的态度，这样才有利于最终化解其中的矛盾。要反应迅速，不要把冲突放大，注意放低自己的声音。

作为下属，可以积极主动地与领导交谈，渐渐地消除彼此间可能存在的隔阂，使上级、下级关系相处得正常而融洽。工作上的讨论及打招呼是不可缺少的，这不但能去除对领导的恐惧感，而且也能使自己的人际关系圆满、工作顺利。

（二）与领导意见不符时

在工作中，假如与领导意见不一致，你首先要以领导的意见为核心，委婉地表达自己的想法和意见。只要是从工作出发，摆事实、讲道理，领导一般是会予以考虑的。人与人之间的尊重是相互的。"敬人者，人恒敬之"，一个懂得尊重别人的人，必能获得更多的尊重。应尊重领导，理解领导的处境和难处，不要搬弄是非。

（三）接受领导布置任务时

1. 做好准备。

在谈话时，充分了解自己所要说的话的要点，简练、扼要、明确地向领导汇报。如果有些问题是需要请示的，自己心中应有两个以上的方案，而且能向上级分析各方案的利弊，这样有利于领导作出决断。为此，事先应当周密准备，弄清每个细节，随时可以回答，如果领导同意某一方案，你应尽快将其整理成文字再呈上，要先替领导考虑提出问题的可行性。

2. 选择时机。

领导一天到晚要考虑的问题很多，你应当根据问题的重要与否，选择适当时机去反映。假如你是为了个人琐事，就不要在他正埋头处理事务时去打扰他。如果你不知道领导何时有空，不妨先给他写张纸条，写上问题的要求，然后请求与他交谈。或写上你要求面谈的时间、地点，请他先约定。这样，领导便可以安排时间了。

3. 报告有据。

对领导，不要说自己没有把握的事情。领导问到实际工作状态，一定要如实回答，诚恳地说出目前工作的态度，让领导在教学上给出更多的建议，促进自身成长。

（四）向领导汇报工作时

1. 忌报喜不报忧。

对不好的消息，要在事前主动报告。越早汇报越有价值，这样领导可以及时采取应对策略以减少损失。如果延误了时机，就可能铸成无法挽回的大错。报喜不报忧，这是多数人的通病，特别是在失败是由自己造成的情况下。实际上，碰到这种情况，就更加不能隐瞒，隐瞒只会造成更加严重的后果。

2. 要在事前主动报告。

尽量在上级提出疑问之前主动汇报，即使是要很长时间才能完成的工作，也应该有情况就报告，以便领导了解工作是否按计划进行，需要做怎样的调整。在工作不能按原计划达到目标的情况下，应尽早使领导知道事情的详细经过。汇报也具有时效性，及时的汇报才能发挥出最大的效力。及时向领导汇报，还会使你与领导建立良好的互信关系，领导会主动对你的工作进行指导，帮助你尽善尽美地完成工作。

3. 汇报工作要严谨。

汇报工作时要先说结果，再说经过。这样，汇报时就可以简明扼要、节省时间。在工作报告中，不仅要谈自己的想法和推测，还必须说准确无误的事实。如果报告时态度不严谨，在谈到相关事实时总是以一些模糊的话语，如"可能是""应该会"等来描述或推测的话，就会误导领导，不利于领导作出正确的决策。

4. 不要骄傲揽功。

所谓"揽功"，即是把工作成绩中不属于自己的内容往自己的功劳簿上记。有的人在向领导汇报工作成绩时，往往有意夸大自己的作用和贡献，以为用这种做法就可以讨得领导的欢心与信任。是喜说喜，是忧报忧，是一种高尚的人品和良好的职业道德的体现。采取这种态度和做法的人，可能会在眼前利益上遭受某些损失，但是从长远看，必定能够站稳脚跟，并获得发展的机会。

5. 真诚虚心求教。

主动请领导对自己的工作总结予以评点。以真诚的态度去征求领导的意见，让领导把心里话讲出来。对于领导诚恳的评点，即便是逆耳之言，也应以认真的精神、负责的态度去细心反思。只有那些能够虚心接受领导评点的员工和下属，才能够被领导委以重任。

【思考与练习】

1. 目标解读：向领导汇报工作及反映情况时如何运用语言？

2. 情境假设：设想你是大一班的班主任，请将你们班近期的学习情况或发生的大事，向园长做一次汇报。

3. 知识要点：与领导沟通的技巧。

4. 案例解读。

某校负责组织参加全国规范汉字楷书书法大赛的教师与校长的对话

教师："×校长，您好！您能挤一点点时间审批一下这份报告吗？"（校长正准备将报告搁在一边，听了这话，又拿起报告）校长："好吧，我看看。"（校长一边看，教师一边用手指点用红线画出的重点处，简单说明此次活动的重要性和组织安排）校长："（面有难色）好是好，可现在临近期末考试，而且学校经费也很紧哪！"教师："确实不巧！可是这种全国性大赛是新中国成立以来的第一次，对师范院校来说是一次大练兵哪。纸张我们已准备好了，时间半小时就够了；报名费总共只有×百元，学校暂时有困难，可不可以先请师生们自己出……×校长，您看这样行吗?"校长:"（面带微笑）这几个字我可真难签哪!"（随即披字:同意参赛。……报名费由学校语委活动经费支出。）

资料来源:王素珍. 幼儿教师口语训练教程. 上海:复旦大学出版社,2009

点评:这位教师通过努力争取，阐述理由有条有理、简单精确，终于打动了校长，取得了交际的成功。

5.拓展阅读。

做好领导的十个小策略

（1）领导要尊重、关心和公正地对待每一个员工，不偏袒、不包庇任何员工。

（2）领导与教师沟通时，要从领导的角色中摆脱出来，主动走近教师，与教师平等相待，学会沟通，善于沟通，与员工倾心相交。

（3）领导要尊重教师的民主权利，虚心听取教师的批评和建议。

（4）鼓励教师讲实话、真话、心里话，自己不摆架子，不讲套话，在信任的基础上做到知无不言、言无不尽。

（5）领导要给员工送办法、送鼓励、送真情。

（6）领导要有气度、有雅量。

（7）领导要钻研业务，深入教育教学第一线，做教师的表率。

（8）领导必须允许分歧，求同存异，注意倾听教师中各种不同的声音。

（9）领导要以身作则、严于律己，反对以权谋私。

（10）对某些不明事项不发表任何结论性意见、导向性的意见。

资料来源:谈学校领导应如何与教师进行有效沟通. 黑马王子教育模式特色班门户网

二、与同事沟通的技巧

与同事相处是职场的重要一课，与同事建立友好、融洽的关系是顺利开展工作的基本前提之一。与同事相处不好，甚至彼此不讲话，久而久之，就会在办公室变得孤立无援，继而影响工作的心情和效率。以诚心感人，退一步海阔天空。同事是工作中的伙伴，要想和同事合作愉快，沟通技巧是必不可少的。

（一）工作交接时的沟通

与同事工作交接时要多倾听对方意见，尊重对方的劳动。《圣经》中有一句话："你希望别人怎样对待你，你就应该怎样对待别人。"这句话被大多数西方人视为工作中待人接物的"黄金准则"。每个人都渴望被重视、被尊重。要获得同事的信赖和合作，就应以平等的姿态与人沟通，相信他的劳动是有价值的。同时，也要相信别人获得的成绩是通过劳动获得的，不要眼红，更不可无端猜忌，应该在表示祝贺的时候试着向人家靠近，学习人家成功的经验，这样才能提高自己。

（二）应对异议和分歧时的沟通

同事之间最容易产生利益关系。如果对一些小事不能正确对待，就容易形成隔阂。应以大局为重，在合作过程中有了成绩时，不宜把功绩包揽给自己。合作中的失误和差错，则要勇于负起责任，该承担的要承担，要有团队的意识。同事之间由于经历、立场等方面的差异，对同一个问题往往会产生不同的看法，引起一些争论，一不小心就容易伤和气。不要过分争论，客观上，人接受新观点需要一个过程，如果过分争论，就容易激化矛盾而影响团结。学会巧用委婉的、鼓励的、幽默的语言等化解尴尬。

（三）与不同年龄段的同事沟通

能够看到同事身上的优点，并及时给予赞美、肯定，对一些不足给予积极的鼓励，这是良好沟通的基础。代沟是与不同年龄段同事交流与沟通的难点，要克服代沟的阻碍，首先，要选择对方能接受的交流和沟通方式；其次，要与人为善。微笑是不同年龄层都听得懂且乐意接受的语言。最后，不要太心急。"代沟"是由于几年甚至几十年的年龄差异所导致的，故想要一劳永逸地解决代沟问题是不太现实的。

（四）发生利益冲突时与同事沟通

对待升迁、功利，要时刻保持一颗平常心。清代尚书张英在老家桐城建房时，与邻居吴员外闹矛盾，说过："千里来书只为墙，让他三尺又何妨？万里长城今犹在，不见当年秦始皇。"在我们的工作中，很多人都站在自己的角度争取利益，工作中斤斤计较，喜欢占小便宜，只顾眼前利益，这样的人肯定会被同事讨厌，结果许多时候却是占了小便宜却吃了大亏。在工作中应体现大度，一定要换个角度，站在对方的角度为对方想想，理解对方的处境，千万不能情绪化，要知道，这样做只会使沟通陷入困境，而不会有任何正面的帮助。

【思考与练习】

1. 目标解读：与同事保持良好沟通，人际和谐，团结合作。

2. 情境假设：设想你是一名刚刚毕业上岗的青年教师，怎样与不同身份、年龄的同事交谈（老年教师，是比你年长、但学历比你低的中年教师，与你同龄的青年教师，工作单位某部门的干部，配班的保育员）并给对方留下良好的第一印象？请自己设计谈话。

3. 知识要点：幼儿教师与同事沟通的语言策略。

4. 案例解读。

在一次学术讨论会的小组讨论中，一位年近六十的专家用方言讲话，有位青年教师提出异议。青年教师说："（眼睛望着窗外）我最讨厌不说普通话！"老专家："……（不语）"在座者："……（十分尴尬）"

资料来源：王素珍. 幼儿教师口语训练教程. 上海：复旦大学出版社，2009

点评：设想青年教师用另一种说法，也许情况就大不一样了。青年教师："（目光恳切地看着老专家）老师，我们很想听清您的高见，可惜我们听不懂您的方言。您能慢慢地用普通话说吗？"在座者："对，您慢慢讲吧，我们都想听听。"可见，在与人交流的过程中，良好的语言交流可以融洽关系，但傲慢的语言也会造成情感上的障碍和隔膜，对待同事上也须善用语言。

5. 拓展阅读。

幼儿教师对同事的文明用语

（1）对不起，我认为，这事的解决办法是……

（2）您的方法很值得我学习。

（3）别着急，再想一想，肯定有办法的。

（4）我能说说我的想法吗？

（5）看来在这个问题上我们有不同看法，还需进一步商讨。

（6）你的想法很独到，好！

（7）有不懂的地方你尽量问，我会尽量帮助你的。

（8）让我们共同学习、共同进步。

（9）对不起，我没听明白，请你再讲一遍。

（10）不用谢，这是我应该做的。

（11）某某，麻烦你帮我一下，好吗？

（12）今天她不在，有什么事我可以帮您转告。

（13）有个通知请您记一下。

（14）不好意思，麻烦您了。

（15）谢谢！您辛苦了。

资料来源：幼儿教师文明用语．全国中小学教师继续教育网

教师对同事忌语

（1）不知道，问别人去。

（2）今天你带班，这事该你做。

（3）又不是我带班，关我什么事。

（4）连这么简单的事都办不好。

（5）你怎么做事老拖拖拉拉的。

（6）我就是这个态度，你去找领导好了。

（7）这事我不知道，你别问我。

（8）我正忙着，你眼睛没看见啊。

（9）你唠叨什么，要你来指挥我。

（10）不是和你讲过了吗？怎么还问。

资料来源：教师对同事忌语．江西省南丰县幼儿园网站

三、与相关部门交际的技巧

交谈从交际礼仪的角度来讲，主要是两个问题。其中一个问题就是交谈内容，即说什么。言为心声，语言传递思想、表达情感耐人寻味。一个会说话、有思想、善于表达的人，知道什么内容该说、什么内容不该说。应注意交谈的禁忌，避免与人言谈时失礼，因说话不当而招惹是非。

（一）研究内容

1. 在职场人际交往中什么内容该说？

可以谈论轻松愉快的问题，包括天气、体育项目、文学艺术、风土人情、名胜古迹等，这样可在人际交往中制造轻松的氛围。

2. 在职场人际交往中什么内容不该说？

在职场说话嘴上得有把门的，有些话不能乱说。与人交谈时或参加社交活动时，一般来讲有"六不谈"。

第一，不非议党和政府。

第二，不涉及国家秘密与商业秘密。

第三，不随便非议交往对象。

第四，不在背后议论领导、同行和同事。

第五，不谈论格调不高的话题。

第六，不涉及个人隐私问题。

现代社会强调尊重个人隐私，关心有度。那么，哪些个人隐私不大适合随便打探呢？一般有五个问题，一不问收入；二不问年龄；三不问婚姻、家庭；四不问健康问题；五不问个人经历。

（二）注意方式

交谈形式，即如何说。与人交谈要尊重对方。礼者敬人也，和别人交谈时一定要眼里有事、心里有人。

在日常工作和交往中，要注意谈话礼仪有五个"不"。

1. 不打断对方。

不在他人话还没说完时，就将自己的话题接上去，然后使劲将自己脑子里的东西全部倾出。如果你不懂得尊重他人讲话，也许会受到同等对待。因此，应给他人说话的机会让他人把话讲完。

2. 不补充对方。

就是好为人师，总显得比人家懂得多。"十里不同风，百里不同俗"，人们考虑问题的角度不一样，真正容人的人会给他人说话的机会，给他人表达自己意愿的权利，不去补充他人的话。

3. 不纠正人家。

非原则问题，不要随便对他人进行是非判断，大是大非该当别论，小是小非得过且过。

4. 不质疑对方。

别随便对别人谈的内容表示怀疑，心里头掂量掂量、衡量衡量、评估评估就可以了，别把"聪明"全放在脸上。

5. 不嘲笑对方。

对方举止有失态的地方，不宜嘲笑。要给别人留面子、留台阶，表现出一个君子的风度。我们在日常生活和工作之中，有时候得罪人、伤害人，并非由于原则问题，恰恰是因为这种小是小非。说什么的问题和如何说的问题，都需要注意。

（三）修炼口德

忌讳是因风俗习惯或个人生理缺陷等，对某些事或举动有所忌讳。几乎每个人都或多或少地有自己的忌讳。说话切忌口无遮拦，一定要"忌口"。切勿触到对方的忌讳，是与人交往必须注意的礼节。说话时，要考虑语言禁忌，就是与人沟通时，要了解哪些对象或哪些话不应该说。

对于禁忌，人们通常用讳饰的方法来处理。讳饰是人们利用讳饰符号与被讳饰对象之间的关系所进行的一种符号替代行为。讳饰符号与被讳饰对象之间通常具有同一关系。包括语形讳饰和语义讳饰。

常见的语言忌讳主要包括以下几方面。

1. 对崇高、神圣的事物和人的禁忌。

人们对某些人、某些事物特别崇拜，认为直称他或它的名称是大不敬的行为，因此必须禁忌。避讳就是一例，对尊者、长者等不能直呼其名，哪怕是读音有点相近也应当回避。

2. 对危险、恐怖、神秘事物的禁忌。

例如，"死亡"，战死说"光荣"；在中国北方，老人故世了，以"老了"讳饰；老干部故世了，以"见马克思去了"讳饰，类似有不下几十个同义讳饰词语。

3. 对不洁或难以启齿事物的禁忌。

不洁或难以启齿事物大多与人体某些部位有关，有关人体器官、人体若干生理现象等。交际中不得不提到时，应加以避讳。如长途汽车停在路边，让乘客如厕，以"让各位方便一下"来避讳；用餐时如厕，一般以"洗手间"来避讳。

4. 对个人隐私问题的禁忌。

随便谈论个人隐私是失礼的行为。例如，对女性忌说"老"和"丑"。尤其是说一个大龄女子"老了"，会刺痛她的心。作家刘心武在《立体交叉桥》一文中说些了这样一段话：有一回，蔡伯都来找侯锐，遇上侯莹，这位虽有点名气、但不懂人情世故的剧作家，当着侯家父母发出了这样的感慨："小莹看上去有三十多了，真快呀，记的我头一回来你们家的时候，她才这么高，像朵花似的……"这话令当父母的非常不悦。

5. 对生理特点的禁忌。

有关身体缺陷和生理上的特点，要注意不使用伤人的言辞。在道义上，尽可能避而不用诸如"胖猪""矮冬瓜""瘸子""聋子""白痴"等词语。再如，对胖人忌说"肥"；对病人忌说"死"；生活中对跛脚老人改说"您老腿脚不利索"；对耳聋的人改说"耳背"；对妇女怀孕说"有喜"。

（四）与人交谈十戒

一戒不看对象；二戒不分场合；三戒不辨时间；四戒自以为是；五戒重复啰唆；六戒缺少新意；七戒尖酸刻薄；八戒一言不发；九戒虚情假意；十戒揭人隐私。

具有双向性的语言交际活动，特别要求谈话者充分发挥自己的聪明才智，随时注意交谈语境的点滴变化，"以不变应万变"。交谈是受限制的，说话要注意对象、时间、场合。人，总是在一定的时间、一定的地点、一定的条件下生活的人，在不同的场合，面对不同的人、不同的事，从不同的目的出发，就应该说不同的话、用不同的方式说话，这样才能收到理想的言谈效果。

（五）语言沟通要因人而说

说话要看准对象，要讲究方式，区别对待。

1. 注意对方的性别特征。

同性别之间谈话可以随便些，与异性谈话应当心，考虑"男女有别"，尤其是开玩笑时。例如，男同事胖称其为"胖子"，他可能会毫不介意；但女同事身材较胖，不能以"胖""肥"称呼，夸奖时应说其"丰满"。

2. 注意文化差异。

两种文化之间交流和沟通时，要相互理解、相互尊重和相互接受，集中表现在言语表达和领会的顺利完成中。如果缺少对两种文化差异的认识，就可能造成语言沟通障碍。

语言沟通必须注意国情，区别对待。比如，形容一个人干活勤恳卖力，汉语一般说"他像头老黄牛"；而讲英语的人则说"He Works like a horse"（他干活像一匹马）。形容一个人身体健壮，汉语说"他壮得像头牛"；而英语却说"He is healthy and like a horse"（他健壮如马）。这种语言表达上的差异就与两个国家传统的农耕方式有关。中国农村历来以牛耕田，而英国的主要役畜却是马。喻体的选择反映了两个国家生活方式上的差异。

3. 注意文化层次、性格差异。

说话如果"无的放矢，不看对象"，会出现沟通障碍。一个人口普查员问一位乡村老太太："有配偶吗？"老人愣了半天，然后反问："什么是配偶？"普查员只得换一种说法："是老伴。"老太太笑了，说："你说老伴不就得了，俺们哪懂你们文化人说的什么配偶呢？"当众讲话时，面对的人员构成复杂，知识水平参差不齐，因此要顾及大多数人的文化水平，尽量用简朴的语言说明复杂的道理，区别听话人的思想状况和情感需要。性格开朗的人易于"喜形于色"，可以与之侃侃而谈；性格内向的人多半"少言寡语"，则应注意语言委婉、循循善诱；与性格内向、少言寡语的人，一般不要过分地开玩笑。

4. 注意身份、地位的不同。

在公众场合和在外人面前，特别当你跟对方位置不对等时，说话要考虑对象的身份与地位，选择语言。待人接物时，交谈的基本技巧是少说多听，因为言多必失。

5. 考虑远近、亲疏关系。

职场中远近、亲疏不同，说话的分寸要掌握清楚。如开玩笑，幽默的人一般都心怀善意，只不过是要给人多增加一份快乐而已。按照中国人的习惯，正规场合一般不开玩笑。彼此不十分熟悉或生人、熟人同时在场时，不宜开过深的玩笑。

6. 考虑对方的语言习惯。

中国幅员辽阔，不同的地方语言习惯不同，往往同样一句话，意义却完全相反。自己认为很合适的语言，让来自不同地方的人听来，可能很刺耳，甚至认为你在侮辱他，造成误会。如北方人称老年男子为"老先生"；但如果在上海嘉定人听来，会当是侮辱他。安徽人称朋友的母亲为"老太婆"，是尊敬她；而在浙江，称朋友的母亲为"老太婆"，简直就是骂人。各地风俗不同，说话上的忌讳各异。在与同事交往的过程中，必须留心对方的语言习惯。即使对方知道你不懂他的忌讳，情有可原，但至少还是冒犯了他。所以应该特别留心，一不留心，脱口而出，最易令人不快。

【思考与练习】

1. 目标解读：与各相关部门顺畅交流，达成合作事宜。

2. 情境假设：请你代表幼儿园与社区相关部门商谈幼儿园生活垃圾清理的相关事宜。

3. 知识要点：与相关部门沟通的语言策略。

4. 案例解读。

一位年轻的女教师参加一次妇联组织的演讲比赛。她登上讲台刚讲了两句，竟一下子卡了壳，台下立即骚动起来，还有人鼓倒掌。带队的女干部和一块儿来的参赛者都为她捏了一把汗。这位女教师并没有像有些演讲者忘词后那样惊慌失措，或头上冒汗、长时间冷场，或面红耳赤地跑下台去，只见她定了定神后，从容自若地说："我刚讲了两句，就赢得了大家的掌声。既然大家这么欣赏我的开头语，那么就让我接着往下说吧。"于是，她又接着往下演讲，结果讲得很顺利、很成功，最后博得了听众真正友好的热烈掌声。

资料来源：王素珍. 幼儿教师口语训练教程. 上海：复旦大学出版社，2009

点评：这位女教师演讲时忘了词，但她没有慌张，而是巧妙地组织语言，化险为夷。在社会各部门组织的活动中，表达者的心态尤为重要，平稳的情绪、放松的心情与轻松诙谐的语言，可以取得良好的表达交流效果。

5. 拓展阅读。

培养人际技术

（1）日常树立管理威望（以身作则，以能服人）。

（2）乐于帮助他人，关怀他人。

（3）多参加企业活动。

（4）与人相处，不妨带点傻气，不要过于计较。

（5）言辞幽默。

（6）主动向你周边的人问候。

（7）记住对方姓名，不任意批评别人。

（8）提供知识、资讯给好朋友。

（9）将好朋友介绍给好朋友，好东西与好朋友分享。

资料来源：沟通技巧之培养人际技术. 圣才学习网

人际关系五要素

（1）凡事对人皆以真诚的赞赏与感谢为前提。

（2）以间接的语气指出他人的错误。

（3）先说自己错在哪里，然后再批评别人。

（4）说笑前一定要顾及他人的面子。

（5）只要对方稍有改进即予以赞赏（嘉勉要诚恳，赞美要大方）。

资料来源：人际交往五要素. 新上海人成功网

参考文献

1. 国家教育委员会师范教育司 . 高等师范院校（本专科）通用教材·教师口语（试用本）［M］. 北京：北京师范大学出版社，1996

2. 王素珍 . 幼儿教师口语训练教程［M］. 上海：复旦大学出版社，2009

3. 李志行 . 幼儿教师口语教程［M］. 北京：中国戏剧出版社，2007

4. 万里，张锐 . 教师口语训练手册［M］. 北京：首都师范大学出版社，2008

5. 钱维亚 . 幼儿教师口语［M］. 北京：高等教育出版社，2008

6. 陈传万，何大海 . 教师口语［M］. 合肥：合肥工业大学出版社，2008

7. 程培元 . 教师就与教程（第 2 版）［M］. 北京：高等教育出版社，2010

8. 汪缚天，苏晓青 . 教师口语［M］. 武汉：武汉大学出版社，2010

9. 张亚新 . 教师口语［M］. 北京：中国人民大学出版社，2011

10. 马宏 . 幼儿教师口语［M］. 北京：北京师范大学出版社，2011

11. 吴雪青 . 幼儿教师口语［M］. 上海：华东师范大学出版社，2012

12. 苑望 . 幼儿教师口语（第 2 版）［M］. 北京：高等教育出版社，2012

13. 陈怡莺 . 幼师口语沟通技巧［M］. 北京：高等教育出版社，2009